Didaktische Impulse

Geographische Bildung

Kompetenzen in didaktischer
Forschung und Schulpraxis

hrsg. von
Christiane Meyer
Roderich Henrÿ
Georg Stöber

D1696192

westermann

Geographiedidaktische Forschungen
GDF (Band 47)

Tagungsband zum HGD-Symposium in Braunschweig
Sonderausgabe

© 2011 Bildungshaus Schulbuchverlage
Westermann Schroedel Diesterweg Schöningh Winklers GmbH,
Braunschweig
www.westermann.de

Druck A[1] / Jahr 2011
Alle Drucke der Serie A sind im Unterricht parallel verwendbar.

Lektorat: Lektoratsbüro Eck: Thomas Eck, Berlin
Layout und Herstellung: Lektoratsbüro Eck: Meike Lorenz, Berlin
Umschlaggestaltung: Thomas Schröder, Braunschweig
Druck und Bindung: westermann druck GmbH, Braunschweig

ISBN 978-3-14-**142800**-1

Inhalt

Zur Einführung

Zum Hintergrund dieses Bandes

Seit im Zuge des „PISA-Schocks" die Debatte um die Bildung in Deutschland angefacht und durch die Formulierung so genannter Bildungsstandards für die Schulfächer konsolidiert werden sollte, ist auch die geographische Bildung ins Visier der Bildungspolitik, vor allem der Fachverbände gerückt. Als Orientierung für die Entwicklung von Kerncurricula bzw. darauf basierender schuleigener Curricula wurden erstmals im Juni 2006 sechs Kompetenzbereiche ausgewiesen (DGfG 2010), die zusammen das „Schulhaus" der geographischen Bildung bzw. ihrer Kompetenzen bilden (Abb. 1).

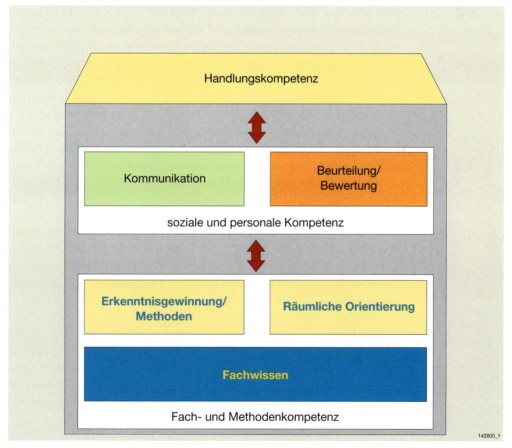

Abb. 1: Das „Schulhaus" der geographischen Bildung und ihrer Kompetenzen (Entwurf C. Meyer)

Die konkreten Standards verteilen sich zahlenmäßig wie folgt auf die ausgewiesenen Kompetenzbereiche:

Kompetenzbereich	F	O	M	K	B	H
Anzahl der Teilkompetenzen	5	5	4	2	4	4
Anzahl Standards	25	16	11	6	8	11

F=Fachwissen; O=Räumliche Orientierung; M=Methoden/Erkenntnisgewinnung; K=Kommunikation; B=Beurteilung/Bewertung; H=Handlung

Diese Verteilung darf jedoch nicht darüber hinwegtäuschen, dass es Überschneidungen gibt zwischen den Kompetenzbereichen bzw. den jeweils ausgewiesenen Teilkompetenzen bzw. Standards. So bestehen beispielsweise enge Verflechtungen zwischen dem Kompetenzbereich Fachwissen, Kommunikation und Beurteilung/Bewertung, wenn die Schülerinnen und Schüler in konkreten Entscheidungssituationen, z. B. in einem Rollenspiel, einen Standpunkt einnehmen und vertreten sollen. Schulpraktische Ziele der Ausweisung von Bildungsstandards sind vor allem ein kompetenzorientierter (Geographie-)Unterricht und darauf aufbauend eine neue Evaluationskultur, die outputorientiert ist.
In der geographiedidaktischen bzw. generell in der fachdidaktischen Forschung werden daher gegenwärtig die einzelnen Kompetenzbereiche genauer unter die Lupe genommen mit dem Ziel, Modelle mit verschiedenen Dimensionen einer bestimmten Kompetenz sowie jeweils dazugehörigen Kompetenzstufen auszuweisen. Diese Entwicklung bildete den Hintergrund für die thematische Ausrichtung eines Symposiums „Geographische Bildung: Kompetenzen in Forschung und Praxis", das in Zusammenarbeit des Georg-Eckert-Instituts für internationale Schulbuchforschung (GEI) sowie des Hochschulverbandes für Geographie und ihre Didaktik (HGD) am 18./19. März 2010 in Braunschweig stattfand. Der größte Teil der Vorträge liegt in diesem Band in schriftlicher und aktualisierter Form vor.
  Die Vortragsangebote und hier vorliegenden Beiträge decken fünf Kompetenzbereiche ab (s. Abb. 2). Der Kompetenzbereich „Räumliche Orientierung" bildet ein Alleinstellungsmerkmal des Faches Geographie (vgl. DGfG 2010, 8) und verdient daher eine eigene aktuelle und umfassende Betrachtung. Diese erfolgt auf einem HGD-Symposium vom 7.–9. April 2011 in Ludwigsburg.

Bei aller outputorientierten Kompetenzfokussierung soll dennoch an den Ausspruch „Das Schwein wird nicht vom Wiegen, sondern vom

Füttern fett" erinnert werden (vgl. HERRMANN, U. 2004, 10). Somit spielt nach wie vor auch der Input eine wesentliche Rolle und mit Blick auf die Metapher ist die Qualität des Futters in der Schule von enormer Wichtigkeit. „Wer nichts weiß, muss alles glauben", ist ein pointiertes Zitat von Marie von Ebner-Eschenbach (in SCHLÜTER, A. 2009, 9). Die andere Seite der Wissensskala bildet der (obschon falsch übersetzte, jedoch allgemein bekannte) Ausspruch, der Sokrates nachgesagt wird: „Ich weiß, dass ich nichts weiß." Es ist also notwendig, sich sowohl ein fundiertes Wissen anzueignen (zum Beispiel bei der Fällung eines Urteils oder der Untermauerung eines eigenen Standpunkts), als auch zu hinterfragen, was man selbst zu wissen meint (zum Beispiel bei der eigenen Vorstellung über bestimmte Sachverhalte oder im Hinblick auf die eigene Perspektive zu einer Situation). Über allem gilt auch bei der Kompetenzorientierung, dass Bildung letztlich „auf die Persönlichkeit, auf den Charakter und die Fähigkeit des Menschen, am Leben der Gesellschaft als Bürger und Bürgerin teilzuhaben" zielt (LIMBACH 2009, 84).

Abb. 2: Zuordnung der Beiträge in diesem Band zu den Kompetenzbereichen

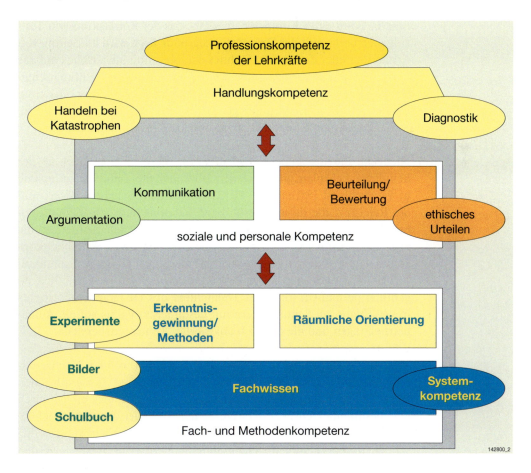

142800_2

Zu den Beiträgen in diesem Band

H. Kössler (1989, 56) definiert den Begriff „Bildung" als „Erwerb eines Systems moralisch erwünschter Einstellungen durch die Vermittlung und Aneignung von Wissen derart, daß Menschen im Bezugssystem ihrer geschichtlich-gesellschaftlichen Welt wählend, wertend und stellungnehmend ihren Standort definieren, Persönlichkeitsprofil bekommen und Lebens- und Handlungsorientierung gewinnen. Man kann stattdessen auch sagen, Bildung bewirke *Identität* […]". Dieser Fokussierung ist der erste Beitrag von Christiane Meyer mit Blick auf die geographische Bildung gewidmet.

„Da sich die Geographie als Systemwissenschaft versteht, ist das Hauptbasiskonzept des Faches das Systemkonzept" (DGfG 2010, 10). Aufgrund dieser Konstituierung wird die Systemkompetenz in der geographiedidaktischen Kompetenzforschung derzeit vertiefend analysiert und empirisch überprüft. Die hierfür erforderliche theoretische Fundierung in Form eines Kompetenzmodells, das der Konzeption von Testaufgaben und somit der Diagnostik zugrunde liegt, wird im Beitrag von Armin Rempfler und Rainer Uphues dargelegt und im Ausblick auf das weitere Forschungsvorgehen begründet. Eine ähnliche Richtung schlagen Kathrin Viehrig, Samuel Greiff, Alexander Siegmund und Joachim Funke mit ihrem Beitrag zur geographischen Systemkompetenz ein, wobei ihr Kompetenzmodell etwas andere Schwerpunkte setzt.

Nicht nur die allseits bekannte Äußerung, dass das Schulbuch als der heimliche Lehrplan gilt, auch ein Blick auf die Schulbuchzulassung in Deutschland (STÖBER, G. 2010) verdeutlicht den Stellenwert und die Relevanz, die diesem besonderen Schulmedium von bildungspolitischer Seite zukommt. Martina Flath geht in ihrem Beitrag auf die aktuelleren Entwicklungen der kompetenzorientierten Schulbuchkonzeptionen, u. a. durch veränderte Anforderungen an die Aufgabenkultur, ein. Georg Stöber betrachtet mit „Konflikt" ein ausgewähltes, eigentlich permanent aktuelles Themenfeld des Geographieunterrichts in verschiedenen Schulbüchern mit besonderem Fokus auf die Aufgabenstellungen und die dadurch anvisierten Kompetenzbereiche.

Viele Geographiedidaktiker bzw. -lehrer werden in ihrer Hochschulausbildung von ihren Dozenten auf den sogenannten „geographischen Blick" aufmerksam gemacht worden sein. Dieser ist demzufolge durch eine bestimmte fachspezifische Vorgehensweise der visuellen Erschließung eines Raumausschnittes charakterisiert, die auch auf das Erschließen von Bildern im Geographieunterricht angewendet werden kann. Dazu bedarf es besonderer Fähigkeiten, die Holger Jahnke in seinem Beitrag über die Bildlesekompetenz und Fotoperformanz unter Berücksichtigung aktueller fachwissenschaftlicher und -didaktischer Ansätze umreißt.

Experimente werden allseits in ihrer nachhaltigen Lernwirksamkeit gelobt, in der geographieunterrichtlichen Praxis kommen sie hingegen relativ selten zum Einsatz. Welche Ansätze es hierzu in der empirischen Lehr- und Lernforschung gibt und welche Teilkompetenzen beim Experimentieren erworben werden können, stellen Karl-Heinz Otto, Leif O. Mönter und Sandra Hof in ihrem Beitrag vor.

Inhalte werden vor allem durch Lehrer-Schüler- und Schüler-Schüler-Interaktion bzw. Kommunikation fragwürdig, tiefer gehender betrachtet und ergründet und schließlich vor allem durch eigene Äußerungen in mündlicher oder schriftlicher Form gefestigt. Da im Geographieunterricht die Schülerinnen und Schüler oftmals Stellung nehmen sollen und ihre Standpunkte belegen sollen, ist es erforderlich, die jeweilige Argumentation genauer zu beleuchten. Theoretische Ansätze und erste empirische Ergebnisse zum Argumentieren von Schülerinnen und Schülern im Geographieunterricht werden im Beitrag von Alexandra Budke und Anke Uhlenwinkel präsentiert. Eine Vertiefung von Argumentationen im Hinblick auf ethisches Urteilen erfolgt im Beitrag von Christiane Meyer und Dirk Felzmann, in dem Kriterien für gelungenes ethisches Urteilen aufgezeigt werden.

Diagnosekompetenz ist sowohl für Lehrkräfte als auch für die Schülerinnen und Schüler selbst im Hinblick auf ihre Lernkompetenz im Zusammenhang mit Metakognition von Relevanz. Alexander Tillmann befasst sich in seinem Beitrag damit, wie diese Kompetenzen lernpsychologisch und pädagogisch-didaktisch begründet und umgesetzt werden können. Er stellt vor, wie sich ein Webquest zu nachwachsenden Rohstoffen und Nachhaltigkeit und die Technik des Concept Mapping zur Diagnose und individuellen Förderung verwenden lassen.

Naturereignisse wie Erdbeben, Tsunamis oder Hurrikans, die für die Menschen in den betroffenen Gebieten katastrophale Auswirkungen haben können, sind im deutschen Geographieunterricht einerseits ein klassisches Thema, andererseits von wenigen Ausnahmen abgesehen zumeist räumlich so weit weg, dass die eigene unmittelbare Betroffenheit zumeist nicht im Bewusstsein verankert ist. Dies ist in Indien und demzufolge auch im indischen Geographieunterricht völlig anders. Disaster Education spielt eine bedeutsame Rolle, um Handlungskompetenzen für den Ernstfall zu vermitteln. Basabi Khan Banerjee gibt in ihrem Beitrag einen fundierten Einblick sowohl über die bildungspolitischen Vorgaben als auch im Hinblick auf die Konzeption in Schulbüchern.

Das wichtigste personale Medium des Unterrichts ist und bleibt die Lehrkraft, deren Professionskompetenz maßgeblich Einfluss auf die Lernbereitschaft und Lernwirksamkeit hat. Im Zuge der geforderten Kompetenzorientierung ist es für die Lehrerinnen und Lehrer hilfreich, sich in Netzwerken auszutauschen und damit auch gegenseitig zu unterstützen. Michael Hemmer zeigt in seinem Beitrag auf, welche Schritte in der Netzwerkinitiative des nordrhein-westfälischen Ministeriums für Schule und Weiterbildung diesbezüglich gegangen wurden. Die Netzwerke erarbeiten und erproben vor allem schulinterne Curricula und kompetenzorientierte Unterrichtsmodule und stellen diese schließlich anderen Schulen zur Verfügung. Netzwerkarbeit und Austausch finden selbstverständlich nicht nur im Rahmen bildungspolitisch geförderter Initiativen statt, sondern vor allem im alltäglichen „Unterrichtsgeschäft" im Lehrerkollegium. Sie sind jedoch nur eine wichtige (externe) Rahmenbedingung zur Professionalisierung von Geographielehrkräften. Einen Überblick über die personalen „Felder" der Professionskompetenz und erste Ansätze, die zu einer fundierten Erforschung der sogenannten *pedagogical content knowledge* (nach SHULMAN, L.S. 1986/2004) im Geographieunterricht führen könnten, veranschaulicht und exemplifiziert Christiane Meyer in ihrem Beitrag.

Wir hoffen, dass durch die Beiträge sowohl die Interessen der Leserschaft aus der fachdidaktischen Forschung als auch der aus der Schulpraxis bedient werden. Wir wünschen den Lesern eine anregende und bereichernde Lektüre.

Christiane Meyer, Roderich Henrÿ, Georg Stöber

Christiane Meyer

Geographische Bildung – Reflexionen zu ihren Grundlagen

1 Einleitung

> „Achte auf Deine Gedanken, denn sie werden Worte.
> Achte auf Deine Worte, denn sie werden Handlungen.
> Achte auf Deine Handlungen, denn sie werden Gewohnheiten.
> Achte auf Deine Gewohnheiten, denn sie werden dein Charakter.
> Achte auf Deinen Charakter, denn er wird dein Schicksal."
> (Aus dem Talmud)

Diese Ratschläge aus dem Talmud beinhalten viele Aspekte, die mit Bildung im Zusammenhang stehen: Nachdenken bzw. Reflektieren als Grundlage, bewusste Wortwahl als Weitergabe der Gedanken, verantwortungsvolle Handlungen in Verbindung mit dem Gesagten und der damit verbundenen Haltung, die zu Verhalten bzw. Handlung führt, Gewohnheiten als alltäglicher Ausdruck des demzufolge im Menschen Innewohnenden und über allen diesen Aspekten die Ausformung des Charakters, der letztlich das persönliche Schicksal bestimmt, das somit auch in gewisser Weise in der eigenen Verantwortung liegt.

Viele kluge Köpfe haben sich mit dem Begriff der Bildung auseinandergesetzt. In Zeiten von Bildungskrisen und Bildungsreformen erfolgt immer auch eine Rückbesinnung, um u. a. den gegenwärtigen Standpunkt einzuordnen und die Zielrichtung zu definieren. Dies gilt für alle Fachdisziplinen, die sich der Bildung in irgendeiner Art und Weise verpflichtet fühlen. Auch die Geographie als Fachdisziplin an den Universitäten und Hochschulen und als Schulfach im Fächerkanon von allgemein- und berufsbildenden Schulen ist gefordert, sich in diesem „Besinnungsfeld" zu positionieren und sich darüber letztlich auch zu legitimieren. Ein bedeutsamer Schritt in diese Richtung ist durch die Publikation der Bildungsstandards im Fach Geographie für den Mittleren Schulabschluss (DGfG 2010) gemacht worden.

Vor diesem Hintergrund möchte ich in diesem Beitrag einige Reflexionen und Impressionen zum Verständnis von geographischer Bildung anhand von Überlegungen von vier renommierten Fachvertretern präsentieren und aus heutiger Sicht kommentieren. Im Rahmen dieses Beitrags ist es nicht möglich, einen umfassenden Überblick und tiefer gehenden Einblick zu gewährleisten. Die Darstellungen sind daher als subjektive Akzentuierungen und Anregungen zu verstehen, um daran die vielseitigen Facetten und das Bildungspotenzial der Geographie zu beleuchten.[1] Ich möchte vorweg betonen, dass ich die Ausführungen nicht im historischen bzw. ideengeschichtlichen Kontext der Entwicklung der Fachdisziplin einbette[2] (was im Rahmen dieses Beitrags ohnehin nicht möglich ist) und auch nicht das damalige Denken und Wirken aus heutiger Sicht kritisch hinterfrage bzw. in Frage stelle (was nicht meiner Intention entspricht). Die ausgewählten Zitate zum Titel dieses Beitrags sollen für sich sprechen. Den Rahmen um diese fachbezogenen Darstellungen bilden allgemeine Reflexionen zum Bildungsbegriff.

2 Grundlagen von Bildung

2.1 Reflexionen zum Bildungsbegriff

Im Herbst 2007 habe ich in einem Buchladen „Jonathan Byron's Bildungsnavigator für unordentliche Leser" (2007) entdeckt. Aus geographischer Sicht macht dieses Buch nicht zuletzt aufgrund der Begriffe „Landkarte", „Universum" und „Navigator" im Text auf der Rückseite des Umschlags neugierig. Die Auswahl der Inhalte spiegelt die Studienschwerpunkte des Autors wider: Philosophie, Literaturwissenschaft, Geschichte und Kunst. Dies verdeutlicht einmal mehr die subjektive Perspektive von Bildung (eine deutsche Variante ist das Buch „Bildung – Alles, was man wissen muss" von Dietrich Schwanitz). Das Anliegen des Autors ist es, seine Erkenntnisse in möglichst spannender, anregender Form an interessierte Leser in einer klaren, verständlichen Sprache weiterzugeben.

Dies ist das grundlegende Kriterium von Bildung: die subjektiven Erkenntnisprodukte sind verbunden mit Gabe und Hingabe. Bildung ist nur möglich, wenn jemandem die Erkenntnisse anderer gegeben bzw. geschenkt werden, wenn er die Gabe hat, sich diese Erkenntnisse zu erschließen, wenn er die Hingabe hat, diese zu reflektieren, neu zu ordnen und zu erweitern, wenn er seine Erkenntnisse weitergeben kann und will, so dass andere diese reflektieren können und es zu einem Austausch von Gedanken und Erkenntnissen kommen kann, die wiederum neue Erkenntnisse hervorbringen können. Die Reflexionen sind jeweils mit „Bildern", d. h. Vorstellungen und Imaginationen, auf einem bestimmten Bildungsniveau verbunden. Dieses ist wiederum nicht losgelöst von der subjektiven Auffassungsgabe und von Begabung. Bildung beinhaltet mentale „Bilder" über sich selbst und über andere, über sinnlich Erfahrenes und Übersinnliches, über das Sein und Nichtsein. Diese Bilder sind umso bunter, detaillierter, schärfer, strukturierter usw., je mehr sich jemand gebildet hat, je mehr er gelernt hat, in den Bildern etwas zu sehen, zu deuten, zu verknüpfen und dadurch zu neuen Erkenntnissen zu gelangen.

Durch die Kommunikation mit anderen – sei es in mündlicher oder schriftlicher Form[3] – bekommen wir Anregungen im individuellen Bildungsprozess, und durch günstige Konditionen von Gabe und Hingabe sind diese eine Hilfe bei unserer Suche nach Erkenntnissen durch Antworten auf Fragen, die uns virulent beschäftigen oder die in uns schlummern. Aus diesen Darstellungen wird deutlich, wie bedeutend die Kommunikation mit anderen und die Reflexion über Perspektiven auf Sachverhalte und Situationen sowie über Urteile(n) und Werte(n) im Bildungsprozess ist.

2.2 Der erkenntnistheoretische Konstruktivismus als Basis

Diese in allgemeinverständlicher Sprache formulierten Vorbemerkungen bedeuten in die gegenwärtige Wissenschaftssprache übersetzt, dass Bildung auf der Grundlage des erkenntnistheoretischen Konstruktivismus als Schemainterpretation (vgl. LENK, H. 2007) erfolgt.

> *„Die Grundthese ist, dass alles Erfassen und Handeln schemagebunden und somit interpretationsabhängig ist*: Alles Erkennen und Erfassen ist von unseren Interpretationsmustern, Schemabildungen und Schemaaktivierungen abhängig – und zwar bereits in einem grundlegenden biologischen Sinne (in Gestalt der Abhängigkeit von unseren Sinnesorganen) wie auch kulturell von erlernten beziehungsweise traditionellen, übernommenen Mustern und Symbolisierungen. Wir können nicht nicht schematisieren beziehungsweise nicht nicht interpretieren [...]" (ebd., 4, Herv. i.O.).

Für alle Orientierungen des Menschen – für die räumlichen sowie für die sozialen und mentalen (geistigen wie psychischen) Zusammenhänge – sind die Heraushebung von Wesentlichem, Gestalterkennung, Strukturwahrnehmung sowie Deutung und Bedeutung gefordert. Dieses „innerliche" Repräsentieren, aber auch Reaktionsschemata und entsprechende hierarchische Ordnung der Verhaltensweisen sind Voraussetzungen für Handeln und Verhalten. Umgekehrt wäre aber auch ohne Handeln und Verhalten kein Erkennen möglich (vgl. ebd.).

Ein Mensch, der besonders viele Muster und Symbolisierungen gespeichert hat, kann entsprechend beim Erkennen und Erfassen mehr Schemata aktivieren und dementsprechend differenzierter interpretieren. J. Byron formuliert dies wie folgt: „Spannend jedoch wird es, wenn es gelingt, die vielen herumliegenden Fäden zu verknüpfen, so dass man plötzlich – ein Muster erkennt. Einen Zusammenhang. Darin besteht das Bildungserlebnis: im leuchtenden Erkennen von Entwicklungen und Zusammenhängen" (ebd. 2007, 10). Er betont, dass es bei Bildung nicht auf ein diffuses Faktenwissen einiger tausend Namen, Daten und Details ankommt, sondern auf Verständnis, Begreifen, manchmal auch nur ein dunkles Ahnen (vgl. ebd., 9). Somit berücksichtigt er neben der Ratio auch die Intuition.

Das Erkennen von Mustern und Symbolisierungen geschieht auf unterschiedlichen Ebenen und Stufen der Schemainterpretation. Hierbei spielt die besondere Fähigkeit des Menschen eine Rolle, die Interpretationen auf höherer Stufe aus wieder zu interpretieren, d. h. dass er zu höherstufigen Schematisierungen und Interpretationen fähig ist (vgl. LENK, H. 2007, 5). Erkennen und Handeln stehen in einem unlösbaren Zusammenhang, da mit dem zielorientierten Handeln das Entwerfen von Handlungsalternativen und Handlungsfolgen verbunden ist und durch die Benutzung von Instrumentarien das Einwirken bzw. Intervenieren in die reale, soziale und symbolische Welt möglich ist. Das zielorientierte Handeln mit den dazugehörigen Zielen und Mitteln sowie den Verfahren, aber auch die Interpretationen und Interpretationsprodukte werden vom Menschen auf der Basis von Reflexion bzw. Selbstreflexion beurteilt und bewertet.

> „Der Mensch – das aktiv entwerfende, (meta)interpretierende und konstruierende sowie reflektierend beurteilende Wesen, das mittels seiner geschaffenen Modelle zugleich begriffs- und weltgestaltend in die sozusagen „Notwendig" von ihm unterstellte Realität eingreift, diese somit beim Erfassen und Gestalten strukturiert bzw. umstrukturiert, diese sich gegenüberstellt und dennoch ständig mit diesem (nur im erfassten Konstrukt zugänglichen) Gegenüber wechselwirkt, „interagiert". Insofern lassen sich Menschen als die interpretierenden, besser: Konstrukte entwerfende und im Handeln per se Interpretationskonstrukte verwendende Wesen auffassen, die in diesem ständigen Interpretieren ihrer Schematisierungen sowohl in Realität als auch besonders in Sozialität (soziale Wirklichkeit) eingebettet sind (oder sich zumindest pragmatisch-notwendig als darin eingebettet verstehen müssen" (ebd., 7).

3 Grundlagen der geographischen Bildung

3.1 Die beiden „Gründergestalten" der modernen Geographie im 19. Jh. und ihr Bildungsverständnis

Im Folgenden werden meine Interpretationen bzw. Rekonstruktionen zu den Grundlagen geographischer Bildung vorgestellt. Dies geschieht zum einen vor dem Hintergrund der These, dass einige grundsätzliche Überlegungen, die damals vertreten wurden, heute noch in unserem Bildungsverständnis von Geographie – das in den Bildungsstandards in komprimierter Form zusammengefasst wurde – ihren Niederschlag finden. Zum anderen verkörpern die ausgewählten Personen eine Philosophie vom Fach, die uns als Anregung bzw. Anknüpfung für unsere eigene subjektive Theorie über die Grundlagen geographischer Bildung dienen kann.

Vorweg muss ich anmerken, dass ich mit den Auszügen[4] den ausgewählten Persönlichkeiten in keiner Weise gerecht werden kann. Ich kann daher nur hoffen, dass meine „Zeitreise mit ausgewählten Destinationen" dem Leser „Appetit" machen möge, sich weiter mit ihrem Wirken sowie dem Werdegang und spezifischer Diskurse der Geographie auseinanderzusetzen oder einige der hier präsentierten Vorstellungen in der Lehre zur Diskussion zu stellen, um durch den quasi „interkulturellen" Vergleich mit früheren Vorstellungen die (eigene) heutige Vorstellung von dem Bildungswert der Geographie herauszukristallisieren.

Gestartet wird im 19. Jh., weil die Geographie in dieser Zeit als Universitätsdisziplin und Schulfach eingeführt wurde (vgl. BLOTEVOGEL, H. H. 2001, 19. Jh.). Zudem charakterisieren drei Prozesse die Entwicklung der Geographie im 19. Jh.: Popularisierung, Akademisierung, Professionalisierung (vgl. BROGIATIO, H.-P. 2005, 53). Sowohl Alexander von Humboldt, der auch als „Universalgelehrter" und „Weltbürger" (vgl. MEYER, C. 2007) gilt, als auch Carl Ritter haben im 19. Jh. Herausragendes für die Grundlegung der Geographie als Wissenschaft geleistet und können daher als „'Gründergestalten' der modernen Geographie" (ebd., 48) bezeichnet werden. Aufgrund ihrer besonderen Bedeutung wird ihre subjektive Bildungsphilosophie über Geographie, die anhand von ausgewählten Werken von mir rekonstruiert wurde, beleuchtet.

3.1.1 Alexander von Humboldt (1769–1859)

„So leiten dunkle Gefühle und die Verkettung sinnlicher Anschauungen, wie später die Tätigkeit der combinirenden Vernunft, zu der Erkenntniß, welche alle Bildungsstufen der Menschheit durchdringt, daß ein gemeinsames, gesetzliches und darum ewiges Band die ganze lebendige Natur umschlinge."
(ALEXANDER VON HUMBOLDT 1845; in HUMBOLDT, A. V. 2004, 11)

15

„Die objective Welt, von uns gedacht, in uns reflectirt, wird den ewigen, nothwendigen, alles bedingenden Formen unserer geistigen Existenz unterworfen" (ebd., 37).

Diese Zitate stammen aus dem Lebenswerk von Alexander von Humboldt „Kosmos – Entwurf einer physischen Weltbeschreibung", das in einer vollständigen Ausgabe mit allen fünf Bänden, die im Zeitraum 1845–1862 publiziert wurden (HUMBOLDT, A. V. 2004), im Folgenden zugrunde gelegt wird.

Es ist bezeichnend, dass Alexander von Humboldt sein Lebenswerk mit einleitenden Betrachtungen „über die Verschiedenart des Naturgenusses und eine wissenschaftliche Ergründung der Weltgesetze" (ebd., 9) beginnt. Damit werden verschiedene Seiten von Wissenschaft zusammengefasst: Emotion (als dunkles Gefühl oder geheimnisvolle Kraft), Imagination/Ahn(d)ungen (als freies Spiel der Phantasie und als begeistigende Kraft) und Ratio (Erkenntnisse als kognitive Kraft). Die Abb 1.1 stellt meinen Versuch dar, sein Bildungsverständnis, das im „Kosmos" zum Ausdruck kommt, zu strukturieren.

Abb. 1.1: Das Bildungsverständnis von Alexander von Humboldt im „Kosmos"

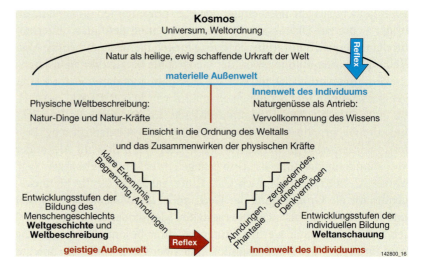

Alexander von Humboldt unterscheidet zwei Arten des Naturgenusses: zum einen beschreibt er den affektiven Genuss als geheimnisvolle Kraft, die auf das Gemüt wirkt. Er entspringt „aus dem Contraste zwischen dem sinnlich Unendlichen und der eigenen Beschränktheit" und wirkt auf den Menschen in „jedem Erdstriche" und „auf jeder Stufe intellectueller Bildung" (ebd., 10). Der kognitive Naturgenuss, den A. v. Humboldt beschreibt, ist zugleich verbunden mit seinem Bildungsverständnis:

„Der andere Genuß gehört der vollendeteren Bildung des Geschlechts und dem Reflex dieser Bildung auf das Individuum an: er entspringt aus der Einsicht in die Ordnung des Weltalls und in das Zusammenwirken der physischen Kräfte. […] wie endlich die Philosophie der Natur, ihrem alten dichterischen Gewande entzogen, den ernsten Charakter einer denkenden Betrachtung des Beobachteten annimmt; treten klare Erkenntniß und Begrenzung an die Stelle dumpfer Ahndungen und unvollständiger Inductionen" (ebd., 10).

Die Verschiedenartigkeit des Naturgenusses und die wissenschaftliche Ergründung der Weltgesetze bilden daher für ihn ein Ganzes. Eine alleinige analytische Herangehensweise bezeichnet er als gewagtes Unternehmen, denn „der großartige Charakter einer Gegend ist vorzüglich dadurch bestimmt, daß die eindrucksreichsten Naturerscheinungen gleichzeitig vor die Seele treten" (ebd., 11). Aber diese poetische Kraft und Stärke des Totalgefühls lasse sich nur über die objektive Verschiedenheit der Erscheinungen erklären, so daß man „sondernd in das Reich bestimmter Naturgestalten und wirkender Kräfte hinabsteigen (muß)" (ebd., 12). Die Eindrücke von Unbegrenztheit (z. B. auf dem Meer oder im Luftmeere) seien verwandt mit dem feierlichen Gefühl des Erhabenen, das „dem Ausdruck des Unendlichen und Freien in den Sphären idealer Subjectivität, in dem Bereich des Geistigen angehört" (ebd., 18). Daher verurteilt Alexander von Humboldt die einseitige Behandlung der physikalischen Wissenschaften, die rohe und unvollständige Empirie, die das Vorurteil genährt habe, dass sie „die schaffende Bildkraft der Phantasie ertödten und so den Naturgenuß stören" (ebd., 18).

„Wer in der bewegten Zeit, in der wir leben, noch dieses Vorurtheil nährt, der verkennt, bei dem allgemeinen Fortschreiten menschlicher Bildung, die Freuden einer höheren Intelligenz, einer Geistesrichtung, welche Mannigfaltigkeit in Einheit auflöst und vorzugsweise bei dem Allgemeinen und Höheren verweilt" (ebd., 18).

Dem Naturgemälde im ersten Band stellt A. v. Humboldt den Reflex der Außenwelt auf die Einbildungskraft im zweiten Band gegenüber, wobei er auf dichterische Naturbeschreibung und Landschaftsmalerei verschiedener Völker bzw. verschiedener Zeiten eingeht. Indem er so beide Formen des Naturgenusses in Beziehung zur Menschheit darstellt, bettet er sowohl den affektiven als auch den kognitiven Naturgenuss in einen größeren Zusammenhang ein, in gewisser Weise als Teil des „weltganzen Naturgenusses".

Ihm geht es um die Darstellung des Ganzen unter der „gleichzeitigen Würdigung aller Theile des Naturstudiums" (ebd.), die aber nicht mit einer Enzyklopädie der Naturwissenschaften verwechselt werden dürfe:

„Die Geschichte der physischen Weltanschauung ist die Geschichte der Erkenntniß eines Naturganzen, die Darstellung des Strebens der Menschheit das Zusammenwirken der Kräfte in dem Erd- und Himmelsraume zu begreifen; sie bezeichnet demnach die Epochen des Fortschrittes in der Verallgemeinerung der Ansichten, sie ist ein Theil der Geschichte unserer Gedankenwelt, in so fern dieser Theil sich auf die Gegenstände sinnlicher Erscheinung, auf die Gestaltung der geballten Materie und die ihr innewohnenden Kräfte bezieht" (ebd., 240).

An dieser Stelle möchte ich einen Blick auf die gegenwärtige Situation geographischer Bildung werfen und beziehe mich auf die Bildungsstandards (DGfG 2010). Die Geographie versteht sich demnach als „Systemwissenschaft", deren „Hauptbasiskonzept" das „Systemkonzept" ist, dem die Systemkomponenten „Struktur", „Funktion" und „Prozess" als Basisteilkonzepte zugeordnet sind (vgl. ebd., S. 10f.). Im Vergleich zu den Darstellungen von Humboldt wird heute der Mensch mit in das System einbezogen, somit geht es nicht allein um eine „physische Weltanschauung", sondern der Fokus liegt auf dem Verständnis des Systems Erde und auf dem Verständnis gesellschaftlicher Systeme (vgl. ebd., 6). Die Wechselbeziehungen im Mensch-Umwelt-System bzw. Mensch-Erde-System bzw. seinen naturgeographischen und humangeographischen (Sub-)Systemen werden betrachtet, um allgemeingeographische Gesetzmäßigkeiten bzw. Regelhaftigkeiten zu erkennen (vgl. ebd., 10). Diese nomothetische Zielsetzung war auch schon ein Anliegen Alexander von Humboldts.

A. v. Humboldt beschreibt die vergleichende Erdkunde von C. Ritter als „ großes und geistreiches Werk", das bewiesen habe, dass diese „nur dann Gründlichkeit erlangt, wenn die ganze Masse von Thatsachen […] dem combinirenden Verstande zu Gebote steht" (ebd., 17).

3.1.2 Carl Ritter (1779–1859)

„Denn es ist der Erde auch noch ein höheres Verhältnis als sichtbare Welt übrig, das nämlich zur unsichtbaren Welt, zur geistigen Natur der Wesen überhaupt, oder zum Schöpfer und zum vernunftbegabten Geschöpfe auf ihr – nicht blos zum Naturreiche, sondern auch zum Geisterreiche. In dieser Hinsicht ist sie Gottes Schöpfung, ein Inbegriff höchster Zweckmäßigkeit, Schönheit und Vortrefflichkeit – eine Gotteswelt! eine Offenbarung göttlicher Weisheit in der Form einer sichtbaren Welt." (RITTER, C. 1862[4], 11)

Das Weltbild des ersten ordentlichen Geographie-Professors Carl Ritter war theologisch-teleologisch bzw. physikotheologisch und somit metaphysisch verankert (vgl. SCHULTZ, H.-D. 2000, 221; BLOTEVOGEL, H. H. 2001, 19. Jh.). Die Erde charakterisierte er nach David im 104. Psalm, dem gottbegeisterten Sänger.[5] In Beziehung auf die „vernunft-begabten Bewohner" (RITTER, C. 1962, 11) sei die Erde „nicht nur der Boden, die Wiege, der Wohnort, sondern auch das Erziehungshaus, die große Erziehungsanstalt des Menschengeschlechts" (ebd.), was „für den Forscher aus der Geschichte der Menschheit auf das entschie-denste hervor(geht)" (ebd.). Außer dem Naturdasein habe die Erde als Planet durch ihren Einfluss auf die geistige Welt eine weit höhere Be-stimmung. Die Erde sei ein „kosmisches Individuum" (ebd., 19) mit ethischer d. h. sittlicher Bestimmung. „Nur dem menschlichen Körper, der Menschengestalt, ist also noch derselbe analoge ethische Charak-ter mit seiner Erde gemeinsam" (ebd., 12). Aufgrund der so gedeuteten höheren Bestimmung der Erde als Erziehungsanstalt müsse sie nach C. Ritter als „Werk der göttlichen Vorsehung" (ebd.), als „ein mitwir-kendes Glied in der Ordnung der Dinge" (ebd., 11), das ein höheres Verhältnis „nicht blos zum Naturreiche, sondern auch zum Geister-reiche" (ebd.) aufweise, auch höher organisiert sein. „Die Erforschung der Verhältnisse dieser höheren Organisation, ihrer Gesetze und Er-scheinungen, muß natürlich einen wesentlichen Theil unserer geogra-phischen Wissenschaft ausmachen" (ebd., 13). Aus diesen Zusammen-hängen folgert C. Ritter in Bezug auf den Bildungswert der Geographie als Wissenschaft:

> „Nimmt die Geographie erst Rücksicht auf die höhere Orga-nisation des Planeten, […] der seine Lebenskeime zu weiterer Entfaltung in sich trägt mit dem Fortschritt der Jahrhunderte und Jahrtausende: dann gewinnt sie dadurch erst selbst ihre Einheit, wird erst durch dieses ihr lebendiges Princip zu einem Ganzen; dadurch erst wird sie auch einer systematischen Dar-stellung und Entwicklung ihres großen Systems fähig; dann erst wird sie zu einer bildenden Wissenschaft für den menschlichen Geist, ja, zu einem nothwendigen Gliede im Systeme der Wis-senschaften. […]; sie wird eine philosophische Disziplin, selbst ein Zweig der Philosophie!" (ebd., 13f.).

Im Hinblick auf die aktuellen Bildungsstandards (DGfG 2010) möchte ich an dieser Stelle auf die „fachübergreifenden und fächerverbin-denden Bildungsaufgaben" hinweisen, die in den Worten von Ritter schon angedeutet werden. Eine besondere Verpflichtung wird gegenüber der „Bildung für eine Nachhaltige Entwicklung" sowie dem „Globa-len Lernen" gesehen. Diese fordern, dass der Mensch Verantwortung für sein Handeln übernehmen soll. Hiermit verbunden und besonders wichtige Anliegen des Faches sind „Umweltbildung", das „Interkulturelle Lernen" sowie die „entwicklungspolitische Bildung" (vgl. ebd., 7). Dies bedeutet, dass die Schüler sich „mit natürlichen sowie wirtschaftlichen, politischen und sozialen Zusammenhängen in verschiedenen Regionen der Erde auseinandersetzen (müssen)" (ebd.). Fachwissen und das Anwenden fachrelevanter Arbeitsweisen sind jedoch nur eine notwendige Bedingung für verantwortungsbewusstes Handeln (vgl. ebd., 26). Die Brücke bildet die ethische bzw. moralische Urteilskompetenz (womit die praktische Philosophie berührt wird), die nicht losgelöst von Kommunikation bzw. der Fähigkeit der Argumentation entwickelt werden kann. Hiermit wird also der Zusammenhang zwischen den sechs in den Bildungsstandards ausgewiesenen Kompetenzbereichen des Faches umrissen.

Nach Auffassung C. Ritters sind die Anthropologie und Ethnographie, die Menschen- und Völkerkunde, die wichtigsten Kommentare zur Geo- und Topographie. Die Geographie gehe von der Natur eines Landes aus und „thut die ernsten Fragen an das Schicksal der Völker" (RITTER, C. 1962, 15), wohingegen der Historiker nur einen Blick vom Schicksale der Völker auf das Land zurückwerfe (ebd.). Als Begründung wird die Völkercharakterologie herangezogen: „In den Völkern spiegelt sich ihr Vaterland ab" (ebd., 14), die in Form eines klassischen Geodeterminismus untermauert wird:

> „Die örtlichen Einwirkungen der Landschaften auf die Charakteristik ihrer Bewohner, bis auf Gestalt und Körperbau, Schädelbildung, Farbe, Temperament, Sprache und geistige Entwicklung sind unverkennbar. Daher die unendliche Mannigfaltigkeit in den Erscheinungen, wie in den Bildungen und Charakteren, so auch in den Bestrebungen der Völker" (ebd., 14f.).

Der Mensch habe demzufolge nicht nur eine geistige, sondern auch eine leibliche Mitgift bei seiner Geburt erhalten, „deren er sich nicht entäußern kann, deren er sich daher auch auf das lebendigste bewußt werden soll" (ebd.). Um sich selbst zu erkennen, d. h. das Gebiet der geistigen Freiheit und Unabhängigkeit zu erkennen und die eigene geistige Natur zu erforschen, müsse der Mensch zunächst die Grenzen und das Wesen „seiner irdischen Beschränktheit, wie ihre inwohnenden Kräfte" (ebd.) erkennen, um sie gebrauchen zu lernen.

> „Nur das lebendigste Bewußtsein seiner Abhängigkeit des ihm bei seiner Geburt von Gott Mitgegebenem kann ihm zu einer

wahrhaften Freiheit des Lebens, zu Erreichung seiner wahren Bestimmung in Gegenwart und Zukunft verhelfen" (ebd.).

Nahezu philosophisch muten seine folgenden Überlegungen an, die eher erzieherischen bzw. allgemeinbildenden als geographischen Charakter haben:

> „Ohne Vorübung in der Beschränktheit ist kein Maß in der Unbeschränktheit zu finden. Ohne Abhängigkeit von Ordnung und Gesetz ist keine Gesetzmäßigkeit, keine Freiheit für den Menschen zu erringen, auch nicht in der Gedankenwelt. Keine wahrhafte Speculation, keine Philosophie über das Unendliche und Ewige ist möglich, ohne die Erforschung und Erkenntnis des Endlichen und Irdischen. Wer nicht das Irdische erkennt und erforscht, kann auch das Ewige, das Unendliche nicht begreifen. Satz und Gegensatz sind Bedingungen des menschlichen Denkens" (ebd., 15f.).

Genau wie A. v. Humboldt weist auch C. Ritter auf die Gefahr hin, dass durch das Überspringen solcher Vorstudien die „Speculationen" (ebd., 16) nur noch in der Luft ohne festen Boden schwebten. „Der Hochmuth im nur scheinbaren Wissen kommt auch hier durch sich selbst zum Falle" (ebd.). In Abb. 1.2 habe ich versucht, sein Bildungsverständnis im Überblick darzustellen.

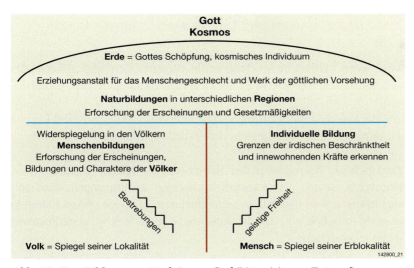

Abb. 1.2: Das Bildungsverständnis von Carl Ritter (eigener Entwurf)

21

3.1.3 Reflexion zu der geographischen Bildung von Alexander von Humboldt und Carl Ritter

C. Ritter beschreibt letztlich drei unterschiedliche Bildungsbegriffe (vgl. Abb. 1.2). Die individuelle Menschenbildung im Sinne von geistiger Freiheit (erster Begriff der Bildung) setzt an der Erforschung der Naturbildungen (zweiter Begriff der Bildung) an im Sinne von der „Erforschung der Verhältnisse dieser höhern Organisation (der Erde, C. M.), ihrer Gesetze und Erscheinungen" (ebd., S. 13) sowie an deren Widerspiegelung in den Völkern (dritter Begriff von Bildung) im Sinne der „unendliche(n) Mannigfaltigkeit in den Erscheinungen, wie in den Bildungen und Charakteren, so auch in den Bestrebungen der Völker" (ebd., 15). Dass A. v. Humboldt diese Vorstellung der geographischen Bildung verkörpert hat, kommt in der „Einleitung zur allgemeinen vergleichenden Geographie […]" von C. Ritter (1818) deutlich zum Vorschein. Darin wird unter anderem die Forscherpersönlichkeit wie folgt charakterisiert:

> „Die Palme des Ruhms ist denjenigen Forschern als den Heroen der Historie zuerkannt, die, selbst ausgerüstet mit tiefgreifender Seelenkraft und großer Charakterstärke, aus der Verwicklung der einzelnen Begebenheiten, […], im Stande waren, die menschliche Natur von ihren bewußtlosen Tiefen bis zu ihren schwindelnden Höhen in ihren Thaten zu beleuchten und darzustellen, und durch ihre Nachweisung […] für alle Völker der Erde zu unsterblichen Lehrern werden" (RITTER, C. 1818, 8).

Auch wenn Lehrkräfte im Geographieunterricht kein unsterbliches Erbe hinterlassen werden, so ist die Lehrerpersönlichkeit und -professionalität von grundlegender Bedeutung für das Gelingen von Unterricht und für eine nachhaltige Bildung. Die Lehreraus- und -weiterbildung ist daher neben der Forschung ein wesentliches Anliegen der Didaktik.

Zum Schluss der einleitenden Bemerkungen widmet C. Ritter A. v. Humboldt, dessen Name in den vorherigen Ausführungen vereinzelt angeklungen war, eine ganze Seite, nachdem er zuvor erklärt hat, dass es nicht möglich sei, auf die Leistungen einzelner in angemessener Weise einzugehen:

> „Nur eine in ihrer Art einzige Erscheinung eines Weltreisenden muß hier eine Ausnahme machen, und noch einmal der Name des Mannes, A. v. Humboldt, […] genannt werden, weil durch ihn, […], diese gegenwärtige Arbeit nur allein ihren ganzen

Zusammenhang erhalten konnte, ohne seine Werke sie nie zur Ausführung gekommen sein würde" (ebd., 60f.).

Nach meinem Empfinden betont A. v. Humboldt als Forscher mehr die endogenen Kräfte, die seinen Forscherdrang begründen, wohingegen C. Ritter als Hochschullehrer mehr die exogenen Kräfte vor allem in Bezug auf die Erziehung[6] und die von außen erfahrbar gemachten Grenzen hervorhebt. Beide Kräfte sind m. E. im Bildungsprozess in einem ausgewogenen Verhältnis vonnöten.

3.2 Grundlagen geographischer Bildung in der ersten Hälfte des 20. Jahrhunderts

Für die erste Hälfte des 20. Jh.s erfolgt eine Vertiefung der oben beschriebenen Grundlagen geographischer Bildung durch zwei ausgewählte Persönlichkeiten. Hierbei handelt es sich zum einen um Alfred Hettner, der die Geographie als „Raumwissenschaft" auffasste und für den die „Landschaft" als Objekt der geographischen Wissenschaft eine „Ganzheit" aufweist (vgl. BLOTEVOGEL, H. H. 2001, 20. Jh.). Mit A. Hettner ist der Begriff des länderkundlichen Schemas verbunden (auch sogenanntes Hettnersches Schema), das auch für die schulische geographische Bildung eine große Bedeutung hatte (vgl. ebd.; RINSCHEDE, G. 2007, 239f.). A. Hettner gilt damit auch als „bedeutendster Darstellungstheoretiker" (WARDENGA, U. 1995, 225) der Geographie. Zum anderen sollen die Darstellungen um den Bildungswert der Heimatkunde nach Eduard Spranger[7], der als profilierter Vertreter der geisteswissenschaftlichen Pädagogik gilt, ergänzt werden.

3.2.1 Alfred Hettner (1859–1941)

„Die geographische Bildung wird über die Auffassung der Tatsachen hinaus zur Erkenntnis der Ursachen streben müssen; denn gerade erst im ursächlichen Zusammenhange der Erscheinungen […] kommt das Wesen der Geographie ganz zur Geltung" (HETTNER, A. 1927, 411).

Alfred Hettner, dessen Geburtsdatum zwischen den Sterbedaten von Alexander von Humboldt und Carl Ritter liegt, hat in seinem „Lebenswerk" (HETTNER, A. 1927, Vorwort) „Die Geographie – ihre Geschichte, ihr Wesen und ihre Methoden"[8] das siebte „Buch" der geographischen Bildung gewidmet. Darin äußert er sich im dritten Kapitel über den Wert der geographischen Bildung. Vorangestellt sei hier, dass A. Hettner die Leistungen A. v. Humboldts in besonderer Weise betont: „Neben und vor Ritter steht Al. v. Humboldt" (ebd., 85). Die Geographie der Ritterschen Schule wertet er einerseits im Vergleich zur vorritterschen als Fortschritt, aber er wirft ihr auch vor, dass sie „an dem Mangel tieferer Naturauffassung und an der einseitigen Zuspitzung auf den Menschen" (ebd., 88) kranke. Diese Andeutungen sollen genügen, um einen ersten, vordergründigen Eindruck von seinem eigenen geographischen Bildungsverständnis zu vermitteln.

Geographische Bildung
Wissenschaftliche Bildung ist für A. Hettner „die subjektive Aneignung der Wissenschaft und deren Verwertung für das Leben, ihre Einfügung in die Persönlichkeit" (ebd., 408). Er unterscheidet verschiedene Arten und Stufen geographischer Bildung. Die erste Stufe sei topographisches Wissen. Er merkt hierzu an, dass dieses „meist, auch bei sonst sehr gebildeten Menschen, sehr gering ist" (ebd.). Hierzu käme es vor allem auf zweierlei an: „eine klare Vorstellung der Hauptsachen und die Fähigkeit, seine Kenntnisse durch das Studium der Karte und Literatur zu vervollständigen" (ebd., 409). Als nächste Stufe sieht er die deutliche Anschauung und das Verständnis der Länder und ihrer Verhältnisse. Unter Anschauung versteht er die Betrachtung des ganzen Wesens und Charakters eines Landes:

> „Unser ganzes Leben ist tief in der Natur der Erdoberfläche verankert; kein Volk, kein Staat, keine Kultur, kein Wirtschaftsleben kann ohne das Land, ohne dessen Lage und Naturbeschaffenheit, verstanden werden, das Ringen der Völker und Staaten ist in den geographischen Verhältnissen begründet, und keine Betätigung kann der Rücksichtnahme auf die geographische Umwelt entbehren" (ebd., 410).

Damit vertritt er den Grundgedanken C. Ritters, dass die Lokalität einer Region in Beziehung zum menschlichen Handeln zu sehen ist, wobei er m. E. eher die Wechselwirkungen zwischen Mensch und Umwelt betont und nicht eine vorrangige Geodeterminiertheit.

Die dritte Stufe der geographischen Bildung, die er beschreibt, ist die Abgrenzung vom praktischen Leben. Genauso wie die Wissenschaft unbekümmert um die praktische Anwendung forschen müsse, dürfe auch die Bildung nicht unmittelbar auf den praktischen Nutzen eingestellt sein, „sondern soll eine in sich abgeschlossene, harmonische Bildung sein, gleichsam die Rüstkammer, aus der im Bedarfsfalle das Leben schöpft" (ebd., 410). Somit zählt er zu den wesentlichen Inhalten und Zielen der wissenschaftlich-geographischen Bildung:

- eine deutliche Vorstellung vom Wesen der Länder und Örtlichkeiten;
- Erkenntnis des ursächlichen Zusammenhangs der verschiedenen Erscheinungen;
- Kenntnis der Natur Erde: Bodengestaltung, Klima, Pflanzendecke;
- Auffassung der Natur und des Menschenlebens für die eigentliche Geistesbildung (ebd., 410f.).

Diese Ausführungen sind an A. v. Humboldt angelehnt. Ähnlich wie jener vertritt er neben der wissenschaftlich-geographischen eine ästhetisch-geographische Bildung, die mit ersterer ziemlich selbständig einherginge und einer anderen Geistesrichtung entspringe.

Schließlich stellt er die Richtungen der geographischen Bildung dar. Die Grundlage bildet die geographische Kenntnis Deutschlands:

- die Kenntnis des Landes selbst, Verständnis für seine Schönheit und dadurch Erweckung oder Stärkung der Heimatliebe;
- Verständnis für das Gebundensein des Daseins an die Natur des Vaterlandes, „also politische und Kulturgeographie Deutschlands, nicht im Sinne äußerlicher Kenntnis, sondern wirklichen Verständnisses" (ebd., 413).

Zudem sei vor allem die „objektive" Kenntnis des Auslandes zu berücksichtigen, „weil dessen Kenntnis die Voraussetzung für alle unsere Beziehungen zum Auslande ist" (ebd., 414), wobei er die wirtschaftlichen und politischen Beziehungen zu anderen Ländern und Erdteilen sowie Weltpolitik und Welthandel andeutet.

Wahre Bildung besteht nach A. Hettner – wiederum in Anlehnung an Alexander von Humboldt – darin, „daß sie die einzelnen Tatsachen, mit denen uns das Leben in Berührung bringt, in ihrem inneren Zusammenhange auffaßt und zu verstehen sucht" (ebd., 414). Somit bestünde ihr Wesen darin, „die unendliche Mannigfaltigkeit der Erdoberfläche und die Verschiedenheit der Länder und Landschaften zu überblicken und in ihren Ursachen zu begreifen" (ebd.).

Wert der geographischen Bildung
Schließlich stellt Alfred Hettner die Frage nach dem Wert der geographischen Bildung. Er differenziert dabei nach einem äußeren, praktischen und einem inneren, idealen Wert. Der praktische Wert liege darin, dass die Kenntnis fremder Länder für viele Berufsarten unentbehrlich sei. „Aber auch unsere innere Bildung kann reiche Nahrung aus der Geographie schöpfen" (ebd., 416). Den idealen Wert oder Bildungswert einer Wissenschaft klar zu erkennen, wertet er als schwer. Damit meint er, dass die geistigen Prozesse, die Wege zur Erkenntnis und die damit verbundene Förderung des geographischen Beobachtens

und Denkens nicht klar nachvollzogen werden können. Daher macht er nur Andeutungen in Bezug auf den Beitrag des Studiums der Geographie: Besonders die Physische Geographie würde dazu beitragen, die Anschauung und die Fähigkeit induktiven Schließens zu fördern. Ferner würde dazu gehören, geographisch sehen und denken zu lernen im oben beschriebenen Sinne.

Den Darstellungen C. Ritters folgend konstatiert A. Hettner:

> „Neben der Psychologie und Völkerkunde ist die Geographie die Wissenschaft, die Natur und Geist umspannt, zwischen den Naturwissenschaften und Geisteswissenschaften eine Brücke schlägt und zum mächtigsten Förderer einer einheitlichen, wahrhaft philosophischen Weltanschauung wird" (ebd., 417).

Die Bildungsstandards (DGfG 2010) weisen als ein „Alleinstellungsmerkmal des Faches Geographie" (ebd., 8) den Kompetenzbereich „Räumliche Orientierung" aus. Hierzu gehören u. a. die „Kenntnis grundlegender topographischer Wissensbestände" als basales topographisches Orientierungswissen und die „Fähigkeit zu einem angemessen Umgang mit Karten (Kartenkompetenz)" (ebd., 17). Der Kompetenzbereich „Fachwissen" sowie die „Fähigkeit, sich auf unterschiedliche Art und Weise räumlich orientieren zu können" (ebd., 6) sind verbunden mit der Fähigkeit, Informationen gewinnen und auswerten zu können und somit mit dem Kompetenzbereich „Erkenntnisgewinnung/Methoden", um zu Anschauung und Verständnis der Besonderheiten von Ländern und Kulturen sowie von allgemeingeographischen Gesetzmäßigkeiten zu gelangen. Der damit angestrebte „geographische Blick" erfordert somit den „effektiven und reflektierten Umgang mit Medien" (ebd., 6).

Heute wird die Geographie als „Brückenfach zwischen natur- und gesellschaftswissenschaftlichen Denkweisen" (DGfG 2010, 8) charakterisiert. In der „Verknüpfung von naturwissenschaftlicher und gesellschaftswissenschaftlicher Bildung" liegt „ihr besonderes fachliches Potenzial" (ebd., 5). Hierbei müssen die Geisteswissenschaften (sofern eine Trennung zwischen Natur- Sozial- und Geisteswissenschaften vorgenommen wird) im Hinblick auf die Weltanschauung und die fachübergreifenden und fächerverbindenden Bildungsaufgaben ebenfalls berücksichtigt werden. Diesbezüglich möchte ich exemplarisch auf die mit der Wende vom Positivismus zum Konstruktivismus aufgeworfenen neueren Ansätze der handlungszentrierten Theorie der Sozialgeographie von Benno Werlen (WERLEN 2004) und den sogenannten „cultural turn" mit dem „spatial turn, „linguistic turn" und „semiotic turn" (vgl. KEMPER, F.-J. 2005; GEBHARDT, H. et al. 2003) hinweisen.

Die Fortschritte des Menschen in der Beherrschung der Natur, aber auch in der Erkenntnis seiner Abhängigkeit von ihr, seien ein weiterer Wert der Bildung und Sittlichkeit. Hierbei zeigen sich auch die Grundgedanken des gegenwärtig aktuellen interkulturellen Lernens, Verständnis für fremde Kulturen zu entwickeln, wenngleich unter anderen Vorbedingungen:

> „Wenn wir einsehen, daß die Völker nicht aus sich selbst heraus geworden sind, was sie heute sind, sondern in ihrem ganzen Sein und Leben von der Natur ihrer heutigen und ihrer früheren Wohnsitze abhängen, gelangen wir zu gerechterer Beurteilung fremder Sitten und Anschauungen, als sie uns heute meist eigen ist. [...] Indem die Geographie die Naturbedingtheit des Menschen nachweist, trägt sie zur Beseitigung nationalen Eigendünkels und zur Stärkung wahrer Humanität und Menschenliebe bei" (ebd., 417f.).

Der „Nähr- und Entwicklungsboden" bzw. das „Erziehungshaus" (A. HETTNER verwendet den Begriff in Anlehnung an C. RITTER) in Bezug auf die nationale Bildung betont gleichzeitig die grundlegende Gemeinsamkeit mit anderen Ländern, die ebenfalls einen entsprechenden „Boden" besitzen, der aber andere Naturbedingungen aufweist, was somit Unterschiede hervorbringt, die auf der Erkenntnisbasis der Geodeterminiertheit aber Verständnis aufbauen kann.

Geographische Bildung brauche somit kein „berechtigtes Nationalgefühl und echte Vaterlandsliebe zu untergraben" (ebd., 418), da doch auch der Familiensinn nicht dadurch geschädigt werde, dass Nicht-Familienmitglieder geachtet und geliebt würden. Somit argumentiert Alfred Hettner gegen mögliche Bedenken, die einem Verständnis gegenüber fremden Kulturen entgegengebracht werden könnten. Sowohl Nationalgefühl und Vaterlandsliebe als auch Familiensinn würden auf der Gemeinsamkeit der Abstammung sowie der Erlebnisse und Erinnerungen beruhen.

In der Dissertation von U. Wardenga (1995) über Alfred Hettner wird u. a. die Geographie im Schulunterricht und speziell die Politische Geographie betrachtet. In der damaligen Diskussion von 1917 nimmt Alfred Hettner eine klare Position für die Politische Geographie ein und plädiert dafür, „den länderkundlichen Ansatz auf der Schule als Form der politischen Bildung auszulegen" (vgl. WARDENGA, U. 1995, 143). Alfred Hettner warb zudem „für eine stärkere Pflege und richtigere Gestaltung der Heimatkunde" (ebd.).

3.2.2 Eduard Spranger (1882–1963)

In den Bildungsstandards (DGfG 2010) wird der Bildungsbeitrag im Hinblick auf die regionalgeographischen Kenntnisse darin gesehen, dass die Schüler damit u. a. die Möglichkeit erhalten „im Spannungsfeld zwischen lokal und global ein reflektiertes Heimatbewusstsein [...] zu entwickeln" (ebd., 6).

Zum Bildungswert der Heimatkunde hat sich umfassend E. Spranger geäußert. Er fasst ihn 1949 auf Basis eines Vortrags, den er 1923 in Berlin gehalten hatte, wie folgt zusammen:

> „Wir wurzeln aber im Heimatboden nicht nur als Naturwesen, sondern mit unserer ganzen Geistigkeit und Kultur. Nur eine Selbsttäuschung ist es, wenn wir glauben, davon jemals loskommen zu können [...] Wir alle küssen den Boden unserer Muttererde, wenn wir Könige werden wollen, Könige nicht über die anderen, sondern im eigenen Reich. Wer dieses Individualitätsgefühl nicht besitzt und ehrt, der besitzt in sich selbst keinen Mittelpunkt. [...] Lernen wir, diese Heimat mit der verstehenden Liebe zu sehen, die uns erst zu uns selbst führt, weil sie im tiefsten Sinne ein Stück von uns selbst ist" (SPRANGER, E. 1949, 45).

Was versteht E. Spranger unter Heimat? In dem Heimaterlebnis schwingt für ihn etwas „tief Religiöses" mit, da die Kindheit mit „zauberhaften Farben" und mit „zart und sehnsüchtig verschwebenden Gefühlen" in unserer Seele verinnerlicht sei, so dass wir uns in diesem „seltsamen Brennpunkt unseres geistigen Lebens, [...] allenfalls mit Gott verstehen, aber mit keiner fremden Seele" (ebd., 5). Kurz: „Heimat gehört zu dem Subjektivsten des Menschenlebens" (SPRANGER, E. 1949, 5). Eine Heimat habe ein Mensch nur da, wo er mit dem Boden und mit allem „Naturhaft-Geistigen", das diesem Boden entsprossen ist, innerlich verwachsen ist. In eine Heimat wird man daher einerseits nicht hineingeboren, andererseits kann man sich auch fern des Geburtsortes eine Heimat schaffen. „Heimat ist erlebte und erlebbare Totalverbundenheit mit dem Boden. [...] Heimat ist geistiges Wurzelgefühl" (ebd., 12). Kurz: „Innenwelt und Außenwelt verschmelzen miteinander" (ebd.). Daher, so argumentiert E. Spranger, darf vermutet werden, dass auch ein eigentümlicher Bildungswert mit der Heimatkunde verbunden ist, „daß sie den geistigen Aufbau der Persönlichkeit in höherem Maße fördern und formen wird, als es sonst die kühle Objektivität forschender Einstellung vermag" (ebd., 6).

Abgesehen von den Gefühlswerten sieht Eduard Spranger auch eine „sachliche Beschaffenheit" der Heimat, deren „tiefere Kenntnis dieses ihres Wesens […] die echte und tiefere Heimatliebe auf(baut)" (ebd.).

Bildung durch die Heimat
Jede Heimatkunde ist ein Ausschnitt der Erdgeschichte sowie der Menschengeschichte für einen bestimmten Ort (vgl. Abb. 1.3). E. Spranger zählt dazu folgende Wissenschaften auf: aus dem Bereich der Naturwissenschaften Geologie und Geographie (sic!), Mineralogie, Meteorologie und Biologie als Naturbiographie (heute: Biogeographie); aus dem Bereich der Kulturwissenschaften „ein Stück Kulturgeschichte, ein Stück Stammesgeschichte und Siedlungskunde, ein Stück Wirtschaftswissenschaft, Gesellschaftswissenschaft, Staatswissenschaft, Kunstwissenschaft, Religionswissenschaft usw." (ebd., 6).

materielle Außenwelt eines Ortes als bestimmter Raum- und Zeitausschnitt

naturhafte Lebensbeziehungen

Heimatkunde — Bildung durch die Heimat — Heimatliebe

| **Erdgeschichte** und **Menschengeschichte** an diesem bestimmten Ort | erlebte und erlebbare **Totalverbundenheit** geistiges Wurzelgefühl bzw. **Verwurzelung** |

geistige **Lebensbeziehungen** — subjektive **Gefühlswerte**

Förderung und Formung des geistigen Aufbaus der **Persönlichkeit**

geistige Außenwelt — **Innenwelt des Individuums**

Abb. 1.3: Der Bildungswert der Heimatkunde nach Eduard Spranger (eigener Entwurf)

E. Spranger beschreibt die Vieldeutigkeit des Begriffes Wirklichkeit. Er setzt bei der naturwissenschaftlichen Wirklichkeit der Physik an, die allgemeingültige Gesetzmäßigkeiten herausarbeite, die die „zufälligen perspektivischen Beziehungen der Objekte zum jeweiligen Subjekte" (ebd.) nicht in Betracht ziehe, so dass sie „über eine Art von Grundriß des Seins oder Weltschema" (ebd.) nicht hinauskomme. In Anlehnung an die Drei-Welten-Theorie nach Popper[9] handelt es sich hierbei um die Welt 3, die Welt der objektiven Theorien (vgl. KUNZMANN et al. 2009, 235). „Man darf daher sagen: die Wirklichkeit, die die mathematische Physik konstruiert, unterscheidet sich von der im Leben gemeinten Wirklichkeit wie eine Ebene von einem Relief" (ebd., 13). Demgegenüber stellt E. Spranger die Wirklichkeit „in den totalen Sinnbeziehungen des Daseins […] mit dem Reiz der Farben, Töne und Gerüche, dem wechselnden Meer von Licht und Schatten und all dem bewegten Leben in seinem Schoße" (ebd.), kurz: die metaphysische Wirklichkeit, die nur mit der Poesie umschrieben werden kann. Der Unterschied zwischen „konstruierter und erlebter Realität" beruhe nach Eduard Spranger darauf, dass die erlebte Wirklichkeit voll von Sinnbeziehungen ist. „Wir erblicken unsere Wirklichkeit immer schon unter dem Gesichtspunkt ihrer Wert- und Sinnbedeutung für

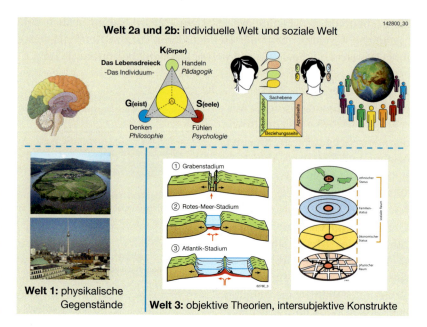

Abb. 1.4: Drei „Welten" nach K. R. Popper im Hinblick auf geographische Bildung (eigener Entwurf)

uns" (ebd., 13). Damit bezieht er sich auf die Welt 2 nach Popper, die psychische Welt mit dem Denken, Fühlen und Erleben, in Verbindung mit der Welt 1. Ich habe versucht, die Drei-Welten-Theorie auf die geographische Bildung zu transferieren und dabei auch die sozialen Beziehungen zu berücksichtigen, die mit der psychischen bzw. individuellen Welt in Wechselwirkung steht (s. Abb. 1.4). Welt 1 und Welt 3 haben Wechselwirkungen mit der Welt 2, jedoch nicht untereinander.

Der Bildungswert der Heimatkunde

> „Der Weg zum Menschentum führt nur über das Volkstum und das Heimatgefühl. Indem wir das Leben der Heimat verstehen lernen, lernen wir uns selbst besser verstehen. Sie ist es, die uns im geistigen Sinne geboren hat; sie ist es, die uns bildet. Bildung aber heißt: über sich hinauswachsen, dadurch, daß man zu sich selbst gekommen ist" (SPRANGER, E. 1949, 45).

Das „allgemein-geistige Wechselverhältnis" zwischen Natur und Mensch beschreibt er als die „durchgängige Naturfundierung des Geistigen und die Vergeistigung der Natur" (ebd., 20; Herv. C. M.). Der eigentümliche Bildungswert der Heimatkunde beruht daher nach E. Spranger auf der Überwindung der abstrakten Fächertrennung, „da echte Bildung immer auf der Totalität und Verknüpfung des geistigen Lebens gerichtet ist" (ebd., 22). Der gesteigerte Bildungswert der Heimatkunde ergebe sich daraus, dass „der jeweils fragende Mensch selber in der Totalität seiner

Natur- und Geistesbeziehungen" (ebd., 22) der Mittelpunkt ist, um den herum die Heimatkunde „alle ihre Wissensstoffe lagert" (ebd.).

Das „Geheimnis des Bildungswertes der Heimatkunde" (ebd., 23) liege darin, dass der Mensch „diesen allseitigen Lebensfäden nachgeht und das Organ für die Totalität in sich entwickelt" (ebd., 25). Aber nur wenn er an seinem begrenzten Standort alle Strahlen auffange, könne er einen – seinen – „Mikrokosmos" (ebd.) entwickeln.

Das Bewusstsein für die grundlegende Bildung durch die Heimat ist demnach für Eduard Spranger der Schlüssel zur Selbsterkenntnis! Ihr Bildungswert liege darin, dass sie den Menschen „über seine Stellung im Ganzen der lebendigen Kräfte auf(klärt)", so dass er „auf seine Art das ganze Universum (spiegelt)" (ebd.; Herv. i. O.).

Die Ansätze von Eduard Spranger sind im Grunde genommen die gleichen wie bei Carl Ritter, die wiederum ihre ideale Verkörperung in Alexander von Humboldt gefunden hatten und die er auf die Möglichkeiten der heimatlichen Region überträgt! Der Wert der Heimatkunde liegt in der Bildung eines subjektiven Mikrokosmos' über einen bestimmten Ort mit seiner Geschichte. Die Kosmos-Idee ist angelehnt an den subjektiven Kosmos von A. v. Humboldt, der sich gleichwohl auf einen weitaus größeren Raumausschnitt bezogen hat und auf vielfältigen und zahlreichen geistigen Netzwerken beruhte! Daher ist das Ideal der Heimatkunde, das E. Spranger vorschwebt, eine auf ein Individuum in seinen kleinen (Denk)Welten angepasste Variante des „großen" Humboldtschen Kosmos. Er stellt daher folgende Forderung an Bildung auf: „Die Kraft des organischen Denkens muß entbunden werden" (ebd., 41).

4 Reflexionen der Grundlagen aus heutiger Sicht

Meine Rekonstruktionen im dritten Kapitel sollten deutlich machen, dass das Basiskonzept unseres heutigen Fachverständnisses von geographischer Bildung schon beim Denken von Alexander von Humboldt liegt, wenngleich er es nur in Bezug auf die Natur anwendet. So stellt er seinem Kosmos ein Zitat von Plinius dem Älteren voran: Naturae vero rerum vis atque majestas in omnibus momentis fide caret, si quis modo partes ejus ac non totam complectatur animo. (PLIN. H. N. lib.7 c.1). „Aber die Kraft und die Großartigkeit der Dinge der Natur entbehren in all ihren Wechseln der Glaubwürdigkeit, wenn jemand im Geiste nur deren Teile und sie nicht als ganze erfaßt" (KNOBLOCH, E. 2004, 38).

31

Carl Ritter hat als erster ordentlicher Professor für Geographie diese Forschungs- bzw. Erkenntnisbasis durch die geographische Lehre verbreitet, die nach seiner Auffassung auch die Kräfte des menschlichen Geistes bilde. Mit Ehrfurcht vor der Schöpfung Gottes hat er die Erde als „Erziehungsanstalt des Menschengeschlechts" gedeutet, auf die der Mensch als höheres Ziel der Geographie Rücksicht zu nehmen habe. Damit spricht er eine ethische Gesinnung an, die auch das heutige Leitziel des verantwortlichen Handelns berührt.

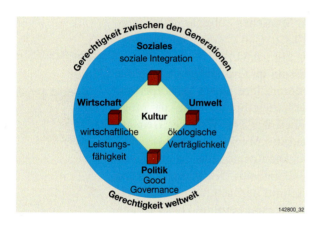

Alfred Hettner wiederum, der die Geographie in seinem Grundverständnis als „Raumwissenschaft" begreift, hat die Stufen der geographischen Bildung handhabbar machen wollen und den Bildungswert auch im „interkulturellen" sowie politisch-wirtschaftlichen Kontext gedeutet. Auf die wesentlichen Weiterentwicklungen der Geographie im 20. Jh., u. a. die Modernisierung durch die Sozialgeographie, Landschafts- und Humanökologie sowie Kulturgeographie (vgl. WERLEN, B. 2004; GEBHARD et. al. 2003 und 2007), konnte im Rahmen dieses Beitrags nicht eingegangen werden. Die Grundlagen des Bildungsverständnisses von Geographie deuten jedoch schon in die Zielrichtung der „Bildung für eine nachhaltige Entwicklung" (vgl. Abb. 1.4), der sich der Geographieunterricht heutzutage in besonderer Weise verpflichtet fühlt (vgl. DGfG 2010, 7).

Abb. 1.5: Das Leitbild der nachhaltigen Entwicklung (aus SCHREIBER, J.-R. & S. SCHULER 2005, 5)

Eduard Spranger schließt sich in seinen Ausführungen, ebenso wie Alexander von Humboldt und Carl Ritter, auf die er sich auch bezieht (SPRANGER, E. 1949, 28f.), dem Humanitätsgedanken nach Herder an.[10] Seine Darstellungen greifen vor allem den Wert der Heimatbildung auf, den er in dem Bewusstsein über die eigene Heimat und damit – über die Eingebundenheit in die Heimat – über sich selbst sieht. Dies bedeutet bezogen auf die geographische Perspektive allgemein formuliert den Grundgedanken, dass wir letztlich über die Beschäftigung mit Räumen verschiedener Art und die Eingebundenheit in eine globale Welt ein Bewusstsein für unser Denken und Handeln entwickeln können.

In Anlehnung an meine Darstellung seiner Ausführungen in Abb. 1.3 habe ich versucht, die Grundlagen der geographischen Bildung in Abb. 1.6 darzustellen. Da in der Geographie, die mit Bezug auf Alfred Hettner als „Raumwissenschaft" gilt, nach U. Wardenga (2002) verschiedene Arten von Räumen unterschieden werden (vgl. auch DGfG

2010, 6), habe ich diese den drei „Welten" zugeordnet. Den Hintergrund bzw. die subjektiven Konkretisierungsmöglichkeiten zur Abb. 1.6 bilden die Abbildungen 1.1, 1.2 und 1.3.

Anstelle der Heimatliebe (vgl. Abb. 1.3) habe ich in Berufung auf alle in diesem Beitrag betrachteten Persönlichkeiten das Menschenbild des „Homo humanus" (nach WINKEL, R. 2005, 498) bzw. des „Homo oecologicus" (nach PIEPER, A. 2007, 71) eingefügt, das die Haltung des geographisch gebildeten Menschen durch die Tugenden Empathie und Toleranz u. a. im Hinblick auf eine nachhaltige Entwicklung (vgl. ebd.) zum Ausdruck bringen soll. Hierzu gehört auch die Haltung zum eigenen Erkenntniszuwachs. Nur über das Bewusstsein, dass jede Bildung letzten Endes Selbstbildung und Bildung des Selbst bedeutet, können wir das wesentliche und nachhaltige Bildungsziel des Geographieunterrichts, das verantwortliche Handeln im physischen und sozialen Raum, erreichen.

Abb. 1.6: Struktur der Grundlagen geographischer Bildung (eigener Entwurf)

Für die 2. Welt (s. Abb. 1.4) möchte ich im Hinblick auf Bildung das Buch „Am Anfang war die Hure. Theorie und Praxis der Bildung" von R. Winkel (2005) empfehlen, in dem abschließend die Dimensionen menschlicher Bildung des Homo humanus zusammengefasst werden (s. Abb. 1.7). Das Bildungspotenzial der Geographie kann zu diesen Dimensionen einen wesentlichen Beitrag leisten und damit die „Menschwerdung des Menschen" (ebd., 499 mit Bezug auf V. LADENTHIN) unterstützen.

Abb. 1.7: Die Dimensionen menschlicher Bildung (aus WINKEL, R. 2005, 498)

5 Fazit

„Die Liebe herrscht nicht, aber sie bildet, und das ist mehr."
(JOHANN WOLFGANG VON GOETHE)

Genauso wie die Erdoberfläche durch endogene und exogene Kräfte geformt wird, werden wir Menschen durch exogene und endogene Kräfte geformt. Da die exogenen Kräfte der geographischen Bildung in diesem Beitrag schon umrissen wurden, möchte ich abschließend noch einmal auf die endogenen Kräfte eingehen und damit den Bogen schlagen zu den einführenden Anmerkungen zum Bildungsbegriff.

> „Wer von einer ächten Liebe zum Naturstudium und von der erhabenen Würde desselben beseelt ist, kann durch nichts entmuthigt werden, was an eine künftige Vervollkommnung des menschlichen Wissens erinnert" (ALEXANDER VON HUMBOLDT 1844 in HUMBOLDT, A. V. 2004, 7).

Alexander von Humboldt beschreibt quasi als Grundlage hierfür den Eros als Antrieb der Bildung. Eros wird hier im Sinne Platons verstanden als „Antrieb, der den Menschen immer wieder in die Region des wahren Seins und des Guten führt. Er weckt im Menschen die Sehnsucht, sich der Schau der Ideen zu widmen" (KUNZMANN, P. et al. 2009, 41). Alexander von Humboldt spricht von der „Sehnsucht nach noch nicht aufgeschlossenen, unbekannten Regionen des Wissens" (HUMBOLDT, A. V. 2004, 39) des von der Gegenwart unbefriedigten Geistes und dem „Trieb, tiefer in die ursächlichen Zusammenhang der Erscheinungen einzudringen" (ebd., 17). Er beschreibt die denkende Betrachtung und wissenschaftliche Erkenntnis „in dem wundervollen Gewebe des Organismus, in dem ewigen Treiben und Wirken der lebendigen Kräfte" (ebd., 18) als einen Weg, der bei jedem tieferen Forschen schließlich an „den Eingang neuer Labyrinthe" (ebd.) führe und „gerade diese Mannigfaltigkeit unbetretener, vielverschlungener Wege erregt auf allen Stufen des Wissens freudiges Erstaunen" (ebd.). O. Ette & O. Lubrich kommentieren diese Haltung im Nachwort zum „Kosmos" wie folgt:

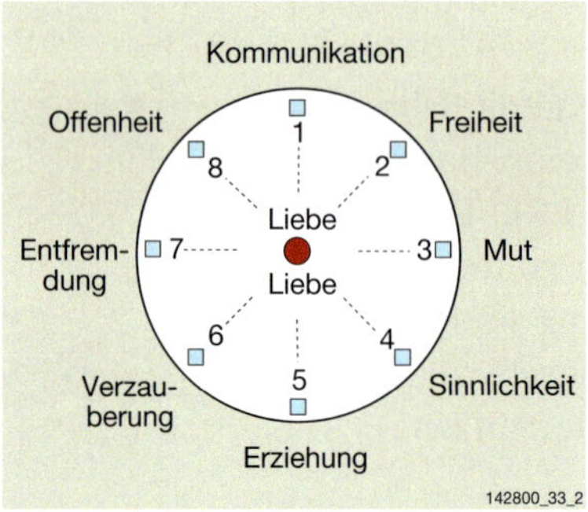

Abb. 1.8: Die Struktur der Bildungstheorie im Gilgamesch-Epos (aus WINKEL, R. 2005, 54)

> „Humboldts Haltung, sein Ethos der Forschung ist in verschiedener Hinsicht beispielhaft: Er hat eine lebendige Neugier auf alle möglichen Phänomene. Er wendet sich seinen Gegenständen unvoreingenommen zu. Er stellt Fragen. Und er zieht Verbindungen, die immer wieder überraschen" (ETTE, O. & O. LUBRICH in HUMBOLDT, A. V. 2004, 906).

Verzaubert werden können wir nicht nur durch die Liebe zu den Dingen, sondern vor allem durch Menschen, die uns durch ihr Charisma, ihre Haltungen und ihre Sprache, die wie bei Alexander von Humboldt poetisch anmutet, beeindrucken. Abschließen möchte ich daran anknüpfend meine Ausführungen mit der Struktur der ersten uns überlieferten „Theorie der Bildung", die R. Winkel (2005) in seinem Buch erläutert (s. Abb. 1.8). Sie basiert auf Überlegungen zum Gilgamesch-Epos, dem das Buch seinen wunderlichen Haupttitel verdankt. Ihre Hauptaussage ist, ganz im Sinne des Zitats von Goethe, kurz gesagt: Die endogene Kraft von Bildung ist Liebe.

Anmerkungen

[1] Eine aktuelle, umfassende fachliche Konkretisierung erfährt dieses in dem empfehlenswerten Sammelwerk von H. Gebhardt et al. (2007).

[2] Überblicke hierzu liefern z. B. H.H. Blotevogel (2001) und H.-P. Brogiato (2005). Im Hinblick auf die Frage, ob Geographielehrer Disziplingeschichte brauchen, möchte ich zudem auf einen Aufsatz von H.-D. Schultz (2004) verweisen.

[3] Hierzu zähle ich auch das Lesen von Büchern als eine innere Kommunikation mit den Gedanken des Autors.

[4] Es muss berücksichtigt werden, dass diese Schrift postum auf Basis der Vorlesungen Ritters publiziert wurde, wobei „das Rittersche Manuscript mit akademischen Heften verglichen wurde" (Daniel in Ritter, C. 1962, S. Vf.).

[5] Es ist die Deutung dieses Psalms, dem Loblied der Schöpfung, die den Worten Ritters Ausdruck verleiht.

[6] Im „Kosmos" wird ersichtlich, dass Alexander von Humboldt „keinen Gott anerkennt und keine Religion vertritt" (Nachwort von O. Ette & O. Lubrich in Humboldt, A.v. 2004, 909).

[7] Auf Kritik an E. Spranger soll hier nicht eingegangen werden. Ich verweise auf B. Ortmeyer (2009).

[8] Die einzelnen „Bücher" in diesem Grundlagenwerk sind wie folgt betitelt: 1. Geschichte der Geographie; 2. Das Wesen und die Aufgaben der Geographie; 3. Die geographische Forschung; 4. Die geographische Begriffs- und Gedankenbildung; 5. Karten und Ansichten; 6. Die sprachliche Darstellung; 7. Geographische Bildung; 8. Die Geographie in der Schule; 9. Die Geographie auf der Universität.

[9] Ich übernehme aus Gründen der Veranschaulichung diese Struktur, wohl wissend, dass die Wissenschaftstheorie des Kritischen Rationalismus von Popper nicht mit den metaphysischen Überlegungen Sprangers vereinbar ist.

[10] „Der Gedanke Herders, dass sich Humanität – wahres Menschentum – nur im Gewande sittlich veredelten Volkstums verwirklichen lasse, behält auch für unsere Zeit seine Geltung" (ebd., 4).

Armin Rempfler und Rainer Uphues

2 Systemkompetenz im Geographieunterricht – Die Entwicklung eines Kompetenzmodells

1 Problemstellung

Die Notwendigkeit bzw. Dringlichkeit einer systemischen Welter-schließung drängt sich auf, wenn man die „Geographische Realität" im Sinne E. Neefs (NEEF, E. 1967; LESER, H. 1991, 2007) als Aus-gangspunkt für erdräumliche Betrachtungen wählt. Unbestritten und täglich einsichtig ist die Tatsache, dass diese Realität – auf allen Maß-stabsebenen – bereits heute komplex ist und in Struktur und Ver-halten zunehmend komplexer wird. Will Geographieunterricht dazu beitragen, die Komplexität erdräumlicher Sachverhalte tiefgründig zu verstehen und zu verhindern, dass Eingriffe des Menschen in kom-plexe Systeme unvorgesehene und unerwünschte Nebenwirkungen mit sich bringen, so genügen weder eine strukturelle noch eine pro-zessuale Betrachtung allein. Denn innerhalb eines Raumsachver-halts und zwischen mehreren Raumsachverhalten finden zahlreiche Wechselwirkungen statt, die nicht linear-eindimensional verlaufen, sondern mehrseitig und rückgekoppelt. Die Berücksichtigung überge-ordneter Prinzipien von Systemen bei einer kognitiven Analyse und mentalen Repräsentation erdräumlicher Sachverhalte erscheint somit als das einzig angemessene Konzept, um sich dem Kernziel geogra-phischer Bildung, der Qualifikation zu einem kompetenten, das heißt systemisch adäquaten und zukunftsorientierten Raumverhalten, an-zunähern (KÖCK, H. 1993; 1997; 1999; KLAUS, D. 1998; KÖCK, H. & A. REMPFLER 2004).

Ansätze zur Vermittlung von Systemdenken finden sich in der deutsch-sprachigen Geographiedidaktik schon früh, sei es im Rahmen oben genannter theoretischer Konzeptionen oder unterrichtspraktischer Umsetzungen (z. B. FLATH, M. & G. FUCHS 1996; KAMINSKE, V. 1996; FRAEDRICH, W. 1997; REMPFLER, A. 1998; 1999; 2000; 2002). In Bezug auf empirische Studien zur geographischen Systemkompetenz weist das Fach allerdings erhebliche Defizite auf. Dies wiegt umso schwerer, als die Bildungsstandards für den Mittleren Schulabschluss das Systemkonzept als zentrales Basiskonzept des Faches ausweisen (DGfG 2010). Gemäss empirischem Forschungsstand kann davon ausgegangen werden, dass Systemkompetenz grundsätzlich domänenspezifisch ist (BOLLMANN-ZUBERBÜHLER, B. & P. KUNZ 2008; REMPFLER, A. 2009). Daher führt kein Weg an einer gründlichen Aufarbeitung dieses Forschungsfelds speziell für die Geographiedidaktik vorbei. Dies muss zum einen durch Prüfung vorliegender Erkenntnisse hinsichtlich ihrer Gültigkeit für die Geographie geschehen. Zum anderen ist zu berücksichtigen, dass die Geographie von einem umfassenderen Systemverständnis als etwa die Biologie ausgeht. Sie beschränkt sich nicht ausschließlich auf Natursysteme, sondern beschäftigt sich im Kern mit den Wechselwirkungen zwischen Natur- und Sozialsystemen. In den bislang vorliegenden Studien zur Systemkompetenz werden Probanden jedoch vorwiegend mit allgemein-systemischen oder rein naturwissenschaftlichen Inhalten konfrontiert. Diese Einschränkungen lassen es nicht ratsam erscheinen, dass die Geographiedidaktik Ergebnisse der Systemkompetenzforschung aus fachfremden Domänen unbedacht übernimmt. Vielmehr hat sie sich um eigenständige Forschung zu bemühen, die auf einem solide abgestützten Verständnis von Mensch-Umwelt-Systemen basiert.

Vor dem Hintergrund dieser Überlegungen entwickelten die Autoren normativ-bildungstheoretisch ein Struktur- und Stufenmodell zur Systemkompetenz im Geographieunterricht für den Mittleren Schulabschluss. Kapitel 2 dieses Beitrags analysiert das Konstrukt „Systemdenken" bzw. „Systemkompetenz" aus domänenspezifischer Sicht und präsentiert – als Synthese eines aufwändigen Analyseprozesses – ein Theoriemodell, mit dem sich geographische Systemkompetenz operationalisieren lässt. Kapitel 3 zeigt die diagnostischen Verfahren auf, derer es bedarf, um das entwickelte Modell empirisch zu überprüfen, während Kapitel 4 die Bedeutung der Förderung von Systemkompetenz unterstreicht und – im Sinne eines Ausblicks – erste Möglichkeiten dazu knapp umreisst.

2 Konstrukt

Dieses Kapitel nimmt zunächst eine Begriffsklärung aus geographischer Sicht vor (2.1). Darauf aufbauend wird das entwickelte grundlegende Theoriemodell zur geographischen Systemkompetenz vorgestellt und in seiner Dimensionierung begründet (2.2).

2.1 System und Systemdenken aus geographischer Sicht

Einigkeit herrscht darüber, dass es sich bei einem System bzw. beim Systemdenken um ein mit der realen Welt korrespondierendes bzw. aus ihr extrahiertes mentales Modell handelt, mittels dessen die reale Welt wiederum betrachtet wird. Wie dies genau geschieht, ist letztlich eine Frage des Interesses (RIEDL, R. 1980; ESPEJO, R. 1994). Von besonderem geographischem Interesse ist es, natur- und humangeographische (Sub-)Systeme in ihrer Wechselwirkung zu betrachten (DGfG 2010). Entsprechend bedarf es der theoretischen Fundierung eines Systemverständnisses, das den Besonderheiten von physisch-materiellen und sozialen Systemen gerecht wird.

Eine breit abgestützte Definition dessen, was unter „Systemdenken" bzw. „Systemkompetenz" zu verstehen ist, fehlt bislang. Im geographischen Kontext steht Systemdenken grundlegend für einen Denkansatz, welcher die geosphärische Welt als ein größtmögliches System versteht, das sich seinerseits aus unzähligen Subsystemen zusammensetzt. Im Unterschied zum nichtsystemischen Denken berücksichtigt systemisches Denken grundlegende Prinzipien von Systemen bei einer kognitiven Analyse und mentalen Repräsentation erdräumlicher Phänomene. Ihre Betrachtung mithilfe dieser Prinzipien trägt dazu bei, die innere wie äußere Verflochtenheit und Komplexität tiefgründiger zu verstehen. Nach bisherigem Erkenntnisstand versteht man unter Systemkompetenz die Fähigkeit und Fertigkeit, einen komplexen Realitätsbereich in seiner Organisation als System zu identifizieren und modellhaft zu beschreiben, die Funktionen und Verhaltensweisen dieses Realitätsbereichs zu analysieren und dem aufgebauten systemischen Wissen entsprechend adäquat zu handeln (KÖCK, H. 1985; 1999; 2004a; KÖCK, H. & D. STONJEK 2005; KLAUS, D. 1996; LECHER, T. 1997; OSSIMITZ, G. 2000; SWEENEY, L. B. & J. D. STERMAN 2000; ROST, J. et al. 2003; SOMMER, C. 2005; RIESS, W. & C. MISCHO 2008a; FRISCHKNECHT-TOBLER, U. et al. 2008a).

Angelehnt an U. Wardenga & P. Weichhart (2006), H. Egner (2008) und H. Egner et al. (2008) orientiert sich das hier vertretene Systemverständnis an der „Sozialen Ökologie", einem interdisziplinären Wissenschaftszweig, der Erkenntnisse der jüngeren Komplexitätsforschung in seine Theorien integriert und empirisch umsetzt (BECKER, E. & T. JAHN 2006; FISCHER-KOWALSKI, M. & H. WEISZ 1999; FISCHER-KOWALSKI, M. & K. H. ERB 2006). Dieses Systemverständnis sucht die Dichotomie zwischen Natur- und Sozialsystemen zu überwinden, indem das Wirkungsgefüge Gesellschaft – Natur in seinem Gesamtzusammenhang als System betrachtet wird (LIEHR, S. et al. 2006). Die epistemologische Alternative, Gesellschaft und Natur als je eigenständige, relativ autonome (Sub-)Systeme zu interpretieren, die über äußere Beziehungen miteinander gekoppelt sind, zeigt sich etwa im landschaftsökologischen Ansatz (mit Geo-, Bio- und Anthroposystem; vgl. LESER, H. 1991; 2007). Nach sozialökologischem Verständnis dominierte dieses Vorgehen beim traditionellen Umgang der Wissenschaftsdisziplinen mit Gesellschaft und Natur. Als Konsequenz daraus ergab sich, dass von den Naturwissenschaften die sozialen Einflüsse bzw. von den Sozialwissenschaften die naturbürtigen Einflüsse als äußere Störungen des untersuchten Systems aufgefasst wurden, wodurch diese Konzeption an ihre Grenzen stieß. Das in Tab. 2.1 vorgelegte Theoriemodell zur geographischen Systemkompetenz beruht daher im Kern auf den grundlegenden Prinzipien von Systemen im sozialökologischen Sinn, nämlich Offenheit, Autopoiesis, Modellhaftigkeit, Komplexität, Nicht-Linearität, Dynamik, Emergenz, Abgrenzung (über die Dichte eines Beziehungszusammenhangs), selbstorganisierte Kritikalität, eingeschränkte Vorhersagbarkeit und Regulation (ausführlich dargelegt in REMPFLER, A. & R. UPHUES 2010).

2.2 Grundlegendes Theoriemodell zur geographischen Systemkompetenz

Aufbauend auf den Ausführungen zum Systembegriff (2.1) und den bisherigen empirischen Erkenntnissen zur Systemkompetenz (zusammenfassend dargestellt in Bollmann-Zuberbühler, B. & P. KUNZ 2008; REMPFLER, A. 2009) konzipierten die Verfasser normativ-bildungstheoretisch ein grundlegendes Theoriemodell zur geographischen Systemkompetenz (Tab. 2.1). Im Folgenden wird die Struktur dieses Modells abgeleitet und begründet.

Wie oben dargelegt, muss ein Modell zur geographischen Systemkompetenz den spezifischen Eigenschaften der Geographie gerecht werden, sofern es sich sowohl auf je gesonderte physio- und humangeographische als auch auf Mensch-Umwelt-Themen bzw. -Sachverhalte anwenden lassen muss. Basierend auf einem sozialökologischen Systemverständnis und unter Berücksichtigung vorliegender Theorien und empirischer Ergebnisse ist von einem Strukturmodell auszugehen, das aus vier Dimensionen besteht. In Anlehnung an C. Sommer (2005, 252) unterscheidet das Modell zunächst die zwei Dimensionen „Systemorganisation/Modellbildung" und „Systemeigenschaften". Kompetenz in Bezug auf die Systemorganisation (Dimension 1) meint die Fähigkeit und Fertigkeit, einen komplexen Realitätsbereich in seiner

	Dimension 1: Systemorganisation = einen komplexen Realitätsbereich in seiner Organisation als System identifizieren und dessen wesentliche Bestandteile modellhaft darstellen und beschreiben können. (Wissenserwerb)		Dimension 2: Systemverhalten = Funktionen und Verhaltensweisen eines Systems analysieren können. (Wissenserwerb)			Dimension 3: Systemadäquate Handlungsintention = im Mentalraum systemadäquat handeln können. (Wissensanwendung → mental)		Dimension 4: Systemadäquates Handeln = im Realraum systemadäquat handeln können. (Wissensanwendung → aktional)
	Systemstruktur	**Systemgrenze**	**Systememergenz**	**Systeminteraktion**	**Systemdynamik**	**Systemprognose**	**Systemregulation**	
Stufe 1	• Eine geringe Anzahl an Elementen und Relationen wird überwiegend isoliert identifiziert • Geringer Komplexitätsgrad • Monokausales Denken überwiegt	• Sehr vage Abgrenzung eines Beziehungszusammenhangs • Elemente und Relationen werden nicht als Teil eines Ganzen gesehen	• Ausrichtung auf konkret wahrnehmbare Systembestandteile • Eigenschaften der Bestandteile werden als identisch mit Eigenschaften des ganzen Systems wahrgenommen	• Interaktion entsteht aufgrund zeitlichen und räumlichen Kontakts • Vorstellung über Kausalität ist monokausal ausgerichtet • Einfache Haushaltsbeziehungen werden kaum identifiziert	• Phänomen bzw. System wird als statisch-stabil betrachtet • Entwicklungsverläufe werden nur monokausal berücksichtigt • Bewusstsein über die zeitliche Dimension fehlt weitgehend	• Wirkungen des Systemverhaltens werden vage und zufällig wahrgenommen • Prognosen basieren auf direkter und monokausaler Erklärung • Eingeschränkte Vorhersagbarkeit ist nicht bewusst	• Regulative Maßnahmen werden aufgrund monokausaler Wirkungsanalyse getroffen • Wirkung der beabsichtigten Maßnahmen wird vage antizipiert • Schwach ausgeprägte Komplexitätsreduktion • Systemdynamik wird nicht berücksichtigt	
Stufe 2	• Eine mittlere Anzahl an Elementen und Relationen wird zunehmend verbunden identifiziert • Mittlerer Komplexitätsgrad • Lineares Denken überwiegt	• Mäßig differenzierte Abgrenzung eines Beziehungszusammenhangs • Ganzheitliche Sichtweise fehlt, aber Elemente und Relationen werden nicht mehr nur singulär gesehen	• Konkret wahrnehmbare Systembestandteile werden auf höherer Ebene als Teil einer allgemeineren Klasse mit gleichen oder ähnlichen Eigenschaften zusammengefasst	• Ursache und Wirkung werden strikt getrennt • Wechselbeziehungen, Reihen- und Parallelkoppelungen werden erkannt • Einfache Haushaltsbeziehungen werden identifiziert	• Auch längere lineare Beziehungen werden erkannt • Bewegung und Veränderung sind ursächlich begründet • Entwicklungsverläufe gelten als reversibel	• Wirkungen des Systemverhaltens werden systematisch wahrgenommen • Prognosen sind mono- oder multifinal ausgerichtet • Eingeschränkte Vorhersagbarkeit ist vage bewusst	• Regulative Maßnahmen werden aufgrund linearer Wirkungsanalyse getroffen • Wirkung der beabsichtigten Maßnahmen wird systematisch antizipiert • Mäßig ausgeprägte Komplexitätsreduktion • Systemdynamik wird sporadisch berücksichtigt	
Stufe 3	• Eine hohe Anzahl an Elementen und Relationen wird umfassend und vernetzt identifiziert • Hoher Komplexitätsgrad • System wird als Teil ineinander verschachtelter Systeme gesehen	• Eindeutige Abgrenzung eines Beziehungszusammenhangs • Ganzheitliche Sichtweise ist vorhanden • Unterschiedlichkeit benachbarter Systeme wird erkannt	• Wahrnehmung, dass das Zusammenwirken von Systembestandteilen auf einer höheren Ebene neue Strukturen mit neuen Eigenschaften entstehen lässt (Emergenz)	• Strikte Trennung zwischen Ursache und Wirkung ist aufgehoben • Rückkoppelungen und Kreisläufe werden erkannt • Systeminterne und -externe Interaktion werden unterschieden • Anspruchsvolle Haushaltsbeziehungen werden identifiziert	• Auch nicht lineare (exponentielle und logistische) Entwicklungsverläufe werden berücksichtigt • Die Irreversibilität von Entwicklungen wird erkannt	• Wirkungen des Systemverhaltens werden als Wechselwirkungsgefüge wahrgenommen und bei Prognosen berücksichtigt • Eingeschränkte Vorhersagbarkeit ist differenziert bewusst	• Regulative Maßnahmen werden aufgrund komplexer Wirkungsanalyse getroffen • Wirkung der beabsichtigten Maßnahmen wird antizipiert und letztere ggf. modifiziert • Stark ausgeprägte Komplexitätsreduktion • Systemdynamik wird kontinuierlich berücksichtigt	

Tab. 2.1: Grundlegendes Theoriemodell für die dimensionale und hierarchische Operationalisierung geographischer Systemkompetenz

Organisation als System zu identifizieren und dessen wesentliche Bestandteile modellhaft darzustellen und zu beschreiben. Unter den systemischen Eigenschaften werden die Funktionen und Verhaltensweisen eines Systems subsummiert. Zur präziseren Abgrenzung gegenüber der strukturellen Komplexität, die bei Dimension 1 im Vordergrund steht, wird Dimension 2 mit „Systemverhalten" umschrieben. Gestützt auf theoretische Überlegungen geht das Modell von zwei weiteren Dimensionen aus, welche die Fähigkeit zum systemadäquaten Handeln umfassen (KÖCK, H. 1985; LECHER, T. 1997; OSSIMITZ, G. 2000; ROST et al. 2003; KÖCK, H. 2004a; RIESS, W. & C. MISCHO 2008a; 2008b; FRISCHKNECHT-TOBLER, U. et al. 2008a). Steht bei den erstgenannten Dimensionen Wissenserwerb[1] im Vordergrund, so geht es bei systemadäquater Handlung stärker um die Wissensanwendung. Vorhandenes bzw. erworbenes Wissen wird in einen instrumentellen Zusammenhang gestellt und genutzt, um sich systemadäquat zu verhalten und zur Behebung oder Vermeidung von Systemstörungen beizutragen (FUNKE, J. 2003). Wissensanwendung kann mental oder aktional geschehen. Mentale Anwendung von Systemwissen expliziert sich über systemadäquates Handeln im virtuellen Raum. Aktionale Anwendung schließt konkretes Handeln – im Sinne eines beobachtbaren Verhaltens im Realraum – mit ein (KÖCK, H. 1989). Die Fähigkeit, in diesem umfassenden Sinn systemisch denken und handeln zu können, entspricht der Kompetenzdefinition von F. E. Weinert (2001a).

Allerdings wird die Kluft zwischen Wissen und Handeln nach wie vor sehr kontrovers diskutiert. So verweist etwa J. Funke (2003) auf Studien, welche die Annahme, vorangehender Wissenserwerb sei notwendig und hinreichende Bedingung für erfolgreiche Wissensanwendung, in Frage stellen. Er nennt aber auch Untersuchungen, die positive Korrelationen zwischen Wissenserwerb und -anwendung nachweisen. Diese treten vor allem dann auf, wenn zum Wissenserwerb angeregt wird, entsprechende Erfahrungen gesammelt werden können und das erworbene Wissen genügend spezifisch erfasst wird. Angesichts dieses Dilemmas sowie den Empfehlungen von F. E. Weinert (2001a; 2001b) und E. Klieme & D. Leutner (2006) folgend, für empirische Untersuchungen eine Trennung von Leistungs- und Handlungsdisposition vorzunehmen, berücksichtigt der für die weitere diagnostische Arbeit verwendete Systemkompetenz-Begriff primär die kognitiven Fähigkeiten und Fertigkeiten, bezieht allerdings die motivationalen Bereitschaften und Fähigkeiten als Teil der Handlung in die Untersuchung mit ein. Die bewusst gehaltene Trennung zwischen Motivations- und Volitionsphase lehnt an H. Heckhausen (1989) an. Demgemäß hat Motivation die Funktion, aus mehreren Optionen auszuwählen und schließlich zu einer

Zielintention – im Sinne einer „systemadäquaten Handlungsintention"
(Dimension 3) – zu gelangen (Renner, B. & R. Schwarzer 2000). Erst
danach setzt die Volitionsphase an, in der es um die mögliche Realisie-
rung der Intention geht. Konkretisiert wird sie durch „systemadäquates
Handeln" (Dimension 4) im Realraum und unterscheidet sich dadurch,
abgesehen von den volitionalen und sozialen Bereitschaften, wesentlich von der Handlung im Mentalraum. Zudem findet Handlung im
Realraum nach Auffassung mancher Psychologen situations- und nicht
planbasiert statt bzw. lässt sich nur in realen Settings valide erheben
(Law, L. 2000; Doyle, J. K. 1997), weshalb Dimension 4 einer geson-
derten Betrachtung vorbehalten bleibt.

Auf eine detaillierte Beschreibung und Begründung der einzelnen Subdimensionen der Dimensionen 1, 2 und 3 mit entsprechenden Niveaustufen (Tab. 2.1) wird hier aus Platzgründen verzichtet und auf eine wei-
terführende Publikation verwiesen (Rempfler, A. & R. Uphues 2011).
Die Herleitung dieser Subdimensionen und Stufen beruht im Wesentlichen auf Arbeiten, welche die Ausprägungen weitgehend empirisch
belegen (Lecher, T. 1997; Wilensky, U. & M. Resnick 1999; Jacobson, M. J. 2001; Hmelo-Silver, C. E. & M. G. Pfeffer 2004; Assaraf,
O. & N. Orion 2005; Sommer, C. 2005; Talanquer, V. 2009) und
theoretisch-konzeptionell untermauern (Ossimitz, G. 2000; Sterman,
J. D. 2000; Rost, J. et al. 2003; Köck, H. 1984; 1998; 2004b; Frischknecht-Tobler, U. et al. 2008a). Die Unterteilung in drei Niveaustufen
ist als vorläufiges hypothetisches Modell zu verstehen. Die Notwendigkeit einer Anpassung aufgrund der angestrebten Validierung bleibt
offen. In Anlehnung an die Untersuchung von C. Sommer (2005) wird
davon ausgegangen, dass ein Durchlaufen der postulierten Stufen nicht
zwingend ist.

3 Diagnostik

Das Hauptziel des hier vorgestellten Projekts liegt in der empirischen
Fundierung des normativ-bildungstheoretischen Struktur- und Stu-
fenmodells zur geographischen Systemkompetenz. Das angestrebte
Instrument soll – in Verbindung mit zu entwickelnden Testaufgaben
– für die schulische Diagnostik eine modellbasierte, kriterienorientierte
Auswertung erlauben. Kapitel 3.1 widmet sich der Ableitung eines vereinfachten Modells aus dem grundlegenden Theoriemodell, Kapitel 3.2
der empirischen Validierung des vereinfachten Modells.

3.1 Empirisch zu überprüfendes Struktur- und Stufenmodell zur geographischen Systemkompetenz

Kompetenzmodelle sollten drei Kriterien erfüllen: Sie sollten bildungstheoretisch fundiert, empirisch belastbar und (schul-)praktisch handhabbar sein, um Lernprozesse gezielt diagnostizieren zu können (HEMMER, I. et al. 2008). Demnach ist das grundlegende Theoriemodell (Tab. 2.1) so weit zu komprimieren, dass es zwar die Kernideen beibehält, aber dank Reduktion empirische Überprüfbarkeit und unterrichtliche Handhabbarkeit verspricht. Aus dem grundlegenden Theoriemodell wurden deshalb zunächst schwierigkeitsgenerierende Merkmale extrahiert, die zusammen mit den Kompetenzdimensionen als Grundlage für die Entwicklung des empirisch zu überprüfenden Kompetenzmodells dienten (Abb. 2.1). Maßgeblich für unterschiedliche Schwierigkeitsniveaus im Rahmen der Systemkompetenz – und damit auch konstituierend für die Ausformulierung der Stufung – sind zum einen die Anzahl der Elemente und Relationen (niedrig, mittel, hoch) und zum anderen die Vernetzungsart (monokausal, linear, komplex). Bei letzterer gilt es im geographischen Kontext speziell zu berücksichtigen, dass mit einem hierarchisch höheren Betrachtungsmaßstab stärkere Generalisierung und somit Komplexitätsreduktion einhergeht.

Basierend auf Abb. 2.1 wurde das grundlegende Theoriemodell (Tab. 2.1) schließlich auf das empirisch zu überprüfende Kompetenzstruktur- und -stufenmodell zur geographischen Systemkompetenz

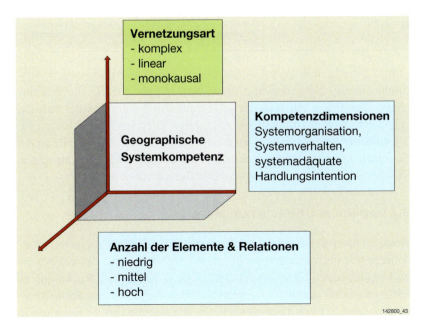

Abb. 2.1: Mehrdimensionale Grundlage für die Entwicklung des Kompetenzmodells (vgl. WALPUSKI, M. et al. 2008, 325)

43

	Kompetenzdimensionen		
Kompetenzstufen	**Systemorganisation** Systemstruktur & -grenze Einen komplexen Realitätsbereich in seiner Organisation als System identifizieren. *(Wissenserwerb)*	**Systemverhalten** Systememergenz, -interaktion & -dynamik Funktionen und Verhaltensweisen eines Systems analysieren. *(Wissenserwerb)*	**Systemadäquate Handlungsintention** Systemprognose & -regulation Im Mentalraum systemadäquat handeln. *(Wissensanwendung → mental)*
Stufe 1	Schüler identifiziert eine niedrige Anzahl an Elementen und Relationen überwiegend isoliert oder monokausal und als vagen Beziehungszusammenhang	Schüler analysiert bei einer niedrigen Anzahl an Elementen und Relationen monokausale Entwicklungsverläufe basierend auf einem schwach entwickelten Funktions- und Prozessverständnis	Schüler entwickelt bei einer niedrigen Anzahl an Elementen und Relationen Prognosen und regulative Maßnahmen aufgrund monokausaler Wirkungsanalyse, vager Antizipation der Wirkung und schwach ausgeprägter Komplexitätsreduktion
Stufe 2	Schüler identifiziert eine mittlere Anzahl an Elementen und Relationen überwiegend linear und als mäßig differenzierten Beziehungszusammenhang	Schüler analysiert bei einer mittleren Anzahl an Elementen und Relationen lineare Entwicklungsverläufe basierend auf dem Verständnis von Wechselbeziehungen, Reihen- und Parallelkoppelungen sowie einfachen Haushaltsbeziehungen	Schüler entwickelt bei einer mittleren Anzahl an Elementen und Relationen Prognosen und regulative Maßnahmen aufgrund linearer Wirkungsanalyse, Antizipation der Wirkung und mäßig ausgeprägter Komplexitätsreduktion
Stufe 3	Schüler identifiziert eine hohe Anzahl an Elementen und Relationen überwiegend komplex und als eindeutigen Beziehungszusammenhang sowie als Teil verschachtelter Systeme	Schüler analysiert bei einer hohen Anzahl an Elementen und Relationen lineare und nicht lineare Entwicklungsverläufe basierend auf dem Verständnis von Rückkoppelungen und Kreisläufen sowie anspruchsvollen Haushaltsbeziehungen, Irreversibilität und Emergenz	Schüler entwickelt bei einer hohen Anzahl an Elementen und Relationen Prognosen und regulative Maßnahmen aufgrund komplexer Wirkungsanalyse, Antizipation der Wirkung und stark ausgeprägter Komplexitätsreduktion sowie mit dem Bewusstsein eingeschränkter Vorhersagbarkeit

Tab. 2.2: Empirisch zu überprüfendes Kompetenzstruktur- und -stufenmodell zur geographischen Systemkompetenz

(Tab. 2.2) reduziert. Dabei wurde die explizite Differenzierung in Subdimensionen aufgegeben und deren Kerninhalte auf die Dimensionsebene abstrahiert. Auch in seiner Formulierung unterscheidet sich das reduzierte Modell von dem grundlegenden Theoriemodell, indem es je Niveaustufe operationalisierbar beschreibt, was Lernende am Ende der Schulzeit können. Dadurch ist die Voraussetzung für die empirische Validierung im Sinne der empirischen Belastbarkeit gegeben.

3.2 Geplantes Untersuchungsdesign

Kompetenzen definieren sich durch die individuellen kognitiven Ressourcen des Individuums und durch die Anforderungen der konkreten, zu bewältigenden Situation (HARTIG, J. & E. KLIEME 2006). Analog zu PISA soll daher durch die zu entwickelnden Aufgaben primär die Kompetenz der Schüler erfasst werden, ihr Wissen und ihre Fähigkeiten in neuen Kontexten anzuwenden. Das Vorgehen von der Entwicklung der Testaufgaben bis zur Überprüfung des Kompetenzmodells gliedert sich in drei Teilstudien.

Teilstudie I: Konzeption der Testaufgaben
Ausgangspunkt für die Konzeption der Testaufgaben bildet eine Sammlung unterschiedlicher Aufgabenformate, welche auf einer intensiven Literaturanalyse der vorliegenden empirischen Untersuchungen zur Systemkompetenz beruht. Diese Aufgaben wurden auch vor dem Hintergrund eigener Vorstudien systematisiert und in eine Typologie übergeführt. Diese Typologie zeigt für jede Kompetenzdimension passende Aufgabenformate zur Testung (Tab. 2.3). Sie ist Teil eines eigens entwickelten Aufgabenmanuals, das überdies die oben stehend aufgezeigten Modelle und ihre Herleitung, eine erstellte Synopse gemeinsamer geographischer Fachinhalte und -begriffe aller drei zu testenden Schulformen sowie eine Anleitung zum schrittweisen Vorgehen bei der Entwicklung von Testaufgaben umfasst.

Auf der Grundlage dieses Manuals werden die Testaufgaben mittels eines iterativen Aufgabenentwicklungsverfahrens (SCHNOTZ, W. et al. 2008a; 2008b) entworfen. Dazu fertigt eine Gruppe von Aufgabenentwicklern Aufgabenprototypen an, die dann durch externe Expertenurteile validiert werden. Als Experten dienen in diesem Fall u. a. Mitglieder der internationalen Forschungsgruppe SysDene (vgl. FRISCHKNECHT-TOBLER, U. et al. 2008b). Die Experten geben den Aufgabenentwicklern entsprechende Rückmeldungen. Die Aufgabenentwickler überarbeiten die bestehenden Aufgaben und leiten sie wiederum den Experten zu. Dieser Prozess wiederholt sich bis zu viermal pro Aufgabe. Insgesamt bedarf es der Konstruktion hinreichend vieler Aufgaben, um nach der Kalibrierung einen Teil der Aufgaben ausschließen zu können.

Teilstudie II: Kalibrierung der Testaufgaben
Im Rahmen der Kalibrierung werden die entwickelten Testaufgaben zunächst zwei unterschiedlichen Experten vorgelegt, die zuvor nicht in den Prozess involviert waren. Diese sollen die Aufgaben jeweils einem Matrixfeld des Kompetenzmodells (Tab. 2.2) zuordnen. Im Sinne einer inhaltlichen Validierung gehen sie demnach den umgekehrten Weg, indem sie anhand der Testaufgaben auf Kompetenzdimension und -stufe schließen.

Danach erfolgt die qualitative Vorerprobung der Aufgaben. In Anlehnung an die in PISA angewendeten Verfahren durchlaufen die entwickelten Aufgaben eine Cognitive Laboratory Prozedur (ALAVI, S. M. 2005; COHEN, A. D. 2000; LONG, D. L. & T. BOURG 1996), um mögliche

Kompetenzdimensionen		
Systemorganisation	**Systemverhalten**	**Systemadäquate Handlungsintention**
SO 1 Es wird basierend auf einem Aufgabenstamm mit Hintergrundinformationen eine lückenhafte grafische Darstellung (lineare Ursache-Wirkungskette [monokausal/ Reihenkoppelung], Baum- & Netzdiagramm) vorgeben. Der Schüler ergänzt die fehlenden Elemente und/ oder Relationen. SOMMER, C. 2005	**SV 1** Es werden basierend auf einer vorgegebenen Systemdarstellung einzelne Systemteile isoliert, entfernt oder hinzugefügt. Der Schüler analysiert die resultierenden Veränderungen im Hinblick auf die Systememergenz. SOMMER, C. 2005	**SH 1** Es werden ein oder mehrere Verlaufsdiagramme plus selektive Zusatzinformationen vorgegeben. Der Schüler entwickelt das Verlaufsdiagramm (prognostisch und regulativ) weiter. SWEENEY, L. B. & J. D. STERMANN 2000
SO 2 Es wird eine textliche Systembeschreibung (ohne Entwicklungsverlauf) mit allen relevanten Elementen und Relationen vorgeben. Der Schüler überführt diese in eine grafische Darstellung (z.B. Concept Map). KLIEME, E. & U. MAICHLE 1994; OSSIMITZ, G. 2000; SCHECKER, H. ET AL. 1997; BOLLMANN-ZUBERBÜHLER, B. 2008	**SV 2** Es werden ein oder mehrere Verlaufsdiagramme inklusive Aufgabenstamm mit Hintergrundinformationen vorgeben. Der Schüler beantwortet darauf bezogene Fragen zum Verlauf in retrospektiver Hinsicht. SWEENEY, L. B. & J. D. STERMANN 2000	**SH 2** Es wird ein Aufgabenstamm mit allen Informationen zur Systementwicklung vorgegeben. Der Schüler formuliert Fragen hinsichtlich sich anbahnender Probleme an einen Experten. ASSARAF, O. & N. ORION 2005
SO 3 Es wird eine grafische Systemdarstellung (z.B. Concept Map) vorgeben. Der Schüler erläutert das System und/oder beantwortet Fragen zur Systemstruktur & -grenze. SCHECKER, H. ET AL. 1997	**SV 3** Es wird ein Aufgabenstamm mit allen Informationen zur Systementwicklung vorgegeben. Der Schüler beantwortet Fragen zu Veränderungen im Laufe der Zeit in retrospektiver Hinsicht. SOMMER, C. 2005	**SH 3** Es wird ein Aufgabenstamm mit allen Informationen zur Systementwicklung vorgegeben.Der Schüler beantwortet Fragen zu Veränderungen in prospektiver Hinsicht (prognostisch und regulativ). KLIEME, E. & U. MAICHLE 1994; SOMMER, C. 2005
SO 4 Es werden einzelne Informationsbausteine zu einem System (z. B. isolierte Wenn-Dann-Beziehungen) vorgegeben. Der Schüler konzipiert in Form einer grafischen Darstellung systemische Zusammenhänge. PISA-KONSORTIUM 2003	**SV 4** Es wird ein Aufgabenstamm mit allen Informationen zur Systementwicklung vorgegeben. Der Schüler beantwortet retrospektive „Was wäre wenn"-Fragen im Hinblick auf die Systemirreversibilität. OSSIMITZ, G. 2000	**SH 4** Es wird ein Aufgabenstamm mit allen Informationen zur Systementwicklung vorgegeben. Der Schüler beantwortet prospektive „Was wäre wenn"-Fragen. OSSIMITZ, G. 2000
		SH 5 Es werden basierend auf einem Aufgabenstamm mit allen Informationen zur Systementwicklung alternative Szenarien und regulative Maßnahmen vorgegeben. Der Schüler beurteilt die Alternativen (auch vor dem Hintergrund einer eingeschränkten Vorhersagbarkeit). SOMMER, C. 2005

(linke Randbeschriftung: Aufgabentypologie)

Tab. 2.3: Aufgabentypologie in Anlehnung an die Kompetenzdimensionen

Probleme der Aufgabenkonstruktion zu eruieren. In videographierten Testsitzungen bearbeiten einzelne Schüler die Testaufgaben, indem sie zum lauten Denken („Think aloud") angehalten werden (PRÜFER, P. & M. REXROTH 2000). Von diesem Verfahren werden Erkenntnisse über das Textverständnis des Aufgabenstamms (insbesondere vor dem Hintergrund der PISA-Ergebnisse zum Leseverständnis) und im Hinblick auf Lösungsstrategien und Schwierigkeiten der Probanden erwartet.

An die qualitative Vorerprobung schließt die quantitative Pilotierung an. Im Rahmen einer weiteren Vorstudie sollen die Testaufgaben von ca. 600 Schülerinnen und Schülern der 9. Klassen bearbeitet werden.

Diese Phase dient vor allem der Feststellung der benötigten Zeit für die Aufgabenbearbeitung, einer intensiven Itemanalyse (z. B. Bestimmung der Trennschärfen, Distraktorenanalysen, ...) und einer ersten Schätzung der Aufgabenschwierigkeiten und ihrer Raschhomogenität. Anhand der so ermittelten Informationen wird zu entscheiden sein, welche Aufgaben in der vorliegenden Form geeignet sind und wie sich problematische Aufgaben optimieren lassen. Basierend auf den Ergebnissen der Itemanalysen erfolgt eine finale Revision des Aufgabenpools.

Teilstudie III: Überprüfung des Kompetenzmodells
Am Ende der Teilstudie II steht ein Pool von Aufgaben, der in der eigentlichen Hauptstudie eingesetzt werden kann. 1.200 Schüler bearbeiten im Rahmen einer Testzeit von 90 Minuten ausgewählte Aufgaben. Die Stichprobe soll so gewählt werden, dass Schulen in städtischen und ländlichen Gebieten und Jugendliche mit unterschiedlichem familiärem Hintergrund angemessen repräsentiert sind. Die Vorgabe der Aufgaben erfolgt in Form eines Multi-Matrix-Designs, bei dem nicht alle Schüler alle Items zu bearbeiten haben. Durch ein Youden-Square-Design der Testhefte wird eine vollständige Verlinkung der Aufgaben sowie eine Kontrolle der Itemposition erreicht (FREY, A. et al. 2009).

Mittels konfirmatorischer Faktorenanalysen und mehrdimensionaler Item-Response Theorie-Modellen (HARTIG, J. & J. HÖHLER 2009; RECKASE, M. D. 2009) wird anschließend überprüft, ob sich die bildungstheoretisch hergeleiteten und schulpraktisch reduzierten Kompetenzdimensionen und -stufen empirisch in gleicher Weise zeigen oder ob gegebenenfalls an dem Kompetenzmodell (Tab. 2.2) grundlegende Änderungen vorgenommen werden müssen.

4 Ausblick

Die Entwicklung eines validen Messinstruments, das sich zur schulischen Diagnostik bestimmter Kompetenzen eignet, ist ein langer Weg. Das angestrebte Modell zur geographischen Systemkompetenz und die daran gekoppelten Testaufgaben sollen es ermöglichen, die Systemkompetenz zu erheben, über welche Schülerinnen und Schüler am Ende der obligatorischen Schulzeit verfügen. Mit dieser Verschiebung des Augenmerks von der Input-Seite innerhalb des Bildungswesens zur Output-Seite verbindet sich die Absicht, die Ergebnisqualität von Unterricht – weit über traditionelle Leistungsbeurteilungs- und Bewertungsverfahren hinausreichend – fassbar zu machen. Die Geographiedidaktik folgt damit einem weithin akzeptierten Perspektivenwechsel in der Bildungspolitik, der eng mit den Ergebnissen der TIMSS- und PISA-Studien zusammenhängt.

Wie J. Oelkers & K. Reusser in ihrer Expertise zur Qualitätsentwicklung (BMBF 2008) aufzeigen, geben auf Outputsteuerung ausgerichtete Kompetenzmodelle jedoch nur beschränkt Hinweise darüber, welche Lehr- und Lernprozesse – etwa im Unterricht oder in der Aus- und Weiterbildung von Lehrpersonen – anzustreben sind, um die erwünschten Kompetenzen auch tatsächlich zu erreichen (siehe Abb. 2.2). Daher werden im Rahmen der oben dargestellten empirischen Überprüfung des Modells bei der Testung der Schüler gleichzeitig auch potenzielle

Abb. 2.2: Einfaches Modell der Funktionsweise von Bildungssystemen (aus BMBF 2008, 17)

Einflussfaktoren erhoben, die mit den Niveaustufen der geographischen Systemkompetenz in Zusammenhang stehen dürften. Hierzu gehören individuelle Vorbedingungen (Alter, Geschlecht etc.) ebenso wie Intelligenz und Interesse. Diese Variablen können erste Hinweise auf Möglichkeiten zur individuellen Förderung des diagnostizierten Schülers geben. Sie werden berücksichtigt, um eine empirische Basis für differenziertere Hypothesen über förderliche Faktoren zu erhalten. Daran anknüpfend werden Unterrichtskonzeptionen zur Förderung geographischer Systemkompetenz theoretisch zu entwickeln und in Interventionsstudien mittels Prä-Post-Testverfahren experimentell-empirisch zu überprüfen und zu erweitern sein.

Anmerkung

[1] Die Unterscheidung zwischen „Wissenserwerb" und „Wissensanwendung" lehnt sich an J. Funke, (2003, 157) an. Wissenserwerb bezieht sich auf die Identifikation eines Systems und schließt komplexere Erfassungen wie Vernetztheit und Dynamik mit ein, während Wissensanwendung auf die Kontrolle eines Systems abzielt.

Kathrin Viehrig, Samuel Greiff, Alexander Siegmund
und Joachim Funke

Geographische Kompetenzen fördern – Erfassung der Geographischen Systemkompetenz als Grundlage zur Bewertung der Kompetenzentwicklung

1 Problemstellung

Der Kompetenzbegriff spielt im Rahmen der Leitziel-Diskussion eine wichtige Rolle in der Geographiedidaktik im deutschsprachigen Raum. Dazu zählen u. a. die Raumverhaltenskompetenz (KÖCK, H. 1993) sowie „die Einsicht in die Zusammenhänge zwischen natürlichen Gegebenheiten und gesellschaftlichen Aktivitäten in verschiedenen Räumen der Erde und eine darauf aufbauende raumbezogene Handlungskompetenz" (DGfG 2010, 5). Wichtiges Element dieser Leitziele ist das Verständnis geographischer Systeme. Dabei ist in den nationalen Bildungsstandards das Hauptbasiskonzept, welches sich besonders in dem eng mit den anderen Kompetenzbereichen verflochtenen Kompetenzbereich „Fachwissen" wiederfindet (DGfG 2010).

Doch erreicht der Geographieunterricht diese gesteckten Ziele? Psychometrisch und fachdidaktisch fundierte diagnostische Instrumente zur Beantwortung dieser Frage – und darüber hinaus zur Überprüfung und Verbesserung der Förderung geographischer Kompetenzen – fehlen bislang weitgehend. Dies behindert insbesondere auch die Überprüfung des Beitrages neuer Medien oder Lehrformen wie z. B. Geoinformationstechnologien zur Erreichung dieser eher inhaltlichen Ziele.

Die Verfügbarkeit von Messverfahren bietet neue Chancen, u. a. für die Verbesserung der Kompetenzentwicklung von Lernenden und die Förderung des selbstständigen Lernens (z. B. NESTLE, F. & N. NESTLE 2005), auch wenn dabei mögliche Probleme beachtet werden sollten.

Dass dies nötig ist, zeigen erste Studien im Bereich der Geowissenschaften und in anderen Fächern. Zum einen wurde belegt, dass systemisches Verständnis anscheinend selbst Erwachsenen noch Schwierigkeiten bereitet (vgl. u. a. BOOTH SWEENY, L. & J. D. STERMAN 2000). Zum anderen konnten aber selbst Grundschulkinder schon eine gewisse Systemkompetenz nachweisen (vgl. u. a. SOMMER, C. 2005).

2 Zielstellung des Forschungsvorhabens

Im Rahmen des Projektes „Theoriegeleitete Erhebung von Kompetenzstufen im Rahmen probabilistischer Messmodelle – Ein Beitrag zum Aufbau eines Heidelberger Inventars Geographischer Systemkompetenz" (HEI-GIS) wird in der ersten Phase ein Messinstrument und Kompetenzmodell für Geographische Systemkompetenz (GSK) entwickelt. In der zweiten Phase soll dieses weiter verbessert werden sowie Einflussfaktoren auf die Kompetenzentwicklung – insbesondere Möglichkeiten zur Förderung der Geographischen Systemkompetenz – untersucht werden.

3 Definition der Geographischen Systemkompetenz (GSK) und Herleitung des Ausgangsmodells

Basierend auf der auf bisherigen Arbeiten aufbauenden Arbeitsdefinition von K. Viehrig, D. Volz & A. Siegmund (2008) und der allgemeinen Kompetenzdefinition des DFG-Schwerpunktprogramms 1293 „Kompetenzmodelle zur Erfassung individueller Lernergebnisse und zur Bilanzierung von Bildungsprozessen", in welches das HEIGIS-Projekt eingebunden ist, werden unter Geographischer Systemkompetenz (GSK) zunächst diejenigen kognitiven Leistungsdispositionen verstanden, die notwendig sind, um in spezifischen Kontexten geographische Systeme zu analysieren, zu erfassen und ihnen gegenüber angemessen handeln zu können.

Ausgangspunkt bildet ein dreidimensionales Modell der GSK (vgl. Abb. 3.1). Dieses wurde theoriegeleitet im Rahmen eines Ansatzes entwickelt, der darauf abzielt, ein möglichst minimalistisches und auf unterschiedliche geographische Systeme anwendbares Modell zu generieren. Je umfangreicher ein Modell, desto detaillierter können zwar Kompetenzen gegebenenfalls aufgeschlüsselt werden, aber desto umfangreicher müssen auch die entsprechenden Messverfahren zur Überprüfung sein. Diese sind damit in der schulischen Praxis oft schwieriger handhabbar.

50

	Dimension 1: Systeme erfassen und analysieren	Dimension 2: gegenüber Systemen handeln	Dimension 3: räumliches Denken
Stufe III	Identifikation und Verständnis des komplexen Wirkungs- gefüges der Beziehungen	beziehen auch Nebeneffekte und autoregressive Prozesse mit ein	setzen mehrere räumliche Denkweisen strukturiert ein
Stufe II	Beziehungen zwischen den Systemelementen identifizieren und verstehen	beziehen multiple Effekte mit ein	setzen mehrere räumliche Denkweisen unstrukturiert ein
Stufe I	Systemelemente identifizieren und verstehen	beziehen Haupteffekte mit ein	setzen nur eine räumliche Denkweise unstrukturiert ein

Abb. 3.1: Ausgangsmodell der geographischen Systemkompetenz im Rahmen des HEIGIS-Projektes (vor allem basierend auf BEN-ZVI ASSARAF, O. & N. ORION (2005); GREIFF, S. & J. FUNKE (2008); GERSMEHL, P. J. & C.A. GERSMEHL (2006); HAMMAN, M. et al. (2008))

Die erste Dimension des GSK-Modells beschäftigt sich mit dem Erfassen und der Analyse von geographischen Systemen, die zweite Dimension mit dem Handeln gegenüber Systemen und die dritte Dimension mit dem räumlichen Denken. Die Trennung der ersten beiden Dimensionen lässt sich sowohl theoretisch aus dem Bereich der Geographiedidaktik als auch empirisch aus der psychologischen Forschung herleiten. So wird in einem der Grundlagenartikel zur Raumverhaltenskompetenz (KÖCK, H. 1993, 18) vom „Denken und Handeln in Geoökosystemen" gesprochen. In der psychologischen Forschung ließ sich in Studien zum dynamischen Problemlösen außerdem ein Unterschied zwischen Systemanalyse und Systemhandeln empirisch belegen (GREIFF, S. angenommen). Räumliches Denken, die dritte Dimension, ist zwar charakteristisch für Geographie, bislang ist aber empirisch ungeklärt, inwieweit sie sich im Rahmen der GSK tatsächlich als eigene Dimension neben der Systemanalyse und dem Systemhandeln abbilden lässt, oder ob aufgrund des gemeinsamen geographischen Kontextes räumliches Denken untrennbar mit den ersten beiden Dimensionen verbunden ist.

Die Stufen der ersten Dimension des HEIGIS GSK-Modells (vgl. Abb. 3.1) basieren auf der Arbeit von O. Ben-Zvi Assaraf & N. Orion (2005). Ausgehend von einer Literaturanalyse und einer empirischen Studie werden dort vier hierarchische Fähigkeiten identifiziert. Diese sind, ansteigend (ebd., 556, übersetzt):

1. „die Fähigkeit, die Komponenten des Systems zu identifizieren" und „die Fähigkeit, die Prozesse des Systems zu identifizieren",
2. „die Fähigkeit, Beziehungen zwischen einzelnen Komponenten zu identifizieren" und „die Fähigkeit, dynamische Beziehungen zwischen den Komponenten des Systems zu identifizieren",
3. „die Fähigkeit, die zyklische Natur von Systemen zu verstehen"; „die Fähigkeit die Komponenten zu organisieren und sie in ein Netzwerk von Beziehungen zu platzieren" und „die Fähigkeit, Generalisierungen zu machen",

4. „die Wahrnehmung der ‚versteckten Elemente des Systems' und die Wahrnehmung des Systems in der Dimension der Zeit".

Die höchste Stufe wird in dieser Studie dabei nur von ca. 10–30 % der Probanden erreicht. In einer weiteren Arbeit von Orion, N. & T. Basis (2008) wird diese Struktur weitgehend bestätigt, bis auf Teile der vierten Stufe (versteckte Komponenten), die niedriger einzuordnen seien. Unter den versteckten Komponenten werden dabei „[…] Muster und Zusammenhänge, die nicht an der Oberfläche gesehen werden" (BEN-ZVI ASSARAF, O. & N. ORION, 2005, 523, übersetzt) verstanden. Während diese in manchen physisch-geographischen Systemen relativ einfach zu definieren sind (z. B. das Grundwasser im Wasserzyklus) sind sie im humangeographischen Bereich zumeist weniger eindeutig. Im HEIGIS-Ausgangsmodell wird die vierte Stufe daher zunächst nicht berücksichtigt. Die anderen drei wurden leicht vereinfacht.

Die Stufen der zweiten Dimension des GSK-Modells basieren auf einer Studie aus dem Bereich der Problemlöseforschung von S. Greiff & J. Funke (2008). Diese verwendet Items vom MicroDYN-Typ, welche Regelungs- und Steuerungsprozesse beschreiben. MicroDYN-Items bestehen aus exogenen und endogenen Variablen (vgl. auch Abb. 3.2). Die exogenen Variablen können im Gegensatz zu den endogenen Variablen aktiv manipuliert werden. Denkbare Verknüpfungen zwischen den Variablen sind Haupteffekte, multiple Effekte, multiple Abhängigkeiten, Eigendynamiken und Nebeneffekte. Haupteffekte beschreiben kausale Relationen einer exogenen auf eine endogene Variable. Wirkt eine exogene Variable auf mehrere endogene, so ist dies ein multipler Effekt. Wird umgekehrt eine endogene Variable von mehreren exogenen beeinflusst, wird dies multiple Abhängigkeit genannt. Diese drei Effekte können aktiv manipuliert werden. Wirkt eine endogene Variable auf andere endogene Variablen, ist dies ein Nebeneffekt. Wirkt sie hingegen auf sich selbst (mit einem Gewicht π 1) wird dieser Spezialfall eines Nebeneffektes Eigendynamik (als Wachstums- oder Schrumpfungsprozess) genannt. Nebeneffekte und Eigendynamiken können nicht aktiv manipuliert, aber über die Verwendung adäquater Strategien entdeckt werden. Die einzelnen Effektarten weisen dabei unterschiedliche Schwierigkeiten auf. In der Studie waren Nebeneffekte am schwierigsten zu steuern. Multiple Effekte waren etwas einfacher, allerdings nicht bedeutsam, als Haupteffekte. Dies hing unter Umständen mit den Erwartungen der (erwachsenen) Versuchspersonen zusammen. Daher werden im Modell die für weniger erfahrene Personen wahrscheinlich einfacheren Haupteffekte auf die niedrigste Stufe gestellt.

Die dritte Dimension des HEIGIS GSK-Modells – die räumliche Denkfähigkeit – beziehen sich auf die Analyse von P. J. Gersmehl & C. A. Gersmehl (2006, 13–20, im Original hervorgehoben; übersetzt; vgl. auch GERSMEHL, P. J. & C. A. GERSMEHL 2007), die die folgenden Fähigkeiten identifizierten:

1. „Bedingungen beschreiben [...]",
2. „Räumliche Beziehungen verfolgen [...]",
3. „Einen räumlichen Vergleich machen [...]",
4. „Eine räumliche Aura ableiten [...]",
5. „Eine Region abgrenzen [...]",
6. „Einen Ort in eine räumliche Hierarchie einpassen [...]",
7. „Einen räumlichen Übergang graphisch darstellen [...]",
8. „Ein räumliches Analogon identifizieren [...]",
9. „Räumliche Muster erkennen [...]",
10. „Eine räumliche Verbindung einschätzen [...]".

Dabei sind diese Fähigkeiten allerdings nicht hierarchisch aufgebaut. Um Kompetenzstufen zu erhalten, werden die Abstufungen aus einer Studie zur Planung von Experimenten in Anlehnung an M. Hammann et al. (2008) auf das Lösen räumlicher Denkaufgaben adaptiert. Bei der Planung von Experimenten gehen sie von folgenden Abstufungen aus (ebd., 70, übersetzt):
„0 Schüler planen kein Experiment. [...]

1 Schüler planen ein einziges Experiment ohne experimentelle Kontrolle. [...]

2 Schüler planen mehr als ein Experiment, aber unsystematisch und ohne eine experimentelle Kontrolle. [...]

3 Schüler planen mehr als ein Experiment, aber die Experimente sind nicht völlig systematisch geplant und teilweise widersprüchlich. [...]

4 Schüler planen alle Experimente systematisch und keines von ihnen ist widersprüchlich, aber es gibt keine experimentelle Kontrolle. [...]

5 Schüler planen alle Experimente systematisch, binden eine experimentelle Kontrolle ein und sehr wenige Experimente geben widersprüchliche Ergebnisse. [...]

6 Schüler planen alle Experimente systematisch, binden eine experimentelle Kontrolle ein und kein Experiment ist widersprüchlich. [...]".

4 Cognitive Lab-Studie zur GSK

Die erste Phase des HEIGIS-Projektes umfasst zwei zentrale Arbeitsschritte, eine Cognitive Lab-Studie und eine quantitative Studie. Die Cognitive Lab-Studie verfolgt drei Teilziele:

1. die Weiterentwicklung des Kompetenzmodells,
2. die Exploration der Dimensionalität der räumlichen Beziehungen (d. h., die Klärung der Frage, ob diese eine eigene Dimension darstellen oder in geographischen Kontexten integraler Bestandteil der Dimensionen 1 und 2 sind),
3. die Exploration möglicher Gemeinsamkeiten und Unterschiede zum fachkontextunabhängigen, dynamischen Problemlösen.

Das dynamische Problemlösen ist definiert als „[…] ein in der Hauptsache kognitiver Prozess, der sich in einem Variablenraum vollzieht. Die Variablen zeichnen sich aus durch nicht unmittelbar ersichtliche kausale Beziehungen untereinander; mit diesen Variablen muss der Problemlöser interaktiv und dynamisch in Beziehung treten, um einen gewünschten Zielzustand zu erreichen" (GREIFF, S. angenommen, 8). Der Schwerpunkt liegt dabei auf dem konkreten Umgang mit dem System und dem interaktiven Verhalten innerhalb diesem und weniger auf dem semantischen Kontext, der nur insofern relevant sein dürfte als er (hinderliches oder förderliches) Vorwissen zu aktivieren vermag.

In HEIGIS wurde daher – ähnlich wie in manchen bisherigen Studien (z. B. OSSIMITZ, G. 1996) – zunächst ein Ansatz mit fiktiven und damit vorwissensarmen semantischen Einbettungen gewählt (GREIFF, S. angenommen), sowohl für den geographischen Bereich (fiktives Raumbeispiel, aber an reale geographische Themen angelehnte Zusammenhänge) als auch für den fachübergreifenden Bereich (fiktive Variablen und Zusammenhänge). Damit soll ermöglicht werden, den geographiespezifischen und den allgemein-problemlösenden Umgang mit Systemen zu erfassen.

Die Bearbeitung der drei Teilziele soll u. a. Erkenntnisse darüber liefern, was das spezifisch Geographische an der geographischen Systemkompetenz darstellt. Dies scheint insbesondere deshalb nötig, da das Systemkonzept sowohl fachübergreifend als auch fachspezifisch bereits in vielerlei Kontexten angewendet wird.

Die Cognitive Lab-Studie zur GSK (videographiertes lautes Denken) wird mit insgesamt 10 Studierenden durchgeführt. Dabei werden für den geographischen Teil Themenbeispiele aus den drei auch in den nationalen Bildungsstandards (vgl. DGfG 2010) unterschiedenen Bereichen der naturgeographischen Systeme, der humangeographischen Systeme und der Mensch-Umwelt-Beziehungen verwendet.

In einer ersten Runde von CogLabs wurden zur Erfassung der geographischen Systemkompetenz die zwei Itemformate MicroDYN und Concept Maps (CMapTools) verwendet. MicroDYN ist ein computerbasiertes Testverfahren, das auf linearen Strukturgleichungen basiert (GREIFF, S. & J. FUNKE 2008). Dabei werden zwei Phasen unterschieden: die Exploration, bei der die Probanden ein minimal komplexes System interaktiv erkunden können, und die Steuerung, bei der die Probanden durch Veränderung der exogenen Variablen einen Zielzustand bei den endogenen (nur indirekt über ihre Beziehung zu den exogenen Variablen veränderbaren) Variablen erreichen sollen. Für die Exploration haben die Probanden maximal 4 Minuten, für die Steuerung maximal 1,5 Minuten Zeit. MicroDYN wurde bisher in verschiedenen Untersuchungen zur Messung der Fähigkeiten im komplexen Problemlösen erprobt (vgl. zusammenfassend GREIFF, S. angenommen). Für das CogLab wurden jeweils möglichst parallel komplexe Aufgaben für die Bereiche „Problemlösen" und „Geographie" erstellt.

MicroDYN hat verschiedene Vor- und Nachteile (GREIFF, S. angenommen; GREIFF, S. & J. FUNKE, eingereicht). Zu den Vorteilen zählt, dass es bei MicroDYN-Aufgaben jeweils eine klare Lösung gibt und die Aufgaben gute psychometrische Eigenschaften aufweisen. MicroDYN-Items bilden nur minimal komplexe Systeme ab (vgl. Abb. 3.2). Untersuchungen haben jedoch eine hohe Korrelation (latente Korrelationen im Bereich um 60) zwischen MicroDYN und komplexeren Systemsimulationen (z. B. HEIFI) gezeigt. Für die Bearbeitung von Micro-DYN-Items wird dabei weniger Testzeit benötigt als bei HEIFI (5 vs. mindestens 30 Minuten pro Item) und daher kann mehr als ein Item zur Testung verwendet werden.

Abb. 3.2: Mögliche Beziehungen zwischen Variablen eines Systems in Micro-DYN-Items

Bei der Itementwicklung stellte sich jedoch heraus, dass die Adaption von MicroDYN auf fachbezogene Themen der Geographie nicht einfach ist. Micro-DYN-Items lassen nur lineare Beziehungen, keine Schwellenwerte, keine rekursiven Beziehungen und eine sehr eingeschränkte Zahl von Variablen zu (vgl. Abb. 3.2) und weisen damit andere Eigenschaften auf als eine Reihe schulisch relevanter geographischer Themen. Dies macht das Finden einer

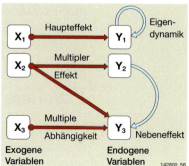

55

ausreichenden Anzahl von Themen und Items schwierig, die in das ge-
gebene MicroDYN-Format eingepasst werden können. Eine mögliche
Verbesserung könnte sich durch den Einsatz von finiten Automaten ergeben, bei denen u. a. qualitative Abstufungen möglich sind (vgl. FUN-
KE, J. 2001).

Auch Concept Maps weisen verschiedene Vor- und Nachteile auf. Sie
wurden bereits in verschiedenen Studien als Teil der Diagnose von
Systemkompetenz eingesetzt (vgl. u. a. ORION, N. & T. BASIS 2008;
SOMMER, C. 2005). Concept Maps (auf Deutsch auch ‚Begriffsland-
karten' genannt) bestehen aus Konzepten und aus diese verbindende
Beziehungen, die durch beschriftete Pfeile dargestellt werden. Damit
scheinen sie für die Darstellung des Verständnisses von Wirkungsge-
fügen aus Elementen und Beziehungen geeignet zu sein. In der freien
Erstellung einer Concept Map gibt es jedoch nicht nur eine richtige
Lösung, was psychometrisch als problematisch eingeschätzt wird. Die
Selbsterstellung einer Concept Map erfordert außerdem relativ viel
Zeit (vgl. u. a. STRACKE, I. 2004), je nach Umfang des darzustellenden
Sachverhalts, und beschränkt damit die einsetzbare Anzahl solcher
Items innerhalb eines Tests.

Bei beiden Itemformaten ist zudem ein potenzieller Einfluss der Com-
puterkompetenz immanent, dem in empirischen Untersuchungen nachgegangen werden sollte. Aufgrund der Exploration zur Gewinnung von
Erkenntnissen über die Zusammenhänge im System ist der Einfluss
der Lesekompetenz bei MicroDYN-Items geringer als bei textbasierten
Aufgaben. Allerdings sind Concept Maps flexibler und können damit
für die Behandlung von mehr Themen eingesetzt werden.

Auch wenn die detaillierten Auswertungen der ersten Probanden noch
nicht abgeschlossen sind, wurde aufgrund von Beobachtungen aus den
ersten Erhebungen sowie Diskussionen mit weiteren Fachdidaktikern
entschieden, die Cognitive Lab-Studie in zwei Runden aufzuteilen. Auf
dieser Grundlage wurden bei der zweiten Runde die Items weiterentwickelt und die Itemformate teilweise verändert, wodurch eine weitere
Verbesserung der Erfassung der GSK zu erwarten ist.

5 Weitere Arbeitsschritte und Ausblick

Zunächst müssen die CogLabs der ersten und zweiten Runde vollständig ausgewertet und darauf aufbauend gegebenenfalls das Kompetenzmodell weiterentwickelt werden. In der quantitativen Studie soll dann

ein Messinstrument für größere Stichproben entwickelt werden. Dieses soll im Rahmen von Gelegenheitsstichproben eingesetzt und mithilfe der Item-Response-Theorie (IRT) ausgewertet werden, um die Kompetenzstruktur und -stufen des überarbeiteten GSK-Modells zu validieren. Beide Studien sollen einen Beitrag zur Abgrenzung des Konstrukts der geographischen Systemkompetenz, zur Entwicklung eines Messinstrumentes für die Diagnose dieser Kompetenz und damit auch für die Verbesserung der Möglichkeiten der Überprüfung der Kompetenzveränderung u. a. durch Interventionsstudien mit Einsatz moderner Geotechnologien (z. B. Geographischer Informationssysteme) leisten.

Danksagung

Das Projekt wird im Rahmen des DFG-Schwerpunktprogramms 1293 „Kompetenzmodelle zur Erfassung individueller Lernergebnisse und zur Bilanzierung von Bildungsprozessen" gefördert (GZ: SI 877/6-1 und FU 173/13-1).

Dank gilt Sascha Wüstenberg für die Hilfe bei der Implementation der MicroDYN-Items, den wissenschaftlichen Hilfskräften des Projektes für die Unterstützung bei der Erhebung, den Probanden für ihre Teilnahme sowie den Mitarbeitern der Abteilung Geographie für viele gute Hinweise im Rahmen der Itemerstellung.

Martina Flath

4 Geographisches Schulbuch und Kompetenzerwerb – Konzeptionelle Ansätze für kompetenzorientiertes Lehren und Lernen mit einem traditionellen Medium

1 Das geographische Schulbuch – ein Basismedium

Die Diskussion um die Bedeutung von Schulbüchern als Medium im Geographieunterricht wird in der deutschsprachigen Literatur bereits seit dem Beginn des 20. Jahrhunderts geführt (vgl. WAGNER, P. 1926). In Phasen der Neuorientierung des Faches Geographie sind diese stets intensiviert worden. Solche Neuorientierungen und Akzentverschiebungen werden durch neue bildungspolitische Ansprüche und fachdidaktische Konzepte sowie damit einhergehende neue geographische Curricula und angestrebte Veränderungen im Geographieunterricht bestimmt. In der gegenwärtigen Phase sind die neuen Akzente klar definiert: Kompetenz- und damit Outputorientierung von Lehr- und Lernprozessen sowie Konzentration auf grundlegende inhaltliche Dimensionen des Faches Geographie durch Kerncurricula.

Neue Ideen, Konzepte und Curricula im Fach Geographie haben zu allen Zeiten auch die Schulbücher geprägt. Trotz oder gerade wegen dieser Spiegelfunktion ist die hervorragende Bedeutung des Schulbuches für den Geographieunterricht zu allen Zeiten betont worden. Dabei ist das Schulbuch im Laufe der Zeit mit unterschiedlichen Attributen „ausgezeichnet" worden:

Leitmedium, Verbundmedium und Basismedium im Geographieunterricht, kompaktes Informations- und Arbeitsmittel für die Schüler, heimlicher Lehrplan, Spiegelbild des Faches, Umschlagplatz für fachliche und didaktische Innovationen, Politikum, Pädagogikum und Informatorium ... (vgl. BAMBERGER, R. 1998; BRUCKER, A. 1983; 1985; BULLINGER, R. et al. 2005; KIRCHBERG, G. 1980; SITTE, C. 2001; STEIN, G. 1991; THÖNEBÖHN, F. 1990; 1992 u. a.).

Nicht nur diese Attribute, sondern vor allem theoretische und empirische Untersuchungen zum Medium Geographiebuch wie zum Beispiel die Arbeiten von F. Thöneböhn (1990; 1992) und K. Goetz (1996) zeigen, wie groß die Bedeutung von Schulbüchern sowie die Präsenz von Schulbüchern im Unterricht ist. Gleichzeitig erzeugen Schulbücher bei den Adressaten durch ihren prägenden Einfluss auf die Vorbereitung, Gestaltung und Nachbereitung von Unterricht hohe Erwartungen. An diesen Tatsachen hat sich in den vergangenen gut 100 Jahren kaum etwas geändert. Einen mehrfachen, zum Teil entschiedenen Wandel haben allerdings die Ziele geographischer Bildung, die geographischen Curricula, die Qualität und Vielfalt der Unterrichtsmedien sowie die Qualitätskriterien für einen guten Geographieunterricht erfahren. Entscheidend verändert haben sich aber vor allem die Konsumenten von Schulbüchern, nämlich die Schüler (vgl. u. a. KIRCHBERG, G. 1998; und die Shell-Jugendstudien: ALBERT, M. et al. 2010; HURRELMANN, K. et al. 2002; 2006), aber auch Lehrer und Eltern.

2 Das geographische Schulbuch – ein fachdidaktischer Problemfall

Zunächst einmal ist positiv zu vermerken, dass grundlegende theoretische Auffassungen zum Medium Geographiebuch seit vielen Jahren Bestand haben, durch die Praxis bestätigt sind bzw. dort erfolgreich umgesetzt werden. Damit wird auch ein gewisses Maß an Kontinuität in der Entwicklung und im Einsatz des Basismediums Schulbuch im Geographieunterricht gewährleistet. Diese Aussagen treffen nicht nur auf die bereits erwähnte herausragende Stellung des Geographiebuches als Unterrichtsmedium zu, sondern auch auf theoretische Grundlagen zum Schulbuch im Fach Geographie. Beispielhaft und zusammenfassend stehen dafür die folgenden Aussagen:
• Seit Mitte der 80-er Jahre des 20. Jahrhunderts gibt es einen Konsens darüber, dass ein modernes geographisches Schulbuch eine sinnvolle Kombination aus „Lernbuch" und „Arbeitsbuch" sein sollte und in der Realität bis in die Gegenwart auch ist (vgl. BIRKENHAUER, J. 1997; BRUCKER, A. 1983 u. a.). Durch den Schulbuchtyp „geographisches Lern- und Arbeitsbuch" können die Vorzüge beider Schulbuchtypen zur Geltung gebracht und die jeweiligen Nachteile ausgeglichen werden.

- Die Funktionen und Grenzen von Schulbüchern werden übereinstimmend mit nur geringen Unterschieden wie folgt beschrieben: Das Schulbuch ist ein multifunktionales Medium (vgl. Abb. 4.1).
- Die Grenzen des Schulbuchs sind darin zu sehen, dass es ein Medium ist. „So anschaulich ein Schulbuch gestaltet sein mag, es wird immer ein ‚Ersatzmedium‘ bleiben“ (BULLINGER, R. et al. 2005, 69). Das heißt, die originale Begegnung der Schüler mit den geographischen Sachverhalten durch Regionales Lernen ist dem Medium Schulbuch auf jeden Fall vorzuziehen.
- Die Grenzen des Mediums Geographiebuch müssen vor allem Schulbuchautoren und Lehrern bekannt sein, um dessen zielgerichteten Einsatz im Verbund mit anderen Medien zu ermöglichen. „Dort wo das Schulbuch an seine genuinen Grenzen stößt, müssen alternative Medien, […], nach ihren spezifischen Möglichkeiten eingesetzt werden. Aber alles Nebenwerk, […], kann nur das Leitmedium begleiten, es nicht aber ersetzen“ (BENTE, M. 1998, 38).

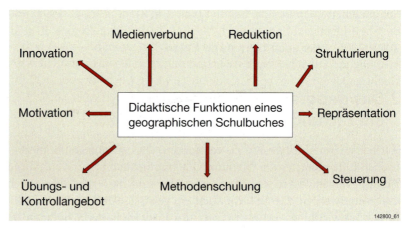

Abb. 4.1: Didaktische Funktionen eines geographischen Schulbuches
(BULLINGER, R. et al. 2005, leicht verändert)

Warum ist das geographische Schulbuch aus meiner Sicht trotz des umrissenen fachdidaktischen Konsens zur Stellung und zum Typ des Geographiebuches, zu dessen Funktionen und dessen Grenzen ein fachdidaktischer Problemfall? Weil die Geographiedidaktik in Deutschland die Weiterentwicklung dieses den Geographieunterricht so entscheidend bestimmenden Mediums Wirtschaftsunternehmen überlässt, wie es Schulbuchverlage nun einmal sind. Weil es in der Geographiedidaktik seit mehr als einem Jahrzehnt offenbar keine Forschungsarbeiten und demzufolge auch kaum wissenschaftliche Publikationstätigkeit zum Thema Schulbuch im Fach Geographie gibt. Auch PISA,

Bildungsstandards, Kompetenzen und Anforderungsniveaus sowie die Umsetzung dieser in zahlreichen neuen Kerncurricula in verschiedenen Bundesländern und Schularten haben daran nichts verändert. Deutlich wird das Problem aus meiner Sicht dadurch, dass sich Herausgeber und Autoren von Schulbüchern sichtlich (be)mühen, die neuen Ideen und Grundlagen kompetenzorientierten Lehrens und Lernens im Geographieunterricht in neu konzipierte Schulbücher umzusetzen, die einerseits die neuen fachdidaktischen Trends und Aspekte aufgreifen und andererseits die veränderten Konsumenten erreichen möchten, vor allen Dingen natürlich die Schüler.

Schon im Jahre 2005 haben R. Bullinger, U. Hieber und T. Lenz auf dieses Dilemma aufmerksam gemacht, in dem sie formulierten: „Zum allgemeinen Erstaunen hat sich die fachdidaktische Literatur in den letzten Jahren kaum dieses Basismediums [gemeint ist das Schulbuch, die Autorin] angenommen. Nur wenige Aufsätze sind erschienen, [...]" (BULLINGER, R. et al. 2005) und es kann ergänzt werden: In den Jahren danach auch nicht.

Als Autorin und Herausgeberin von Schulbüchern ist mir das Problem weitgehend fehlender empirischer und theoretischer Erkenntnisse zum Medium „Geographiebuch" für einen kompetenzorientierten Geographieunterrichts in den letzten Jahren überdeutlich bewusst geworden. Die neuen Kerncurricula eröffnen durch die Formulierung von Kompetenzen für Schulstufen, die häufig inhaltlich sehr allgemein gefasst sind, einen sehr breiten Interpretationsspielraum vor allen Dingen für die Auswahl und Strukturierung der fachlichen Inhalte sowie räumlicher Bezüge, aber auch für die Umsetzung methodischer und didaktischer Innovationen. Mit der Entscheidung für den Kauf eines bestimmten Schulbuches werden Lehr- und Lernprozesse wesentlich vorgeprägt. Das heißt im Klartext: Das Interpretationsangebot des Schulbuches bestimmt den Unterricht von der Strukturierung und Visualisierung der Inhalte über die Angebote zur Differenzierung, Konsolidierung und Kontrolle bis hin zu Möglichkeiten selbständigen und kooperativen Lernens. Es hat nicht nur die Steuerungsfunktion von Schulbüchern auf den Geographieunterricht zugenommen, sondern auch der Einfluss auf die Art und Weise der Präsentation geographischer Sachverhalte, der Einfluss auf Motivierung und Lernformen, auf die Entwicklung und Schulung von Methodenkompetenz und vieles mehr.

3 (Fach)didaktische Trends – eine Herausforderung

Die im Folgenden dargestellten Trends sind über die Geographiedidaktik hinaus auch für andere Fächer gültig.

Drei (fach)didaktische Trends oder Akzente beeinflussen aus meiner Sicht das Schulbuch als Basismedium im Geographieunterricht in besonderem Maße: die Formulierung von Kompetenzen und Standards in den neuen Kerncurricula, veränderte Anforderungen an die Aufgabenkultur und die Möglichkeit bzw. Notwendigkeit des Medienverbunds von geographischem Schulbuch als traditionellem Medium mit anderen Medien, insbesondere den neuen Medien (vgl. Abb. 4.2).

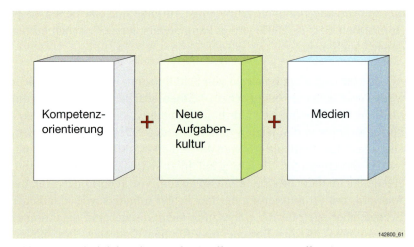

Abb. 4.2: (Fach)didaktische Trends (Quelle: Eigene Darstellung)

(Fach)didaktischer Trend 1: Kompetenzorientierung

Die Einführung von Bildungsstandards und kompetenzorientierten Kerncurricula führen zunächst einmal rein formal dazu, dass Schulbücher als Doppelbände für die Klassenstufen 5/6, 7/8 und 9/10 erscheinen. Inhaltlich besteht das Problem für Schulbuchautoren und Lehrpersonen vor allen Dingen darin, dass die Kerncurricula Kompetenzniveaus formulieren, die durch eine geeignete Auswahl und methodische Umsetzung von Inhalten und Raumbeispielen zu erreichen sind, dabei aber einen relativ großen Interpretationsspielraum zulassen (vgl. dazu auch BULLINGER, R. et al. 2005). Ein Blick in geographische Schulbücher mehrerer Bundesländer, die auf kompetenzorientierten Lehrplänen basieren, bestätigt diese Auffassung. Gleichzeitig sollten Schulbücher kompetenzorientierte Lehr- und Lernprozesse initiieren helfen, indem sie den Kompetenzerwerb transparent machen – von der Einführung in ein Thema/Kapitel über die Einzelthemen bis zur Zusammenfassung mit entsprechenden Trainings- und Kontrollelementen. Dabei sind alle Kompetenzbereiche der geographischen Gesamtkompetenz und verschiedene Anforderungsniveaus zu berücksichtigen.

Fachdidaktischer Trend 2: Aufgabenkultur
Als ein wesentliches Qualitätskriterium neuer Schulbücher sind die Aufgabenstellungen anzusehen. Die PISA-Studie und andere empirische Arbeiten haben Defizite in der Aufgabenkultur deutlich gemacht. Diese bestehen vor allem in der Aufgabenvielfalt, der Aufgabenqualität und im Aufgabeneinsatz (vgl. BRODENGEIER, E. 2007).

Die Maßstäbe, die an gute Aufgabenstellungen angelegt werden, sind zu Recht anspruchsvoll und werden durch die Aufgabenbeispiele in den Bildungsstandards im Fach Geographie für den mittleren Schulabschluss (vgl. DGfG 2010) untermauert. Als Qualitätsmaßstäbe für gute Aufgabenstellungen in Schulbüchern sind unter anderem anzusehen: Mehrdimensionalität, das heißt auf den Erwerb unterschiedlicher Kompetenzen gerichtete Aufgaben; Berücksichtigung aller drei Anforderungsbereiche; Leistungsdifferenziertheit; Anwendungsorientiertheit, das heißt Einbettung von Aufgaben in variierende Kontexte, Kumulativität, Nutzung unterschiedlicher Aufgabenformen, auch zur Umsetzung sprachlicher in graphische Darstellungsformen (vgl. BENTE, M. 1998; BRODENGEIER, E. 2007 u. a.)

Fachdidaktischer Trend 3: (Neue) Medien
In den letzten Jahren ist zu beobachten, dass die traditionellen Medien Schulbuch und Atlas mit zahlreichen weiteren Medien im Medienpaket bzw. Medienverbund entwickelt und produziert werden. Diese sogenannten Begleitmedien umfassen neben traditionellen Medien wie Schülerarbeitsheften und Lehrerhandbüchern verstärkt die sogenannten neuen Medien wie CD-ROMs für Schüler und/oder Lehrer, Lernsoftware, Onlineangebote der Schulbuchverlage und anderes mehr. Die Art und Weise der Kombination verschiedener Medien im und um das Schulbuch und mit dem Atlas ist durchaus vielfältig und unterschiedlich, doch ist sie auch adressatenbezogen? Kennen die Autoren und Verlage die Erwartungen, Bedürfnisse und Wünsche der Zielgruppe Schüler bzw. Lehrer? Oder sind andere Kriterien die eigentliche Messlatte?

Outputorientiertes Lehren und Lernen auf der Grundlage einer neuen Generation von Curricula erfordert somit auch eine kritische Überprüfung von Schulbüchern hinsichtlich ihrer Eignung bezüglich der aufgezeigten (fach)didaktischen Trends. Dabei sollten die Schulbücher ihrer herausragenden Stellung im Geographieunterricht wirklich gerecht werden, indem sie neue Tendenzen bzw. Akzente in den Geographieunterricht transportieren und zu einem nachhaltigen Impulsgeber für die Verbesserung der Unterrichtsqualität werden.

4 Konzeptionelle Ansätze

Die Umsetzung der kurz umrissenen (fach)didaktischen Trends im Geographiebuch kann konzeptionell unterschiedlich erfolgen. Das macht die Medienlandschaft im Geographieunterricht interessant und abwechslungsreich, aber auch die Auswahl eines geeigneten Schulbuches nicht einfach. Denn unterschiedliche Schulbuchkonzeptionen und verschiedene inhaltliche Strukturen können durchaus zu gleichen, nämlich den in den Bildungsstandards beschriebenen Kompetenzen führen. Im Kontext von Schulbuch und Schüler spielen die Geographielehrer eine wichtige und entscheidende Rolle. Die Lehrpersonen sollten bereit sein, die Konzeption eines Schulbuches als Interpretationsangebot des jeweiligen Kerncurriculums zu verstehen, dieses Interpretationsangebot durchaus kritisch zu reflektieren und in der tagtäglichen Unterrichtsarbeit umzusetzen.

Bereits durch die Bezeichnung der Themen bzw. Kapitel eines Schulbuches für kompetenzorientierte Lehr- und Lernprozesse sollte deutlich werden, was die Schüler am Ende des Kapitels beherrschen sollen. Outputorientierte Kapitelüberschriften können zum Beispiel lauten: „Stadt und Land als Lebensräume vergleichen", „Ungleichheiten im Entwicklungsstand erklären", „Entwicklungen und Verflechtungen in der Weltwirtschaft analysieren".

Außerdem erscheint es sinnvoll, den erwarteten Output für Lehrer und Schüler auf verschiedenen Ebenen sichtbar zu machen. Das kann zum Beispiel durch das Ausweisen von Kompetenzen auf den Einstiegsdoppelseiten für eine Lerneinheit und auf den Themenseiten für ein Thema geschehen. Ein derartiges Vorgehen stellt meiner Auffassung nach keine Didaktisierung des Geographiebuches dar, sondern erhöht die Zielgerichtetheit von Lernprozessen. Entsprechend der zu erwerbenden Kompetenzen sollten die Arbeitsaufgaben kompetenzorientiert formuliert, das heißt entsprechend der drei Anforderungsniveaus operationalisiert sein. Durch eine derartige Verkopplung von Kompetenzen und Aufgaben entstehen neue Möglichkeiten der Selbstkontrolle durch die Schüler. Den Bogenschlag zwischen anvisierter Kompetenzentwicklung und Output eines Themenbereichs stellen in fast allen gängigen Schulbüchern die Trainings- und Anwendungsseiten am Ende eines Kapitels dar. Dort werden vielfältige, auch spielerische Vorschläge zur Konsolidierung der erworbenen Kompetenzen durch Wiederholen, Systematisieren, Anwenden und Üben unterbreitet. Dabei erscheint es sinnvoll, die Kompetenzbereiche der geographischen Gesamtkompetenz erneut aufzugreifen, zum Beispiel durch Rubriken wie: „Sich orientieren", „Wissen und verstehen", „Können und anwenden", „Sich verständigen, beurteilen, handeln". Diese Rubriken bzw. Ordnungsraster können das konzeptionelle Gerüst für Rätsel, Spiele, Arbeit mit Karten, Bildern, Karikaturen, Grafiken und anderen Medien sowie die Arbeit mit geographischen Grundbegriffen bilden. Zielgerichtet und anwendungsorientiert sollten auch neu eingeführte Methoden im Sinne der Entwicklung von Methodenkompetenzen hinsichtlich ihrer Handlungsfolgen wiederholt und auf geographische Sachverhalte angewendet werden.

Während die Themendoppelseiten sowie die Abschluss- und Trainingsseiten die Entwicklung von Kompetenzen aller Kompetenzbereiche im Fokus haben, halten moderne geographische Schulbücher für ausgewählte Kompetenzbereiche „Spezialseiten" vor. Für die Einführung neuer fachspezifischer Methoden und die Ausbildung von Fähigkeiten der Informationsgewinnung und -auswertung, stehen seit Jahren Methodenseiten zur Verfügung, deren Bedeutung sich in einem kompetenzorientiertem Geographieunterricht weiter erhöht. Deshalb erscheint gerade für diese „Spezialseiten" ein erhöhter didaktisch-methodischer Input notwendig. Das geschieht zum Beispiel dadurch, dass Handlungsabfolgen in Form von Handlungsanweisungen und Schritten der Erkenntnisgewinnung als „Checkliste" dargestellt werden, das methodische Vorgehen den Schülern jeweils an einem Beispiel demonstriert wird und die Schüler durch entsprechende Aufgaben die Möglichkeit zum selbständigen Üben und Anwenden der fachspezifischen Methode an weiteren Beispielen haben. Durch ein solches Vorgehen können methodische Kenntnisse konsolidiert und erste Fähigkeiten angebahnt werden, die dann durch die wiederholte Anwendung der Methode zur Erschließung geographischer Inhalte weiter ausgeprägt werden.

Die Verbindung von Lernvorhaben zur Ausbildung von Methodenkompetenz und zur Entwicklung von Handlungs- und Urteils- und Handlungskompetenz sollten über entsprechende konzeptionelle Elemente im Schulbuch angeregt werden. Dazu eignen sich vor allen Dingen handlungsorientierte Angebote wie Stationen lernen und Projekte, aber auch Erkundungen und Exkursionen. Diese konzeptionellen Elemente können auch Anregungen für außerschulisches Regionales Lernen vor Ort und damit für die Ausbildung von Methoden zur Gewinnung von Informationen an Originalgegenständen vermitteln, aber auch kooperative Lernvorhaben und adäquate Methoden und Techniken des Lernens entwickeln. Beispielhaft seien dafür genannt: Erkundung des heimatlichen Naturraumes, des Wochenmarktes, Gruppenunterricht zum Thema „Die Nordsee in Gefahr" sowie ein Gruppenpuzzle zum Klimaschutz (FLATH, M. & E. RUDYK, 2009).

5 Das geographische Schulbuch – Zukunftsfähigkeit durch Forschung

„Das Leitmedium Schulbuch vermag in seinen definierten Grenzen auf ökonomische Weise jene Kompetenzen zu vermitteln, die von einer zukunftsfähigen Schule und ihren Fächern eingefordert wird" (BENTE, M. 1998, 38). Für ein gutes Geographie-Schulbuch gilt diese Feststellung aus meiner Sicht uneingeschränkt. Gerade deshalb ist das Schulbuch heute und in Zukunft ein wichtiger Transporteur von fachlichen sowie didaktischen Ideen und Neuerungen in den Geographieunterricht. Es verdient deshalb, dass wir als Fachdidaktiker es durch mehr Aufmerksamkeit in der Forschung zukunftsfähig machen und Lehrer befähigen innovative Schulbücher zu erkennen und zu nutzen, im Sinne von: „Wer nicht Neues wagt, der nicht gewinnt".

Im Kontext von Schulbuch und Schüler spielen die Geographielehrer eine wichtige und entscheidende Rolle. Die Lehrpersonen sollten bereit sein, die Konzeption eines Schulbuches als Interpretationsangebot des jeweiligen Kerncurriculums zu verstehen, dieses Interpretationsangebot durchaus kritisch zu reflektieren und in der tagtäglichen Unterrichtsarbeit umzusetzen.

Die geographische Kompetenzforschung stellt eine wichtige fachdidaktische Perspektive für geographische Schulbuchforschung dar, denn sie ist Forschung zu dem Leitmedium, das Kompetenzmodelle und Anforderungsniveaus in die Schule transportieren und kompetenzorientierte Lehr- und Lernprozesse steuern kann. Schulbuchforschung sollte aus diesem Grund wieder einen exponierten Platz in der geographiedidaktischen Forschungslandschaft erhalten, denn es gibt unzählige offene Fragen rund um das Schulbuch im Rahmen der Qualitätsoffensive von Unterricht und der Entwicklung hin zu einem outputorientierten Geographieunterricht.

Nur einige ausgewählte Forschungsfragen seien an dieser Stelle beispielhaft genannt:
• Welche Erwartungen haben Schüler bzw. Lehrer an ein Schulbuch im Geographieunterricht?
• Wie haben sich diese Erwartungen verändert?
• Welches Format sollte das geographische Schulbuch der Zukunft haben, ist es vielleicht ein geographisches Taschenbuch oder erfordert die stärkere Visualisierung von Inhalten ein größeres Format?
• Wie kann das Medium Geographiebuch die Entwicklung von Kompetenzen zielgerichtet und wirksam unterstützen?
• In welcher Form kann das Schulbuch die Individualisierung von Lernen, kooperative Lernformen und andere didaktisch-methodische Anforderung an die Qualität der Lehr- und Lernprozesse unterstützen?
• Wie sind die gewohnten Strukturelemente des Schulbuches, zum Beispiel das Doppelseitenprinzip, Texte und Abbildungen unter neuen Zielen und Anforderungen zu bewerten?
• Welche Bedeutung haben Begleitmaterialien zum geographischen Schulbuch?
• Welche Art und Weise des Verbunds von traditionellen und neuen Medien ist effektiv und für die Verbesserung der Qualität des Geographieunterrichts sinnvoll?

Diese Fragen ließen sich fortführen und ergänzen. Sie zeigen in ihrer Breite und Vielfalt, wie dringend Forschungsarbeiten zum Schulbuch eigentlich sind. Vergessen wir dabei nicht die eingangs konstatierte Bedeutung des Schulbuches für unser Fach und die Möglichkeit über dieses Medium neue theoretische Ansätze und Erkenntnisse in die Schulpraxis zu transportieren. Diese Chance darf sich die Geographiedidaktik, aber auch die Schulgeographie nicht entgehen lassen. Theoretische Grundlagenforschung zu Kompetenzstrukturen, Schülervorstellungen und anderen Themen, empirische Lehr- und Lernforschung – ja, aber darüber dürfen nicht Forschungsfelder wie Curricula und Medien vergessen werden, die für Schule und Unterricht extrem wichtig sind. Der Einfluss von Schulbüchern auf die Sicherung und Verbesserung der Unterrichtsqualität im Fach Geographie ist nicht zu unterschätzen, er ist gestiegen, denn die schulinternen Arbeits- bzw. Bildungspläne werden auf der Grundlage des entsprechenden Geographiebuches erstellt. Geographiedidaktische Forschungen sollten das Geographiebuch wieder stärker in den Fokus nehmen, um die Zukunft des geographischen Schulbuches aktiv mit zu gestalten.

Georg Stöber

5 Zwischen Wissen, Urteilen und Handeln – „Konflikt" als Thema im Geographieschulbuch

Vorbemerkung

Sieht man Schule in Deutschland als Ort, allgemeine Kompetenzen für das Leben in einer pluralistisch verfassten Gesellschaft zu vermitteln, gehört zu ihren Aufgaben, die Lernenden zu befähigen, mit einer solchen Pluralität von Meinungen und Interessen umzugehen, Lösungsstrategien für unvermeidbare Konflikte zu erlernen usw. Auch wenn sich der Geographieunterricht als Fachunterricht primär über seine Fachperspektiven definiert (vgl. DGfG 2010, 5-7), bleibt diese gesellschaftliche Einbindung doch der Rahmen, und der Fachunterricht leistet mit seinen Themenstellungen und Unterrichtsweisen auch zu diesem übergreifenden Ziel einen Beitrag.

In diesem Aufsatz soll vor allem der Aspekt des „Konfliktes" beleuchtet werden, wobei „Konflikt" als Unvereinbarkeit von Positionen unterschiedlicher Akteure, Personen oder Gruppen, begriffen wird, die sozial konstruiert und kommuniziert werden. So verstanden sind Konflikte keinesfalls auf Formen gewaltsamer Konfliktaustragung beschränkt, sondern Bestandteil jeden gesellschaftlichen Lebens. Was problematisch ist, ist nicht der Konflikt, sondern ggf. die Wege der Konfliktaustragung, v. a. wenn diese in gewaltsamen Bahnen verlaufen.

Obgleich diese Fragestellung in erster Linie dem Politik- und Sozialkundeunterricht zugeordnet werden mag, weist der Geographieunterricht sowohl in seinen Themen wie auch in den zu vermittelnden Kompetenzen verschiedene – z. T. durchaus fachspezifische – Berührungen auf, die sich auch in den entsprechenden Schulbüchern abbilden.

Zielsetzung des Beitrags ist, die Rolle von Konfliktthemen im Geographieschulbuch zu skizzieren sowie an Hand der Aufgabenstellungen zu untersuchen, auf welche Kompetenzbereiche die entsprechenden Themenstellungen in erster Linie abzielen.

Während im ersten Teil in der Übersicht 34 jüngere Bände des vergangenen Jahrzehnts, die Konfliktthemen anschneiden (s. Literaturverzeichnis), zur Auswertung kommen, werden im zweiten Teil diejenigen – zwölf – Bände einbezogen, die sich mit Flächennutzungskonflikten in unserem mitteleuropäischen Kontext befassen. Drei davon sind Oberstufenbände, neun für Realschule oder Gymnasium der Klassenstufen 5/6 oder 9/10 der Bundesländer Baden-Württemberg, Nordrhein-Westfalen, Sachsen und Thüringen bestimmt, in denen entsprechende Themen aufgegriffen werden.

1 Konflikte im Rahmen geographischer Fragestellungen

Zwar fanden spezifische (gewaltsame) Konflikte im länderkundlichen Unterricht der 1950er und 1960er Jahre gelegentlich Erwähnung. Mit der Hinwendung zu einer Problemorientierung „nach Kiel" in den 1970er Jahren geriet „Konflikt" aber auch zu einer Fragestellung des Geographieunterrichts. Die neue Schulbuchreihe *Welt und Umwelt* für die 8. Klasse fragte 1973 danach, „Wie das Leben in Gemeinschaften Konflikte auslöst". Der geographische Blick wandte sich dabei allerdings eher sozialräumlichen Disparitäten zu als Konflikten im o. g. Verständnis und ließ damit sowohl die soziale Konstruktion, die Akteure als auch das Aushandeln bzw. Ausfechten außen vor. Nicht nur Konflikte als Kategorie, auch die Themenfelder, in denen sie heute eine Rolle spielen, fanden in den 1970er Jahren Eingang in den Unterricht. In heutigen Schulbüchern finden sich Konflikte z. T. in Form von Krieg und Bürgerkrieg. Überwiegend sind es aber – ganz der Fachperspektive angemessen – Landnutzungskonflikte unterschiedlicher Art, die in verschiedenen Themenzusammenhänge abgehandelt werden.[1]

Im ersten Fall ist der gewaltsam ausgetragene Konflikt in der Regel nicht Gegenstand an sich, sondern eher Faktor (Hindernis) im Entwicklungsprozess, der selbst auf wirtschaftliche Disparitäten und ethnisch-religiös-kulturelle Gegensätze zurückgeführt wird. Die Zahl der Bücher, die solches im Falle des Kaukasus[2], des „ehemaligen Vielvölkerstaat[s] Jugoslawien"[3], Nigerias[4] oder des „Krisenkontinent[s] Afrika" generell[5] thematisieren, ist jedoch eher begrenzt. Hinzu kommt in einigen Bundesländern die Behandlung des Konflikts in Israel/Palästina[6], der dabei allerdings nur z. T. in wichtigen Dimensionen deutlich wird. Immer spielt im Israel-Kontext auch die Ressource Wasser eine Rolle.

Der Konflikt um Wasser und seine Verteilung wird auch in weiteren Fällen angesprochen, v. a. im Falle der Türkei und ihrer südlichen Nachbarn. Hierbei wird den Lernenden eine gewaltsame Austragung von Verteilungskämpfen als Möglichkeit vor Augen geführt, um so Dramatik und Relevanz deutlich zu machen. Die Bandbreite der Konflikte wird hierbei reduziert auf solche im zwischenstaatlichen Verhältnis, obwohl gleiches auch innerstaatlich und im lokalen Kontext zum Tragen kommt.

Auf ganz unterschiedlichen Ebenen und in ganz verschiedenen Themenzusammenhängen finden sich dagegen die angesprochenen Landnutzungskonkurrenzen und -konflikte. Die Rahmenthemen reichen hier von Eingriffen in den Naturhaushalt (tropischer Regenwald, Sahel, Öl in Alaska, Aralsee) bis zur deutschen Raumordnung und Raumplanung, Tourismus u. a.

Dass in diesen Kontexten das Konflikthafte angeschnitten wird, ist jedoch nicht selbstverständlich. Das „Leben in den Klimazonen der Erde" u. ä. wird eher unter ökologischen Aspekten und als „Gleichgewichtsstörung" gesehen, denn (auch) als Konflikt um Raum- und Ressourcennutzung. Nur vereinzelt wird beispielsweise die Rolle von Goldsuchern, Siedlern u. ä. angesprochen, die in den Lebensraum der (indianischen) Regenwaldbewohner vordringen. In einem (Ausnahme-) Fall, der bezeichnenderweise in einen industriellen Themenzusammenhang gestellt ist, geht es um die Bedrohung des Regenwaldes durch den Abbau von Coltan und der Rolle von Produzenten und Konsumenten von Mobiltelefonen hierbei, d. h. um das Verständnis globaler Verflechtungen.[7] Sonst wird eher eine nachhaltige Raumnutzung propagiert, die der einheimischen Bevölkerung zugeschrieben wird.

Auch ist es meist kein Thema, dass die touristische Nutzung eines Raumes mit Konflikten verbunden sein kann. Auf einer abstrakteren Ebene ist gelegentlich von Vor- und Nachteilen des Fremdenverkehrs die Rede, meist jedoch ohne hierbei die gesellschaftlichen Prozesse und Interessenlagen in den Blick zu nehmen. Vereinzelt geht es aber doch auch um unterschiedliche Interessen, beispielsweise bei der Ausweitung von Skigebieten.[8] Dies entspricht weitgehend auch der Art und Weise der Behandlung von Landnutzungskonflikten im Planungskontext.

Selbst Kapitel zur Raumplanung beschränken sich z. T. auf prozedurale Gesichtspunkte, ohne diese gesellschaftlich einzubetten, und verbergen Konfliktlagen hinter Begriffen wie „Dynamik der Bodennutzung" oder „Verflechtungsbeziehungen". Ansonsten wird Raumplanung als Instrument verstanden, solche Konflikte zu lösen. Hierbei wird aber teilweise die staatliche Regelungs- und Ordnungsfunktion in den Vordergrund gerückt, teilweise durchaus der Konflikt selbst als regulierter Aushandlungsprozess von Interessen exemplarisch abgehandelt. Das geschieht an Beispielen wie

- dem projektierten Gipsabbau in einem Thüringer Naherholungsgebiet (*Diercke Geographie für Thüringen 10 Gymnasium* 2004, 72–75),
- dem Bau und Ausbau eines Freizeitparks in Baden-Württemberg (*Seydlitz Geographie 5/6 Baden-Württemberg* 2008, 70–79),

- dem Abbau von Braunkohle im Tagebau Garzweiler (*Mensch und Raum Erdkunde 5/6 Realschule Nordrhein-Westfalen* 2003, 100 f.),
- dem Ausbau von Windenergieanlagen (WEA) (*Mensch und Raum Erdkunde 5/6 Realschule Nordrhein-Westfalen* 2003, 112 f.; Mensch und Raum Geographie Oberstufe 2007, 312–315),
- dem Ausbau einer Bundesstraße und eines Gewerbeparks in NRW (*Mensch und Raum Erdkunde 9/10 Realschule Nordrhein-Westfalen* 2005, 26–31), oder auch
- „Stuttgart 21 – ein Raumordnungsprojekt im Widerstreit" (*Fundamente Geographie Oberstufe* 2008, 252 f.).

Hierbei steht oft ein Konflikt zwischen Ökonomie und Ökologie im Vordergrund, d. h. die Akteure tragen wirtschaftliche Argumente bzw. solche des Naturschutzes vor – wenn der Gegensatz nicht auf einer abstrakten Ebene verbleibt. Zum Teil stehen aber auch unterschiedliche Wirtschaftsinteressen gegeneinander.

Bei der Behandlung von Landnutzungskonflikten lassen sich zwei Arten unterscheiden: Einmal werden die Gegensätze in einer generellen, abstrakten Art angesprochen, wobei die Akteure und ihre Interessen nicht deutlich hervortreten. In den genannten Beispielen werden diese allerdings deutlicher. Zumindest die Betroffenen von Maßnahmen, oft auch die wichtigsten Interessengruppen, werden konkret benannt oder auch in personalisierter Form vorgestellt. Positionierungen und Interessen lassen sich so zuordnen. Dies erscheint nicht nur unterrichtsmethodisch gerade für jüngere Klassen wichtig, sondern auch aus inhaltlichen Gründen. Hebt man den Konflikt auf eine abstrakte Ebene, spricht nur von „Kräften" oder allgemein von „Interessen", geht der Charakter des Konflikts als „sozial konstruierte und kommunizierte Positionsunterschiede zwischen Personen oder Personengruppen" verloren und der soziale Prozess wird ausgeblendet. Handeln findet aber nur in einem solchen Umfeld statt, und Handlungskompetenz kann nur erworben werden, wenn dieser Kontext bewusst ist.

Konflikte sind also ein Thema; man kann aber bei einem Blick auf neuere deutsche Geographieschulbücher insgesamt nicht sagen, dass, in welchem Rahmen auch immer, die Herausarbeitung des Konflikthaften die dominierende Perspektive darstelle. Und wo Landnutzungskonflikte im deutschen Kontext angesprochen werden, werden diese nur zum Teil als „Aushandlungsprozess", der bestimmten Regeln unterliegt, behandelt. Oft vernebeln dagegen Abstraktionen die sozialen Prozesse wie das Konflikthafte selbst. Oder die Behandlung wird auf die Beschreibung von Disparitäten und Verteilungsmustern verlagert, die als „Konfliktursachen" ausgemacht werden.

Im Folgenden soll nun durch einen Blick auf die Aufgabenstellungen, die sich im Kontext der Behandlung von Landnutzungskonflikten finden, untersucht werden, auf welche Aspekte geographischer Kompetenzbildung die Autoren der Unterrichtseinheiten schwerpunktmäßig abzielen. Die Aufgaben dienen also als Indikatoren für die mit der Unterrichtseinheit verbundenen Zielsetzungen, wobei davon ausgegangen wird, dass die Kernpunkte einer Einheit durch Aufgaben abgedeckt werden. Wenn die Aufgaben auf Kompetenzen bezogen werden, wird nicht unterstellt, dass den Schulbüchern ein Kompetenzrahmen wie dem der DGfG (2010) zugrunde läge. Eine entsprechende Ausrichtung ist höchstens bei den jüngsten Büchern anzunehmen. Das Konzept der DGfG strukturiert jedoch Fähigkeiten, die im Großen und Ganzen nicht neu in die didaktische Diskussion eingebracht worden sind, sondern auch im Kontext kognitiver, instrumenteller, affektiver, sozialer und ggf. aktionaler Lernziele seit längerem eine Rolle spielen und sich so in den Büchern niederschlagen.

2 Landnutzungskonflikte – Aufgabenstellungen und Kompetenzen

Zwischen Wissen, Beurteilen und Handeln bestehen Beziehungen, auf die ja auch die „Bildungsstandards im Fach Geographie" im allgemeinen Kontext verweisen (DGfG 2010; HEMMER, I. & M. HEMMER 2007, 5). Für zielgerichtetes Handeln wird ein Wissen über die Handlungsbedingungen benötigt, ebenso Urteilsfähigkeit zur Einschätzung der Situation. Die Bildungsstandards weisen solches Wissen dem Kompetenzbereich „Handlung" zu (ebd., 26 f.), die Einsicht in die Perspektivität von Positionen und Interessen der Beurteilungs- bzw. Bewertungskompetenz (ebd., 23 f.). Wo andererseits ein Bezug zu Beurteilen/Bewerten und Handeln nicht hergestellt wird, kann dasselbe Wissen durchaus auch als reines Fachwissen interpretiert werden. Beispielsweise ist es notwendig, die Struktur der Raumordnung in Deutschland zu kennen, wenn die Lernenden Mitwirkungsmöglichkeiten bei Bürgerbeteiligung erkennen und sie dieses Handlungsfeld erschließen sollen. Andererseits ist das Thema „Raumordnung" durchaus auch als Fachwissen ohne direkten Handlungsbezug zu verstehen. Der Zusammenhang ist also entscheidend; die gleiche Aufgabe kann je nach Kontext unterschiedlich interpretiert und zugeordnet werden. Ohne den Handlungskontext bleibt potentielles Handlungswissen reines Fachwissen.

Auch die einzelnen Aufgaben sprechen u. U. mehrere Kompetenzbereiche an. Bevor eine Zusammenschau der diversen Aufgaben versucht wird, soll dargestellt werden, wie die einzelnen Kompetenzbereiche mit Aufgabenstellungen abgedeckt werden.

Fachwissen spielt in einer Vielzahl von Aufgaben die Hauptrolle. Hier geht es zum einen um Rahmenbedingungen – (Planungs-)Verfahrensweisen, Raumausstattung, Sachinformationen zum Konfliktgegenstand etc. – aber auch um die Auswirkungen von Prozessen und Entwicklungen.

„Studiere den LEP [Landesentwicklungsplan]. Beschreibe die Leitbilder der Raumentwicklung" (*Diercke Geographie für Thüringen Klasse 10 Gymnasium* 2004, 68).

„Fasse die Fakten der geplanten BMW-Ansiedlung stichwortartig zusammen" (*Mensch und Raum Erdkunde 9/10 Realschule Nordrhein-Westfalen* (2005, 27).

„Welche Auswirkungen hat der Europa-Park auf seine unmittelbare Umgebung, einen Umkreis von ca. 50 km und auf den Fernbereich bis an die Grenzen seines Einzugsgebietes? Verwende auch die Materialien von Seite 73" (*Seydlitz Geographie 5/6 Baden Württemberg* (2008, 71).

Bei vielen Aufgaben geht es um Einsicht in den systemischen Charakter mit dem Konflikt verbundener Aspekte oder um Raumanalyse unter der spezifischen Fragestellung von Nutzungsrahmen oder -folgen. Da es sich um konkrete Räume handelt, sind in solchen Fällen z. T. Verbindungen zum Kompetenzbereich „Räumliche Orientierung" sichtbar.

Räumliche Orientierung ist in zahlreichen Aufgabenstellungen grundlegende Kompetenz. Meist werden hierbei die Schauplätze lokalisiert und analysiert:

„Analysiere und beurteile die Lage des Europa-Parks (Abb. 71.1–4)" (*Seydlitz Geographie 5/6 Baden Württemberg 2008*, 71), oder

„Ordne die Rieselfelder geografisch in Nordrhein-Westfalen ein. Welcher Landschaftstyp liegt vor, welche räumlichen Besonderheiten sind gegeben? (*Mensch und Raum Erdkunde 9/10 Realschule Nordrhein-Westfalen 2005*, 27).

Oder es werden Grundlagen der Konfliktkonstellationen in ihrer räumlichen Struktur in einem größeren räumlichen Kontext abgesteckt. In einem Fall nimmt ein auf der räumlichen Orientierung aufbauender Aufgabenbestandteil direkt auf Konflikte Bezug:

„Werte die Karte M3 [Gebietstypen in Deutschland] in zwei Schritten aus. Beschreibe zunächst ‚formal', wie die Karte aufgebaut ist und was sie darstellt. Benenne danach räumliche Besonderheiten bzw. Unterschiede. Welche Konflikte können sich hieraus für die Raumplanung der Bundesregierung ergeben?" (*Mensch und Raum Erdkunde 9/10 Realschule Nordrhein-Westfalen* (2005, 23).

Es handelt sich also in der Regel nicht um reine Lokalisationsaufgaben, sondern um kontextbezogene Raum- und Lageanalysen, wobei oftmals Überschneidungen zum Bereich der Methodenkompetenz sichtbar werden.

Wenn man von der Interpretation von Karten absieht, spielt der Kompetenzbereich „Erkenntnisgewinnung/Methoden" in der Aufgabenstruktur eher eine untergeordnete Rolle. Meist handelt es sich dabei um die Beschaffung von Information, sei es bei einer Behörde, sei es im Internet, z. B.:

„Informiere dich im Amt für Verkehrswesen der Stadt Erfurt über die Fortschritte bei der Errichtung des Erfurter Rings. [...]" *Diercke Geographie für Thüringen Klasse 10 Gymnasium* (2004, 83).

Teilweise lässt sich so – neben dem Kompetenzerwerb – auch das Aktualitätsdefizit von Schulbüchern ausgleichen.

In manchen Aufgabenstellungen wird zudem die Informationsgewinnung mit der räumlichen Orientierung im Nahraum – wie auch mit weiteren Kompetenzfeldern – verknüpft:

„Erkunde, ob es in deinem Umfeld ebenfalls Rohstoffabbau oder neue Gewerbegebiete gibt, die eine Veränderung der Flächennutzung bewirken. [...]" (*Diercke Geographie für Thüringen Klasse 10 Gymnasium* (2004, 75).

Von geringerer Bedeutung als die Informationsbeschaffung sind im Aufgabenspektrum Aufgaben, die das Anwenden von Bearbeitungs- und Darstellungstechniken zum Gegenstand haben, beispielsweise:

„Setzen Sie die Tabelle M2 [Flächenanteile in Deutschland 1950 bis 2005 in Mio. Hektar] in ein aussagekräftiges Diagramm um. [...]" Diercke Geographie [Sek II] (2007, 311).

Die Beispiele hierfür sind aber nicht zahlreich und finden sich eher in Büchern für die Sekundarstufe II. In der Regel ist der methodische Aspekt nur ein Teil der Aufgabe. Der Bericht über die Ergebnisse (Kommunikation) oder die Interpretation des Sachverhalts ergänzen die Informationsgewinnung und -verarbeitung.

Kommunikation: V. a. fallen Berichte von Sachverhalten und Diskussionen in diesen Kompetenzbereich:

„Führt eine ähnliche dem Beispiel angelegte Diskussion zu einem Bauvorhaben in eurer Heimat durch" (*Diercke Geographie für Thüringen Klasse 10 Gymnasium* 2004, 71).

Die Standards gehen in erster Linie auf eine fachliche Kommunikationskompetenz ein, d. h. ggf. das Umsetzen von Informationen in eine Fachsprache. Auf der anderen Seite ist es auch alltagsrelevante Kommunikationskompetenz, Fachinformationen in einer allgemein verständlichen

Sprache wiederzugeben bzw. in eine solche zu übersetzen. Mehrere Aufgaben greifen diesen Punkt auf, wenn es z. B. in *Mensch und Raum Erdkunde 9/10 Realschule Nordrhein-Westfalen* (2005, 23) heißt: „‚Übersetze' die Auszüge aus dem Baugesetzbuch (M2) in ‚deine' Sprache."

Dies ist nicht nur ein Test des Verständnisses von Fachinformation. Für eine Partizipation im demokratischen Prozess ist die Fähigkeit, auch schwierige Sachverhalte zielgruppengerecht und ggf. allgemeinverständlich auszudrücken, eine ganz entscheidende Kompetenz.

„Beurteilung/Bewertung" ist ein ausschlaggebender Kompetenzbereich im Konfliktkontext, geht es doch darum, die unterschiedlichen Positionen wahrzunehmen, ihre Interessengebundenheit zu verstehen, aber auch zu begreifen, dass solche Positionen häufig nicht als „richtig" oder „falsch" bewertet werden können, sondern Bewertungen oftmals ambivalent ausfallen müssen. Nur dann werden Konflikte als gesellschaftliche, an Akteure gebundene Prozesse verstehbar. Die Aufgaben schaffen es zum Teil, dieses zu vermitteln. *Mensch und Raum Erdkunde 5/6 Realschule Nordrhein-Westfalen* (2003, 101) etwa verlangt u. a.:

„1. Nenne die Argumente, die die Bürger von Etzweiler für und gegen den Braunkohleabbau aufzählen (M1 bis M4). […]

3. Vergleicht M5 und M6. Wieso fallen die Antworten der beiden Organisationen [dem Bundesverband Braunkohle und dem BUND] wohl so unterschiedlich aus? Begründet eure Vermutungen. […]

5. Ihr habt schon einiges über Braunkohle gelernt. Wie steht ihr zur Aussage ‚energiepolitisch überflüssig' in M6? Begründet eure Meinung."

Wiedergeben, beurteilen und Stellung beziehen steigern hier das Anforderungsprofil. Eine besondere Ambivalenz kommt im selben Buch (ebd., 113) bei der Bewertung von Windenergieanlagen (WEA) zum Tragen, bei der keine einfache Front „Umweltschutz" gegen „Industrie" aufgebaut werden kann.

„1. In einigen Bundesländern gibt es viele WEA (M1), also auch bestimmt viele Diskussionen darüber. Teilt euch in zwei Gruppen und versetzt euch in einem Rollenspiel in Befürworter (M2) – z. B. Umweltschützer und Politiker aus Sachsen-Anhalt – und Gegner (M3) – z. B. Anwohner und Betreiber von Atomkraftwerken – der Windenergie. Lasst euch noch mehr Rollen einfallen und diskutiert: ‚Braucht Deutschland Windenergie?' Welche Meinung habt ihr selbst nach eurer Diskussion? Begründet.

2. Vermutet warum der Direktor [eines Unternehmens, das WEA her-
stellt] aus M4 für Windenergie ist. Will er die Umwelt schützen
oder hat er andere Interessen? Begründet eure Einschätzungen.
3. ‚Umwelt- und Naturschützer haben es bei der Windenergie schwer. Sie
wissen oft nicht, wie sie sich entscheiden sollen'. Stimmt ihr dieser Aussage zu? Windenergie ist doch umweltfreundlich, oder?! Berichtet mithilfe eures Wissens aus M2 und M3 und mithilfe von M5 und M6."

Diese Beispiele machen auf altersgemäße Weise wichtige Aspekte von
Nutzungskonflikten deutlich. In dem entsprechenden Band für die
9./10. Klasse heißt es dann – immer noch konkret –:
„„Aufgabe der Raumplanung ist es, die räumlichen Ansprüche verschiedener Interessengruppen möglichst konfliktfrei zu regeln.' Finde
drei ‚Konfliktfälle' der Raumplanung, benenne die Akteure (einzelne
Interessengruppen) und deren Ziele" (*Mensch und Raum Erdkunde
9/10 Realschule Nordrhein-Westfalen* 2005, 23).

Die meisten anderen Bände arbeiten diese Aspekte weniger deut-
lich heraus. Zum Teil verlangen sie eher allgemein die Diskussion ver-
schiedener Einstellungen:
„Diskutiert das Für und Wider der Schaffung neuer Arbeitsplätze
im Tourismus und in der Gipsindustrie" (*Diercke Geographie für Thü-
ringen Klasse 10 Gymnasium* 2004, 73).
„Trage unterschiedliche Standpunkte zum Massentourismus in den
Ötztaler Alpen zusammen (Text, M2, M5) und diskutiere sie in der
Klasse" (*Geografie Klasse 6 Sachsen* (2005, 79).
Immanent ist in diesen Aufgaben auch eine eigene Beurteilung an-
gesprochen, die gelegentlich explizit eingefordert wird:
„Wäge das Für und das Gegen die B 474n ab. Zu welcher Auffas-
sung/Meinung tendierst du?" (*Mensch und Raum Erdkunde 9/10
Realschule Nordrhein-Westfalen* (2005, 31).
Der überwiegende Teil der Aufgaben, die auf Ambivalenzen einge-
hen und Begründung und Beurteilung einfordern, stammen aus wenigen Büchern. Oft beschränken sich die Bücher darauf, eher generell im Text auf den Konflikt zu verweisen, ohne in den Aufgaben zu
Positionierungen aufzufordern. Hier gibt es sicherlich einen gewissen
Nachholbedarf.
Handlungskompetenz hat auch bei der Behandlung von (Flächen-
nutzungs-)Konflikten verschiedene Facetten: das Wissen über Handlungsmöglichkeiten, das Abschätzen von Handlungsfolgen, aber auch
die Bereitschaft – in Aufgabenform Aufforderung – zu eigenen Aktivitäten. Auf Handlungsmöglichkeiten gehen die Bücher verschiedentlich
ein, z. B.:

„Erläutere und bewerte die Mitwirkungsmöglichkeiten der Bürger und Umweltverbände im Rahmen des Raumordnungsverfahrens" (*Diercke Geographie für Thüringen Klasse 10 Gymnasium* 2004, 78).
„Nenne geschützte Landschaften im Heimatraum. Wie kannst du den Naturschutz aktiv unterstützen?" (*Diercke Geographie für Thüringen Klasse 10 Gymnasium* 2004, 75).
Und bei größerer Aktivität der Lernenden:
„Finde in der Tageszeitung Beispiele für Bürgerbeteiligungen in Zusammenhang mit Bebauungsplänen. Berichte" (*Mensch und Raum Erdkunde 9/10 Realschule Nordrhein-Westfalen* 2005, 25).
In einem Oberstufenband heißt es:
„Versetzen Sie sich in die Lage eines Bürgers, der ein Eigenheim in seinem Wohnort bauen will, und legen Sie dar, über welchen planerischen Fragen er sich kundig machen muss (M307.1-M307.3)" (*Mensch und Raum Geographie Oberstufe* (2007, 307).

Auch die Folgenabschätzung von Planungen wird durchaus thematisiert, allerdings nicht in Bezug auf eigene Handlungen der Lernenden.
„Das Möbelhaus IKEA möchte an der A71 im Gebiet des Erfurter Flughafens ein Möbeleinkaufszentrum errichten. Stelle Vor- und Nachteile dieses Planes zusammen und bewerte diese" (*Diercke Geographie für Thüringen Klasse 10 Gymnasium* 2004, 83).

Das eigene Handeln – abgesehen von der Informationsbeschaffung – wird in diesen Kontexten aber nicht gefordert, würde wohl auch aufgesetzt wirken. Interessanterweise geht aber ein Band, *Diercke Geographie für Thüringen Klasse 10 Gymnasium* (2004, 73), im Text darauf ein: „Schüler mischen sich ein" – „für den Erhalt der Natur in der Rüdigsdorfer Schweiz" durch Dokumentation des „Naturreichtums" im geographisch-biologischen Projektunterricht. Auch wenn die Aufgaben dies an dieser Stelle nicht aufgreifen, mag es durchaus als nachahmenswertes Beispiel für ähnlich geartete Fälle verstanden werden. Auf der folgenden Doppelseite fordert dann eine Aufgabe:
„Erkunde, ob es in deinem Umfeld ebenfalls Rohstoffabbau oder neue Gewerbegebiete gibt, die eine Veränderung der Flächennutzung bewirken. Verfolge die einzelnen Schritte der Raumplanung und beachte besonders die Mitwirkung der Bevölkerung" (*Diercke Geographie für Thüringen Klasse 10 Gymnasium* 2004, 75).
Dies mag implizit als Aufforderung verstanden werden. Letztlich ist Handlungsbereitschaft in diesem Kontext aber wohl nur schwer über Schulbücher zu vermitteln und über Aufgaben abzufragen, so dass ein Fehlen entsprechender Aufgabenstellungen nicht verwundert.

„Trockenübungen" für Handlungsmöglichkeiten finden sich auch vereinzelt anderenorts:

„Kompromisse als Konfliktdämpfer. Wie könnte in der Raumplanung theoretisch vorgegangen werden? Mache Vorschläge für „deine" Modell-Konfliktfälle aus der Aufgabe 4" (*Mensch und Raum Erdkunde 9/10 Realschule Nordrhein-Westfalen* (2005, 23).

Die in den Büchern verschiedentlich aufgegriffene Alternative, der neben Kommunikations- und Beurteilungs- bzw. Bewertungskompetenz auch ein Handlungsaspekt innewohnt, ist das Rollenspiel.

Terra Geographie 1 Gymnasium Rheinland-Pfalz und Saarland (2008, 268) formuliert zur Begründung seiner Aufgabe „Führt ein Rollenspiel zur dargestellten Konfliktsituation durch" – der Verlagerung eines Dorfes im Rahmen des Braunkohleabbaus:

„Durch das Spielen von Konfliktsituationen werden uns Streitfälle des Alltags mit unterschiedlichen Meinungen deutlicher vor Augen geführt. Wir erfahren, was Interessenskonflikte sind. Auch können wir lernen, mit diesem besser umzugehen, indem wir uns in andere einfühlen, unsere Standpunkte fair vertreten, nach Kompromissen suchen und Probleme lösen."

So können wir festhalten, dass zusammengenommen durchaus alle Kompetenzbereiche in den Aufgabenstellungen der Bücher, die Flächennutzungskonflikte anschneiden, angesprochen werden (Abb. 5.1). Zwar dominiert das Fachwissen, gefolgt jedoch von Beurteilung und Bewertung. An letzter Stelle stehen spezifisch methodenorientierte Aufgaben. Blickt man allerdings auf die einzelnen Bücher, so müssen wir feststellen, dass die Abdeckung der Kompetenzbereiche doch recht ungleichgewichtig erfolgt.

Zum einen räumen die einzelnen Bände, die eine nutzungskonfliktrelevante Thematik ansprechen, dieser doch auch in den Aufgabestellungen unterschiedlichen Raum ein. In einzelnen Büchern finden sich nur wenige Aufgaben in den relevanten Einheiten. Dann überwiegen die an Fachwissen orientierten Aufgaben, die in einem Fall gar die Gesamtheit aller Arbeitsaufträge ausmachen. In anderen Büchern werden die Themen breiter abgehandelt. Hier findet sich eine größere Bandbreite an Aufgabenstellungen. Auch hier dominieren aber z. T. Fachwissen und Orientierung im Raum, was die „klassische Wissensorientierung" (HOFFMANN, K. W. 2009, 105) des Fachunterrichts spiegelt. Nur in einem Fall spielen diese Bereiche eine untergeordnete Rolle: in *Mensch und Raum Erdkunde für die Realschule in Nordrhein-Westfalen*, vor allem in der Klassenstufe 5/6, abgeschwächt auch in 9/10. Hier wird das Schwergewicht eindeutig auf das Urteilesfähigkeit und

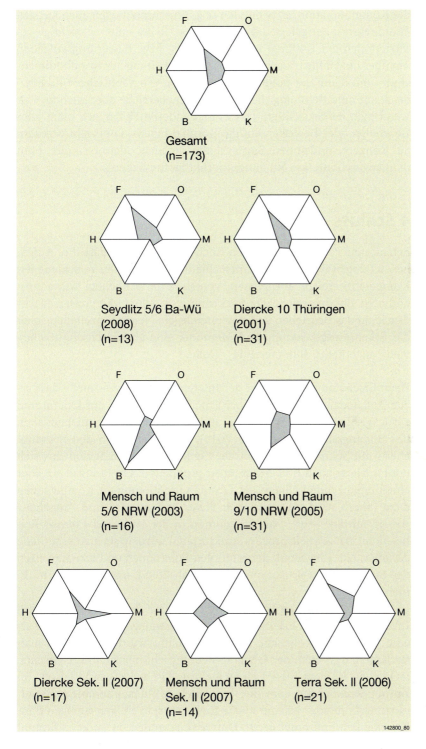

Gesamt
(n=173)

Seydlitz 5/6 Ba-Wü
(2008)
(n=13)

Diercke 10 Thüringen
(2001)
(n=31)

Mensch und Raum
5/6 NRW (2003)
(n=16)

Mensch und Raum
9/10 NRW (2005)
(n=31)

Diercke Sek. II (2007)
(n=17)

Mensch und Raum
Sek. II (2007)
(n=14)

Terra Sek. II (2006)
(n=21)

Abb. 5.1:
„Kompetenz-
spinnen" der auf
Landnutzungs-
konflikte bezo-
genen Aufga-
bestellungen in
Schulbüchern
(in % der
Zuordnungen,
n = Anzahl der
Zuordnungen,
Mehrfachzuord-
nungen möglich)

142800_80

79

die Kommunikation, aber mit den o. g. Einschränkungen auch auf den Handlungsaspekt gelegt. Lässt man diese Reihe unberücksichtigt, reduziert sich der Umfang der Beurteilungs- bzw. Bewertungsaufgaben um über die Hälfte. Aus Sicht der Herausarbeitung der Konfliktdimension – und damit der politischen Dimension geographischer Bildung – erscheint eine Betonung dieser Kompetenzbereiche aber wichtig, v. a. wenn man berücksichtigt, dass in den anderen Fällen sich nicht alles Beurteilen oder Bewerten auf die Konfliktdimension bezieht, sondern auf Konzepte und andere Sachverhalte, die nicht oder nur indirekt mit dem angeschnittenen Nutzungskonflikt zu tun haben.

4 Schluss

Schaut man so auf die einzelnen Bücher, erweist sich, dass ihre Aufgabenstellungen doch in sehr unterschiedlichem Maß die verschiedenen Kompetenzbereiche ansprechen. Von stark an fachlichem Wissen orientierten Bänden reicht das Spektrum zu solchen, die großen Nachdruck auf das Beurteilen und Bewerten legen. Nur in Einzelfällen spielt die Erkenntnisgewinnung und Methodik eine überdurchschnittliche– wenn auch keine dominierende – Rolle.

Beim Erscheinungsjahr vieler der Bücher verwundert es nicht, dass sie zur Aufgabenformulierung (noch) nicht systematisch auf Operatoren zurückgreifen. Auch erscheinen, anders als bei den Beispielaufgaben der Bildungsstandards (DGfG 2010), die Aufgaben in den Schulbüchern nur selten als das zentrale Element der Einheit, um das sich herum Materialien und Autorentext gruppieren. Oft besitzen sie eher einen ergänzenden Charakter. Ob die Orientierung an Kompetenzen dazu führen wird, dass sich hier etwas ändern wird und Aufgaben/ Arbeitsaufträge – wie vor Jahrzehnten in der *Welt und Umwelt*-Reihe– den Lern-/Arbeitsprozess strukturieren werden, sei an dieser Stelle dahingestellt. Eingedenk der multiplen Funktionen und Einsatzweisen des Schulbuchs (vgl. BULLINGER, R. et al. 2005), erscheint dies m. E. nicht zwingend.

Wenn einleitend der Umgang mit einer Vielfalt von Meinungen und Interessen und das Erlernen von Lösungsstrategien für Konflikte als eine gesellschaftspolitische Aufgabe genannt wurden, so kann man festhalten, dass auch der Geographieunterricht in seinem spezifischen fachlichen Kontext hierzu einen Beitrag leisten kann und leistet. Im Zusammenhang mit dem hier behandelten Themenkomplex „Raumnutzungskonflikte" ist eine solche Zielsetzung in einigen wenigen Bänden deutlich und prägt ganze Unterrichtsstunden, in anderen kommt sie neben fachspezifischen Aspekten zum Tragen, in einer Vielzahl der Fälle spiegelt sich dieser Hintergrund allerdings kaum in den Aufgabenstellungen. Wenn diese auch in dem hier behandelten begrenzten Ausschnitt als valider Indikator für die Zielsetzung dienen können, die die Autoren mit dem Unterricht verbinden, reflektieren die Bücher schon ein unterschiedliches Verständnis von dem, was Geographieunterricht leisten soll – und hiermit eine Pluralität von Meinungen – innerhalb unserer Zunft.

Anmerkungen

[1] Ausführlicher hierzu und zum Folgenden siehe Stöber (i.Vorb.).

[2] *Diercke Geographie 9 für Thüringen* (2003, 8f.).

[3] *Seydlitz 2 Thüringen* (2005, 146 f.).

[4] *Geografie 7 Sachsen* (2004, 64 f.).

[5] *Unsere Erde 7* (2002, 56 f.).

[6] *Heimat und Welt 9 für Berlin* (2001, 20–23); *Heimat und Welt 7/8 für Brandenburg* (2008, 138-143); *Mensch und Raum Geographie 7/8 Ausgabe Berlin* (2009, 84–89); *Terra Geographie 7/8 Berlin* (2006, 96–99).

[7] „Kann Telefonieren tödlich sein?", *Mensch und Raum Erdkunde 5/6 Realschule Nordrhein-Westfalen* (2003, 103).

[8] So die Doppelseite „Alp(en)traum" im Kapitel „Wohin in Ferien und Freizeit", *Terra Erdkunde 1 Gymnasium Nordrhein-Westfalen* (2008, 172 f.). Der Lehrerband (2008, 145) nennt als Lernziel u. a.: „Die Schülerinnen und Schüler sollen [...] – erkennen, dass es im Alpenraum Nutzungskonflikte zwischen Umwelt und Wirtschaft gibt".

Holger Jahnke

6 Das „geographische Bild" und der „geographische Blick" – Von der Bildlesekompetenz zur Fotoperformanz

> „In the classroom, a geography lecture without slides is as anomalous as an anatomy lecture without bones."
> (TUAN, Y.-F. 1979, 413)

Bilder in Form von Fotos, Dias oder Powerpoint-Folien sind konstitutiver Bestandteil des geographischen Fachunterrichts und dienen vorwiegend der „Anschauung", so dass ihre Verwendung bislang keiner weiteren Diskussion bedurfte. Das Zusammenkommen von drei unterschiedlichen Diskussionen stellt jedoch den Einsatz von Bildern im Geographieunterricht in ein neues Licht, und öffnet den Blick auf die Frage nach einer geographischen Bildkompetenz:

1. Die fachgeographische Debatte um Bilder und das Visuelle in der Geographie rückt Bilder in den Fokus der Betrachtung und stellt gleichzeitig die Frage nach dem Verhältnis von Bild und Wirklichkeit. Bilder werden in der Geographie dann nicht mehr als neutrale Abbilder der Realität betrachtet, sondern sind in ihrer Entstehung und Verwendung eingebettet in gesellschaftliche und kommunikative Kontexte, die es bei der Bildrezeption und -interpretation zu berücksichtigen gilt.

2. Die Kompetenzdebatte innerhalb der geographischen und anderer Fachdidaktiken wirft im Zusammenhang mit der Entwicklung der Bildungsstandards für das Fach Geographie die Frage auf, welche Kompetenzen Schüler eigentlich durch den Umgang mit oder in Hinblick auf Bilder im Geographieunterricht erwerben sollen. Hier ist vor allem der Begriff der Bildlesekompetenz zu betrachten, auch als *visual literacy* bezeichnet, der in Analogie zur (allgemeinen) Lesekompetenz die Aufmerksamkeit auf das (richtige) Bildverstehen richtet.

3. Die interdisziplinär geführte medienpädagogische Debatte rückt das Verhältnis zu und den Umgang mit Bildern oder Bilderwelten grundlegend in ein neues Licht. Die Proliferation von Bilderwelten in aktuellen Mediengesellschaften hat unseren Umgang mit Bildern, und ganz besonders den Umgang unserer Schülerinnen und Schüler mit Bildern nachhaltig verändert.

Im vorliegenden Beitrag wird versucht, diese Debatten aufzugreifen und zu einer Skizze eines Modells einer geographischen Bildkompetenz zusammenzuführen. Damit werden die aktuellen fachwissenschaftlichen Diskussionen um das Visuelle für die Fachdidaktik fruchtbar gemacht und auf ein Forschungsdefizit hingewiesen, welches sich zum einen auf die Empirie des Bildeinsatzes im Geographieunterricht bezieht, zum anderen aber auch die Frage nach den bildbezogenen Kompetenzen stellt. Darauf aufbauend werden am Ende Gedanken zu einer geographiespezifischen Bildgestaltungskompetenz als Fotoperformanz entwickelt.

1 Die Wende zum Bild

Soeben wurde in einem zweibändigen Werk das 20. Jahrhundert rückblickend als das „Jahrhundert der Bilder" (vgl. PAUL, G. 2008; 2009) apostrophiert und damit eine Dokumentation vorgelegt, die das sogenannte visuelle Zeitalter und die damit verbundene „bildmediale[n] Durchdringung fast aller Lebensbereiche" (SACHS-HOMBACH, K. 2009, 7) eindrucksvoll dokumentiert.

In den Kultur- und Sozialwissenschaften spricht man nach der abflauenden Debatte um den *„linguistic turn"* und den *„spatial turn"* nun vermehrt von einem *"pictorial turn"*, *"iconic turn"*, *"imagic turn"*, *"visual turn"* und *"visualistic turn"* (vgl. SACHS-HOMBACH, K. 2009, 7; SCHLOTTMANN, A. & J. MIGGELBRINK 2009, 13; THORNES, J.E. 2004). Diese Wende hat nicht nur in den Kultur- und Geisteswissenschaften eine eigenständige Bild- und Medienwissenschaft bzw. eine *„visual science"* bzw. *„visual studies"* befördert, sondern inzwischen auch die Medienpädagogik (MIKOS, L. 2000; TREUMANN, K. P. 2002), Naturwissenschaften und die Hirnforschung involviert (vgl. HUBER, H. D. 2002; THEUNERT, H. 2006; SINGER, W. 2004; MATHIAK, K. & R. WEBER 2006).

Auch in der angelsächsischen Geographie entwickelt sich seit einigen Jahren eine Debatte um den *„visual(istic) turn"* (vgl. ROSE, G. 2003; DRIVER, F. 2003; THORNES, J.E. 2004; ROSE, G. 2008). Dabei wird festgestellt, dass die Geographie schon lange eine *„visual discipline"* bzw. *„a form of visual knowledge"* (ROSE, G. 2003, 212) sei, und fast überschwänglich schreibt Thornes: *"The Visual is the Crown of Human and Physical Geography"* (THORNES, J.E. 2004, 788) und sieht im Visuellen den Kitt, der die gespaltene Disziplin zusammenhalten könne.

In Deutschland wurde die Diskussion über das Bild in der Geographie jüngst unter der Überschrift „visuelle Geographien" (vgl. SCHLOTTMANN, A. & J. MIGGELBRINK 2009; MIGGELBRINK, J. 2009) in einem umfangreichen Editorial zusammengefasst. Die Autorinnen erkennen – aus sozialgeographischer Sicht – zwei „Ausrichtungen geographischer Bild-Reflexion": Die eine betrachtet Bilder nicht mehr als „Abbild von Welt, sondern als machtvolle Mittel der Welterzeugung" und damit als „visuelle Produkte zweckgerichteten, insbesondere wissenschaftlichen Tuns" (ebd., 14). Die andere Perspektive richtet das Interesse auf „[d]ie Praktiken der Konstitution und Aneignung raum-zeitlicher Wirklichkeiten" im Bild und durch Bilder (ebd., 14). In ihrer „Analyse von Gesellschaft-Raum-Verhältnissen" (ebd., 20) betonen sie die Frage nach versteckten sozialen Machthierarchien in räumlichen Visualisierungen.

Losgelöst von der fachwissenschaftlichen Diskussion in der Geographie gibt es auch in der Fachdidaktik eine Auseinandersetzung mit Bildern, die sich traditionell mit den Kriterien des „geographischen Bildes" sowie dessen Einsatz im Unterricht beschäftigt.

2 Die neue Reflexion über das Bild

Im Vergleich zu anderen Wissenschaften haben Bilder in der Geographie primär eine „epistemische Funktion" (nach SACHS-HOMBACH, K. 2002, 30–35). Zum einen können Bilder als empirische Basis wissenschaftlicher Erkenntnis dienen, wenn sie Wirklichkeitsbereiche zeigen, die ansonsten nicht zugänglich sind. Was Sachs-Hombach (ebd., 20) beispielsweise auf Mikroskopaufnahmen bezieht, trifft auf die Geographie gleichermaßen zu. Zum anderen werden Bilder als „visuelles Argument" eingesetzt: „Als wissenschaftliche Basis bzw. als Wahrnehmungsersatz können indexikalische Bilder wie Fotografien natürliche Fakten zur Sicherung von Erkenntnisansprüchen liefern" (ebd., 33). Während die Geographie im genannten Sinne Bilder regelhaft als „Wirklichkeitsersatz" einsetzt, beschäftigt sich die Bildwissenschaft vor allem mit dem Verhältnis von Bild und Wirklichkeit, mit der Logik des Bildes sowie dem Verhältnis von Bild und Sprache.

2.1 Das Verhältnis von Bild und Wirklichkeit: Das Bild ist eine eigene (Bild)wirklichkeit

In der Bildwissenschaft werden Bilder nicht primär in ihrer Indexikalität behandelt, also nicht als Repräsentanten einer abwesenden Wirklichkeit, sondern als eigene Bildwirklichkeiten: „Das Bild wird [...] zu einer eigenen Wirklichkeit und nicht das Abbild einer wie auch immer „wahr" gearteten Wirklichkeit" (FELLMANN 1998: 190, zitiert in MIGGELBRINK, J. 2009, 182).

Aus diesem Spannungsfeld zwischen dem Bild als Abbildung von Wirklichkeit und dem Bild als (Bild)wirklichkeit ergibt sich eine Doppelfunktionalität, die insbesondere im Falle von Fotografien, wie sie in der Geographie verwendet werden, relevant wird: Denn zum einen stellen diese Bilder in aller Regel einen Ausschnitt aus der Realität dar, zum anderen ist es aber unvermeidlich, dass sie auch einen unendlichen Horizont möglicher interpretativer Rezeptionen eröffnen: „[Das Bild] ist ein Ding und Nicht-Ding zugleich, befindet sich in der Mitte zwischen schierer Tatsächlichkeit und luftigen Träumen: das Paradox einer realen Irrealität" (BOEHM, G. 2005, 30).

Aus Sicht der Geographiedidaktik entsteht dadurch zunächst eine gewisse Ratlosigkeit, denn in aller Regel verweist jedes im Geographieunterricht verwendete Bild auf eine andere Wirklichkeit, also einen Erd- oder Landschaftsausschnitt, den es repräsentiert und welcher der eigentliche Gegenstand des Unterrichts ist. Wir sprechen also im Unterricht über die dargestellten Landschaften, Siedlungen oder Vegetationsformationen, ohne dabei die Darstellungsweise oder die Absicht des Fotografen zu hinterfragen. Darüber hinaus entwickelt jedes Bild aber auch eine Bildwirkung, löst bei Schülerinnen und Schülern Assoziationen, Emotionen oder Erinnerungen aus, die zwar nicht im Bild selbst erkennbar sind, aber die Bildrezeption möglicherweise mit- oder überprägen.

2.2 Die Logik des Bildes: Das Bild besitzt eine eigene Logik

Der zweite Punkt betrifft die Besonderheit von Bildern in der zwischenmenschlichen Kommunikation. Wenngleich immer wieder von der „Sprache der Bilder" gesprochen wird, unterscheidet sich diese grundlegend von der eigentlichen Sprache. Denn die Logik der Sprache ist eine lineare Logik, die beispielsweise die Konstruktion von Argumenten ermöglicht, wohingegen Bildern eine nichtlineare, simultane Logik inne wohnt, die sich erst in ihrer Wahrnehmung manifestiert:

„Diese Logik [des Bildes] ist nicht-prädikativ, das heißt nicht nach dem Muster des Satzes oder anderer Sprachformen gebildet. Sie wird nicht gesprochen, sie wird wahrnehmend realisiert" (BOEHM, G. 2005, 28f.).

Für den Geographieunterricht stellt sich das Problem, dass alle Formen der Bildbeschreibung, Bildanalyse und Bildinterpretation grundsätzlich sprachlich artikuliert werden. Die Wahrnehmung des Bildes beim Schüler oder bei der Schülerin wird somit immer innerhalb der Sprachlogik artikuliert. Folgt man der Annahme der Bildwissenschaft einer grundlegend unterschiedlichen inneren Logik von Bild und Sprache, so erweisen sich sprachliche Äußerungen über Bilder zwangsläufig als inadäquater Ausdruck einer wie auch immer gearteten Bildlesekompetenz.

2.3 Das Verhältnis von Bild und Sprache: Zweifel an der Überlegenheit der Sprache

Die unterschiedlichen Logiken von Sprache und Bild eröffnen gleichzeitig die Frage nach dem Verhältnis von Sprache und Bild. Aus der Tatsache, dass gesellschaftliche Kommunikation über Bilder meist sprachlich erfolgt, scheint sich ein hierarchisches Verhältnis dieser beiden Kommunikationsformen abzuleiten, welches auf das Primat der Sprache gegenüber dem Bild verweist. Die wachsende Bedeutung der bildmedialen Durchdringung der gesellschaftlichen Kommunikation verleitet Böhm jedoch zur Suche nach einer „neue[n] Verhältnisbestimmung, die das Bild nicht länger der Sprache unterwirft, vielmehr den Logos über seine eingeschränkte Verbalität hinaus, um die Potenz des Ikonischen erweitert und ihn dabei transformiert" (BOEHM, G. 2005, 30).

Der Logos erfährt somit durch die Bildsprache eine Erweiterung auf neue Sinnebenen, die jenseits des Verbalisierbaren liegt und für andere Erfahrungen von Sinn(lichkeit), beispielsweise durch das Visuelle oder das Taktile geöffnet wird: „Jenseits der Sprache existieren gewaltige Räume von Sinn, ungeahnte Räume der Visualität, des Klanges, der Geste, der Mimik und der Bewegung. Sie benötigen keine Nachbesserung oder nachträgliche Rechtfertigung durch das Wort. Der Logos ist eben nicht nur die Prädikation, die Verbalität und die Sprache. Sein Umkreis ist bedeutend weiter" (BOEHM, G. 2005, 43).

Die Konsequenzen für den Unterricht, aber auch für die Kompetenzdebatte, sind damit weitreichend. Folgt man der Boehm'schen Annahme, dass diese Ebenen des Logos jenseits der Sprache anzusiedeln sind und somit der sprachlichen Repräsentation gar nicht zugänglich, so lässt sich ein kompetenter Umgang mit Bildern, oder eine visuelle Kompetenz, nicht auf der Grundlage sprachlicher Äußerungen beurteilen. Folglich müsste ein bildorientierter Geographieunterricht Schülerinnen und Schüler anleiten, sich in der Sprache der Bilder auszudrücken.

2.4 Medienpädagogische Konsequenz: Entwicklung von Medienkompetenz

Wenn das Ziel der Medienpädagogik die Entwicklung von Medienkompetenz als „kompetenter" Umgang mit Medien ist, so realisiert sich dieser „Umgang" nicht primär sprachlich, auch nicht technisch, sondern vielmehr als Handlungskompetenz in einer medial durchdrungenen Welt. Bezogen auf Bilder lässt sich Medienkompetenz dann verstehen als die Fähigkeit, eigene Handlungsziele in einer von Bildern geprägten Welt zielgerichtet umsetzen zu können. Dazu müssen die Schülerinnen und Schüler zunächst den „Logos der Bilder" im Boehm'schen Sinn erfassen, um sich anschließend in der Bilderwelt bewegen zu können. Hierzu bedarf es zunächst keiner weitreichenden Sprachkompetenz: „Kinder und Jugendliche müssten dann darin kompetent sein, die Konstruktionen der Welt in dieser spezifischen Kultur zu erfassen, um sich so mit ihren Erfahrungen und Erlebnissen in eben dieser Kultur positionieren zu können" (MIKOS, L. 2000, 10).

Für die Geographie in ihrem Selbstverständnis als visuelle Disziplin ergeben sich hieraus grundlegende Fragen. Ist es in einer bild- und mediendurchdrungenen Gesellschaft noch möglich, Bilder im Unterricht als Realitätsersatz einzusetzen, ohne dabei gleichzeitig ihre Bildhaftigkeit zu reflektieren? Die Vermutung liegt nahe, dass medienkompetente Schülerinnen und Schüler dies auf jeden Fall tun werden. Welche Bilder sind dann für einen Geographieunterricht in der Mediengesellschaft noch geeignet? Welcher Umgang mit Bildern ist dann im geographischen Fachunterricht angemessen?

3 Das „geographische Bild"

Die Frage nach dem „geographischen Bild" beschäftigt die Geographie schon seit das Bild Einzug in die Erdkundebücher erhalten hat. Als Brücke zwischen unmittelbarer und mittelbarer Anschauung hatten in der ersten Hälfte des 20. Jahrhunderts die sogenannten „geographischen Anschauungsbilder" Konjunktur, welche eine hohe Ähnlichkeit mit Fotografien besaßen, die Realität der sichtbaren Phänomene aber gewissermaßen didaktisch glätteten. Folglich musste das geographische Anschauungsbild auch keinen Wahrheits- oder Objektivitätskriterien genügen: „Es ist nicht absolut nötig, daß die geographischen Anschauungsbilder ein photographisch treues Bild der Landschaft sind. Es dürfte häufig der Fall vorkommen, daß sie komponiert sind, d. h. daß man mehrere zusammengehörige Erscheinungen auf einem Bilde zu einer Gruppe vereinigt hat. Selbstverständlich ist, daß man der Natur auf dem Bilde keinen Zwang antut, was geschieht, wenn man Objekte zusammenbringt, die in der Natur nie zusammen vorkommen" (KORSCH, H. 1913, 98).

Die normative Diskussion um die Charakteristika geographischer Bilder beschränkte sich aber nicht auf die Anschauungsbilder, sondern lebt auch nach dem Einzug der Fotografien in die Lehrbücher und die damit verbundene, schleichende Verdrängung der Anschauungsbilder weiter fort.

Exemplarisch lässt sich dies in Alfred Hettners „Die Geographie. Ihre Geschichte, ihr Wesen und ihre Methoden" von 1927 nachvollziehen, in welchem der Autor dem „geographischen Bild" ein eigenes, umfangreiches Kapitel widmet. Alfred Hettners Bemühungen richten sich vor allem darauf, das wissenschaftliche „geographische" Bild vom künstlerischen Bild analytisch zu trennen, wobei nicht die objektive Darstellung, sondern das normale, typische, realistische und naturtreue Abbild der Wirklichkeit zu Qualitätskriterien des „geographischen Bildes" werden.

Der in den Büchern vermehrt aufkommenden Fotografie steht er hingegen mit Skepsis gegenüber: „Viele Geographen sowie Leser und Käufer geographischer Bücher wollen nur noch die Photographie gelten lassen, in der Meinung, daß nur sie [...] in vollem Sinne naturwahr sei." (HETTNER, A. 1927, 376). Alfred Hettner weist einschränkend darauf hin, dass „auch in der Photographie in der Wahl des Standpunktes und des Zeitpunktes der Aufnahme die Subjektivität und der Zufall hineinspielen" (HETTNER, A. 1927, 376). Nachteilig erweist sich zudem die Fülle der Einzelheiten in der Fotografie, „denn hinter den Einzelheiten tritt oft das Wesen zu sehr zurück und ein anmutiger Vordergrund, den der künstlerische Photograph sucht, verdeckt oft zu sehr die eigentliche Ansicht, auf die es dem Geographen ankommt" (HETTNER, A. 1927, 376).

Damit überträgt Alfred Hettner die Qualitätskriterien des geographischen Anschauungsbildes auf die (geographischen) Fotografien, die zu seiner Zeit verstärkt Einzug in die Lehrwerke des noch jungen Faches erhalten. Die offensichtlichen Vorteile der Naturtreue und der Objektivität, die man zu jener Zeit durchaus der Fotografie zuschreiben konnte, treten dabei gegenüber der Gefahr des versperrten Blicks auf das Wesentliche in den Hintergrund. Auch das Risiko der Manipulation der Wirklichkeit sieht Alfred Hettner eher bei der Fotografie als beim Anschauungsbild. Die Funktion von Bildern in der geographischen Wissensproduktion als Darstellungsmedium für das Wesentliche, wird bei ihm somit vom Anschauungsbild zur Fotografie übertragen.

Die Frage nach dem „geeigneten Bild" spielt auch in aktuellen fachdidaktischen Werken eine zentrale Rolle, da nicht jedes Bild für die Verwendung im Geographieunterricht geeignet erscheint. Kriterien für die „Bildauswahl" schlägt beispielsweise D. Stonjek vor (KÖCK, H. & D. STONJEK 2005, 44). Zu Beginn sollte die Frage nach der „Bildaussage" stehen, welches dem „Was zu sehen ist" bzw. dem Informationsgehalt des Bildes zuzuordnen ist. Mit Blick auf die „Bildgestaltung" gilt es die „Blicklenkung", die „Anmutungsqualität" und den „Motivationswert" zu berücksichtigen. Dem „Realitätsausschnitt" nähert man sich mit der Frage nach dessen Subjektivität und der Begrenztheit des Mediums. Das letzte Kriterium ist schließlich die „Unterrichtsrelevanz", unter der die „Altersgemäßheit" und die Frage nach der Passgenauigkeit zum Curriculum gefasst wird (KÖCK, H. & D. STONJEK 2005, 44).

4 Bilder im Geographieunterricht

Im Gegensatz zum Einsatz von Bildern in anderen Fächern (z. B. Kunst, Politik, evtl. Geschichte), in denen diese im Kontext ihrer jeweiligen Entstehungsbedingungen (z. B. Autorenschaft, Auftraggeber) bzw. ihrem Publikationskontext diskutiert und interpretiert werden, ist das geographische Bild regelhaft in seiner Entstehung anonym und „nur illustrativ", damit vermeintlich wert- und intentionsfrei. Während Bilder in Kunst und Politik im Rahmen von Ästhetik, Fiktionalität und Intentionalität diskutiert werden, ist das geographische Bild vor allem Instrument der mittelbaren bzw. vermittelten Wahrnehmung (z. B. KÖCK, H. 2006, 26). Diese implizite Neutralität ist die Voraussetzung für seinen Einsatz als „Realitätsersatz" im Geographieunterricht, denn auf diese Weise vermag das Bild oder Foto die Wahrnehmung bis zu einem gewissen Grad zu ersetzen.

Der konkrete Umgang mit Bildern im Sinne einer Bildbeschreibung, Bildanalyse oder Bildinterpretation orientiert sich in der Grobstruktur an den bestehenden „klassischen" Bildinterpretationsschritten, wie sie in der Literatur zur Bildanalyse immer wieder erscheinen: vom „Bild lesen" über das „Bild analysieren" zum „Bild interpretieren bzw. Bild bewerten".

Für die Geographie hat H. Haubrich (vgl. HAUBRICH, H. 1995) paradigmatisch die einzelnen Schritte mit einem Kanon von Operatoren systematisiert, die sich in der fachdidaktischen Literatur als Standard etabliert haben und in dieser Form auch regelhaft in Grundlagenwerken reproduziert werden (vgl. z. B. RINSCHEDE, G. 2003, 30; BRUCKER, A. 2006, 177). H. Haubrich selbst hat aber schon 1995 darauf hingewiesen, dass die Liste der genannten Operatoren weder vollständig ist, noch in der genannten Reihenfolge bearbeitet werden müsse:
1. Beobachten, 2. Benennen, 3. Aufzählen, 4. Beschreiben, 5. Vergleichen, 6. Verorten, 7. Erklären, 8. Ergänzen, 9. Bewerten, 10. Prüfen.

Trotz dieser differenzierten Vorgehensweise, wird von verschiedenen Autoren bezweifelt, dass in der Unterrichtspraxis die systematische „Bildanalyse" oder „Bildinterpretation" als schrittweise vertiefende Erschließung unterschiedlicher Dimensionen eines Bildes überhaupt stattfindet: U. Hieber und T. Lenz äußern sich mit Bezug zu M. Reuschenbach (2007) diesbezüglich eher skeptisch: „Eine methodisch aktive und vielfältige Auseinandersetzung mit Bildmaterialien findet eher selten statt" (HIEBER, U. & T. LENZ 2007, 3), allenfalls im Bereich der Luft- und Satellitenbilder. Vielmehr muss angenommen werden, dass dem Foto in der Unterrichtspraxis häufig primär eine Illustrations- bzw. Anschauungsfunktion zugewiesen wird, und der Stundeneinstieg mit der entsprechenden Motivationsfunktion der häufigste didaktische Ort ist.

Selten hingegen werden Bilder in ihrer Bildlichkeit im Erdkundeunterricht reflektiert. Hierbei geht es zum einen um die Subjektivität eines jeden Bildes, zum anderen um die Grenzen der vorliegenden bildhaften Darstellung. Denn das Bild – wiederum als Fotografie verstanden – beschränkt sich auf den visuellen Sinn, auf einen bestimmten zeitlichen Moment, und einen bestimmten räumlichen Ausschnitt:
„Das Bild informiert 1. über einen Ausschnitt ausschließlich aus der sichtbaren, also nur der visuell wahrnehmbaren Realität, 2. über einen Augenblicksmoment der Wirklichkeit, 3. über einen subjektiven Ausschnitt der Wirklichkeit, 4. mit authentischen Informationen" (STONJEK 1997: 75, zit. in BRUCKER, A. 2006, 176).

5 Bilder und Kompetenzen in den Bildungsstandards

Gemessen an der Bedeutung, die Bildern in der Geschichte und Praxis des Faches in Forschung, Lehre, Publikationen, Schulbüchern und Unterricht zugeschrieben wird, finden sie in den Bildungsstandards für den mittleren Schulabschluss bislang wenig Aufmerksamkeit. Die Begriffe „Bild" oder „Foto" tauchen lediglich in den Kompetenzbereichen „Methoden", „Kommunikation" und „Beurteilen/Bewerten" auf, wobei keine klare Unterscheidung zwischen Fotografie und Bild erkennbar ist.

Im Kompetenzbereich Erkenntnisgewinnung/Methoden (DGfG 2010) erscheint das Foto und das Luftbild neben Karte und anderen Informationsquellen unter den „geographisch/geowissenschaftlich relevanten Informationsquellen, -formen und -strategien" (M1). Die Schülerinnen und Schüler sollen diese „nennen" sowie „grundlegende Strategien der Informationsgewinnung [...] beschreiben" (S2) können. Darauf aufbauend sollen sie die Fähigkeit entwickeln „Informationen zur Behandlung von geographischen/geowissenschaftlichen Fragestellungen zu gewinnen" (M2), indem sie „problem-, sach- und zielgemäß Informationen aus Karten, Texten, Bildern, Statistiken, Diagrammen usw. auswählen" (S4).
  Im Kompetenzbereich Kommunikation (K1) taucht das Bild unter der Fähigkeit auf „geographisch/geowissenschaftlich relevante Mitteilungen zu verstehen und sachgerecht auszudrücken" (K1). Hier sollen die Schülerinnen und Schüler „geographisch relevante Sachverhalte/Darstellungen (in Text, Bild, Grafik etc.) sachlogisch geordnet und unter Verwendung von Fachsprache ausdrücken" können (S2).
  Im Kompetenzbereich Beurteilung/Bewertung, der sich mit der fachlichen Beurteilung der zuvor gewonnenen Informationen beschäftigt, erfahren die Schülerinnen und Schüler „die unterschiedliche Aussagekraft von Karte, Luft- und Satellitenbild oder sie erkennen die verschiedenen Möglichkeiten der Steuerung, wenn sie Zahlen aus Statistiken in Karten oder Diagramme umsetzen" (B2).

Den Bildungsstandards für den mittleren Schulabschluss (DGfG 2010) zufolge sollen Schülerinnen und Schülen also Bilder als Informationsquellen kennen, diesen Informationen entnehmen und Mitteilungen in Fachsprache ausdrücken können sowie deren Aussagekraft beurteilen können. Unter Bild wird dabei sowohl das Foto als auch das Luft- oder Satellitenbild verstanden.

Demgegenüber entwickelt sich in der aktuellen Geographiedidaktik die Forderung nach einer stärkeren Auseinandersetzung mit Fragen der Bildlesekompetenz:

"Die Förderung von ,Lesekompetenz' von Bildern ist gerade für die Geographie von besonderer Bedeutung. Da die häufigste Begegnung der Schüler mit den fachspezifischen Inhalten über das Bild stattfindet, wird das ,Bilder lesen können' zu einer Basiskompetenz des Geographieunterrichts" (HIEBER, U. & T. LENZ 2007, 2). Die Dekodierung der „in einem Bild enthaltenen Mitteilungsabsichten" des „pädagogischen Bildes" sollte U. Hieber und T. Lenz zufolge hierbei im Vordergrund stehen.

Somit gilt es ein Kompetenzstufenmodell zu entwickeln, welches zum einen den fachspezifischen Anforderungen einer geographischen Bildkompetenz Rechnung trägt, zum anderen aber auch die Debatte um Medienkompetenz aus anderen Fächern sowie die Diskussionen innerhalb der geographischen Fachdisziplin aufgreift, die das Bild in seiner Bildlichkeit hervorheben.

6 Auf dem Weg zu einer geographischen Bild(lese)kompetenz

Die Vorstellung eines Kompetenzmodells ist als Versuch zu verstehen, die vorangegangenen, literaturgestützten Vorüberlegungen aus den zuvor skizzierten Debatten in einem analytischen Modell mit Teildimensionen und unterschiedlichen Stufen zusammen zu führen. Auf diese Weise werden verschiedene Dimensionen oder Teildimensionen einer Kompetenz analytisch getrennt und die Progression der Schülerinnen und Schüler in Form von verschiedenen Stufen beobachtbar gemacht.

Die erste Dimension bezieht sich vor allem auf ein fach- oder disziplinunspezifisches Bildverstehen, welches ausgehend von den Einzelelementen des Bildes zunächst die „innere Syntax" des Bildes begreift und anschließend dessen syntaktische Einbettung in seinem Publikationskontext, also gewissermaßen der „äußeren Syntax" thematisiert. Der geographische Bezug dieser Dimension ist zum einen in einer Betonung der räumlichen Syntax, also der räumlichen Anordnung der einzelnen Elemente zu suchen, zum anderen immanent im (intentional) „geographischen Bild" welches aber einer „fachunspezifischen" Interpretation unterzogen wird.

Die zweite Dimension ist die fachspezifische Dimension, da sie eng an das geographische Vorwissen gekoppelt ist. Hier wird die Fähigkeit modelliert, geographisches Fachwissen auf ein gegebenes Foto oder aber sogar auch andere Bilder anzuwenden, und mit zunehmender Stufe komplexere und abstraktere Themen aus dem Bild zu lesen und gleichzeitig die Grenzen der visuellen Darstellbarkeit zu begreifen.

Die dritte Dimension knüpft an die Debatten aus Bildwissenschaft und Medienpädagogik an, indem sie die epistemologische Dimension der Trennung zwischen Bild und Wirklichkeit in Hinblick auf geographische Raumbilder erkennbar macht. Hier geht es weniger darum, „geographische Bilder" zu interpretieren, sondern umgekehrt Bilder „geographisch" als Raumbilder zu verstehen.

Die wachsenden Stufen weisen auf erhöhte Komplexitätsgrade hin. Hierbei wird die Einbindung in komplexer werdende Systeme berücksichtigt, im Sinne einer wachsenden Maßstäblichkeit der soziokulturellen Bezugssysteme jenseits des Bildes. Mit zunehmender Stufe wird also immer weiter über das Bild hinaus gedacht.

In allen Dimensionen wird eine hypothetische Stufe 0 ausgewiesen, die als eine theoretische Ausgangssituation i. S. eines natürlichen Bildverstehens verstanden werden muss. Denn das Lesen von Bildern ist zunächst keine im Unterricht erlernte Kompetenz, sondern vielmehr ein in der Lebenswelt gewonnenes Erfahrungswissen.

6.1 Die syntaktische Dimension

> „Das Bild besteht darin, daß sich seine Elemente in bestimmter Art und Weise zu einander verhalten" (WITTGENSTEIN, L. 1963 (1918), 16)

Der Aufbau der Kompetenzstufen innerhalb der Kompetenzdimension „Bild lesen" orientiert sich an einem wachsenden Bezugsrahmen. Das Wiedererkennen einzelner, isolierter Bildelemente muss als Vorstufe bzw. Stufe 0 verstanden werden, da in der isolierten Wahrnehmung einzelner Elemente das Bild noch gar nicht als solches verstanden ist und somit noch nicht von Bildkompetenz gesprochen werden kann. Dieses Erkennen der Syntax erfolgt erst mit der kognitiven Herstellung von Relationen innerhalb eines Bildes, die mit der Herstellung von Bezügen zu Informationen in Texten, Grafiken, Tabellen oder anderen Fotos außerhalb des gegebenen Bildes, aber innerhalb des Publikationskontextes (z. B. Bildtitel, Text im Schulbuch) oder Präsentationskontextes eine höhere Komplexitätsstufe erreichen. Auf einer noch höheren Stufe wird dann der Bezug zu abstrakteren kulturellen, gesellschaftlichen oder politischen Kontexten hergestellt. Das Bild wird folglich in immer komplexeren Bezugsystemen gelesen.

6.2 Die fachspezifische, geographische Dimension

„Das Bild stellt eine mögliche Sachlage im logischen Raume dar"
(WITTGENSTEIN, L. 1963 (1918), 18)

Während die erste Dimension als Bildlesekompetenz an ein „natürliches Bildverstehen" gekoppelt ist, verbunden mit einer wachsenden Allgemeinbildung und einer stärker geforderten Fähigkeit zum abstrakten Denken, kann die zweite Dimension als „fachspezifische Dimension" bezeichnet werden. Die Bildanalyse geschieht hier vor dem Hintergrund geographischen Fachwissens. Diese zweite Dimension im Umgang mit Bildern entspricht in etwa der Fähigkeit, „geographisch relevante Sachverhalte / Darstellungen (in Text, Bild, Grafik, etc.) sachlogisch geordnet und unter Verwendung von Fachsprache ausdrücken" (S2 Kompetenzbereich Kommunikation, K1 „Fähigkeit, geographisch/ geowissenschaftlich relevante Mitteilungen zu verstehen und sachgerecht auszudrücken").

Dabei wird ein geographisches Thema in unterschiedlichen Komplexitätsgraden auf der Grundlage eines oder mehrerer Bilder analysiert. Das Spektrum der Komplexität reicht von der Einordnung erkannter Elemente in geographische Klassifikationsraster (räumlich oder thematisch) bis hin zur Analyse der Grenzen bildlicher Darstellung. Es wird also thematisiert, welche Aspekte eines geographischen Themas oder Problems nicht dargestellt werden und möglicherweise nicht dargestellt werden können (Grenzen der Repräsentation).

6.3 Die erkenntnistheoretische Dimension

„Das Bild ist eine Tatsache"
(WITTGENSTEIN, L. 1963 (1918), 16)

Die dritte Dimension bezieht sich auf das Verhältnis von Bild und Wirklichkeit und soll daher als erkenntnistheoretische Dimension bezeichnet werden. Sie misst die Fähigkeit von Schülerinnen und Schülern, Bilder als Bilder, also nicht in ihrer Indexikalität zu reflektieren. Diese spielt auch in der Debatte um Medienkompetenz eine zentrale Rolle, ist aufgrund der besonderen Funktion des Fotos als „Realitätsersatz" im Geographieunterricht von besonderer Bedeutung (s. o.). Hinter dieser Dimension steht das Ziel, Schülerinnen und Schülern die Kompetenz zu vermitteln, ein Bild, auch wenn es sich um ein Foto handelt, von der dargestellten Realität zu unterscheiden. Als Ausgangssituation wird (hypothetisch) davon ausgegangen, dass das Foto zunächst als Realität gelesen wird, also mit dem Glauben an die „objektive Evidenz der Fotografie" (FANKHAUSER, R. 2009, 11). In einer ersten Stufe sollten die Schülerinnen und Schüler in der Lage sein, das Bild als Bild und damit als konstruierten und somit gestalteten Raumausschnitt zu erkennen. Hierbei werden zunächst technische Konstruktionsmechanismen und ästhetische Gestaltungsmerkmale, wie die Wahl des Ausschnitts, die Perspektive, die Beleuchtung und die Farbgebung beachtet. Die Schüler sollen in einer nächsten Stufe die Fähigkeit entwickeln, ein Foto als intentionales Raumbild des Fotografen zu erkennen, beispielsweise indem sie das Bild jenseits des Bildausschnitts denken.. Dahinter steht die Frage, was der Autor des Bildes alles nicht zeigt. Die oberste Stufe erfordert erneut ein hohes Abstraktionsniveau und politische Bildung, wenn es gilt, aus einem Foto ein strategisches Raumbild in einem bestehenden diskursiven Kontext einzubetten und in dem gegebenen Foto verborgene Machthierarchien zu identifizieren und normativ zu bewerten.

Gerade diese Kompetenzdimension des Erkennens, der Analyse und der Interpretation von fotografisch erstellten Raumbildern als „ausgeschnittene", „intentionale" oder „strategische" Raumbilder ist über den Geographieunterricht hinaus eine wichtige Kompetenz im Umgang mit medial vermittelten Bilderwelten.

7 Das Problem der Beobachtbarkeit: von der Bildlesekompetenz zur geographischen Fotoperformanz

In Hinblick auf eine spätere Beobachtung oder Messung von Bildlesekompetenz (Kompetenzdiagnostik) stellt sich das Problem der isolierten Betrachtung der Bildlesekompetenz, da diese eng mit der Sprachkompetenz verwoben ist und daher nicht losgelöst von dieser betrachtet werden kann. Kompetenzen werden in Performanzakten gemessen (HARTIG, J. & E. KLIEME 2007, 13), die im Falle der Bildlesekompetenz über die Beschreibung, Analyse und Interpretation von Bildern in Sprache vollzogen wird. Dabei gilt es, einen nichtlinearen „Bildtext" in einen linearen Sprachtext zu transformieren, beispielsweise beim „indikatorischen Bildverstehen" (nach WEIDENMANN 1991, zitiert in: HIEBER, U. & T. LENZ 2007, 5). A. Brucker weist darauf hin, dass selbst die einfache Beschriftung von Bildelementen einer Verbalisierung und somit einer Sprach- bzw. einer Fachkompetenz bedarf: „Die Auswertung des geographischen Bildes erfordert die Verbalisierung – auch als Beschriftung bei einer graphischen Lösung." (BRUCKER, A. 2006, 176). Auch R. Fankhauser (2009, 3) konnte bei Kompetenzmessungen von Bildbeschreibungen im naturwissenschaftlichen Unterricht zeigen, dass Schülern oftmals die Sprachkompetenz fehlt, um sich adäquat über das Bildhafte des Bildes auszudrücken.

Im vorliegenden Fall der Bildkompetenz gälte es folglich, die Möglichkeiten der Kompetenzmessung über eine bildgestaltende Performanz zu vollziehen. Hierfür bietet sich zunächst eine Fotoperformanz an, wobei zu berücksichtigen ist, dass bei dieser eine technische Foto(in)kompetenz als „Störvariable" auftreten kann. Diese „geographische Fotoperformanz" erscheint aber nicht nur als kompetenzdiagnostisches Werkzeug wertvoll, sondern tatsächlich auch als eigenständig zu entwickelnde Kompetenz (i. S. einer aktiven Fotokompetenz) Diese könnte im Geographieunterricht entwickelt werden, um Schülerinnen und Schüler durch eigenes „Geographie Machen" für die Sprache geographischer Bilder zu sensibilisieren (vgl. JAHNKE, H. 2008).

Geographische Fotoperformanz wird dann verstanden als Gestaltung geographischer Fotos entlang der Dimensionen des skizzierten Kompetenzstufenmodells. Die einzelnen Stufen der syntaktischen Performanzdimension reichen von der fotografischen Erfassung bestimmter Elemente über die Herstellung von Relationen innerhalb eines Fotos bis hin zur Titelvergabe und möglicherweise einer adressatenorientierten Foto- und Textgestaltung. Schülerinnen und Schüler entwickeln auf diese Weise die Fähigkeit, unterschiedliche Elemente in einen Kontext, oder eine Syntax zu stellen.

Die zweite Dimension zielt auf die themenzentrierte fotografische Darstellung. Die Stufen reichen von der Auswahl der Objekte in Hinblick auf ein bestimmtes Thema, über die verschiedenen Formen der Darstellung dieses Themas bis hin zur intentional wertenden Darstellung, z. B. um beim Betrachter ein Problembewusstsein zu erzeugen oder Mitgefühl zu erregen.

Die dritte, epistemologische Dimension zielt auf die Fähigkeit von Schülerinnen und Schülern Räume geographisch darzustellen, und richtet den Blick auf die produzierten Raumrepräsentationen. Hierbei wird die Kompetenz entwickelt, Räume unterschiedlicher Maßstabsebenen themen- oder problembezogen fotografisch zu perspektivieren. Die Kompetenzstufen reichen vom Ziel der einfachen fotografischen Erfassung von Räumen bis hin zur fotografischen Konstruktion strategischer Raumbilder.

8 Ausblick

"Pictures are now used to illustrate the text, but the time may
come when the text so atrophies that it seems merely to anno-
tate the pictures. If geographers depend more on the camera
than do other social scientists, if in teaching regional and intro-
ductory geography we shall make greater and greater use of the
visual media, what does such dependency imply for our understanding of the world?"
(TUAN, Y.-F. 1979, 413)

Der humanistische Geograph Yi-Fu Tuan erkannte bereits Ende der
1970er Jahre die Gefahr, dass sich in geographischen Lehrbüchern
aber auch in der Lehrpraxis des Faches das Verhältnis von Bild und
Text so verschieben könne, dass der Text zur reinen Bildbeschreibung
zu verkümmern drohe. Blickt man heute in Schulbücher so hat sich
die von ihm prognostizierte „Textatrophie" zumindest in Teilen bestätigt. Die grundlegende Frage, welche Folgen die daraus resultierende,
wachsende Abhängigkeit von visuellen Medien für das Verstehen der
Welt haben werde, ist bislang noch nicht geklärt. Unklar ist auch der
Beitrag von Bildern und Fotos zu einem Geographieunterricht, der in
der Tradition der Hermeneutik das Verstehen der Welt in den Vordergrund stellt:

"Photography implies that we know about the world if we accept it
as the camera records it. But this is the opposite of understanding, an
approach which starts from not accepting the world as it looks. All pos-
sibility of understanding is rooted in the ability to say no. Strictly spea-
king, it is doubtful that a photograph can help us to understand any-
thing. […] Only that which narrates can make us understand." (SUSAN
SONTAG, Photography, New York Review of Books, Vol. 20, 1973, p. 63,
zit. in TUAN, Y.-F. 1979, 418).

Karl-Heinz Otto, Leif Mönter und Sandra Hof

(Keine) Experimente wagen?

Experimentieren im Geographieunterricht stellt vielfältige inhaltliche und methodische Ansprüche sowohl an die Lernenden als auch an die Unterrichtenden. Zugleich bietet es für die Schülerinnen und Schüler die Möglichkeit, unter Berücksichtigung aller Dimensionen des erweiterten Lehr-/Lernbegriffs, ein breites Spektrum unterschiedlicher Fähigkeiten und Fertigkeiten im Sinne wissenschaftspropädeutischer Ausbildung zu erwerben (vgl. LETHMATE, J. 2006, 4; OTTO, K.-H. 2009, 4). In diesem Artikel werden die zentralen Aspekte und Facetten des Experimentierens im Geographieunterricht erläutert und problematisiert, wobei wir uns hier auf das naturwissenschaftliche Experimentieren beschränken. Die konkrete Veranschaulichung erfolgt am Beispiel der Bodenverdichtung (vgl. STMUGV 2006, 261 ff.; DGFG 2010, 73 ff.).

1 Das Beispiel: „Boden unter Druck"

Abb. 7.1: Schläge mit sichtbaren Erosionsschäden
(Quelle: MUNLV 2007, o. S.)

Welche Problemstellung mit Relevanz für die landwirtschaftliche Nutzung kann mit Lernenden anhand des ausgewählten Bildes (Abb. 7.1) entwickelt werden?

Die Schülerinnen und Schüler können auf dem Foto – zunächst ganz allgemein – eine mit Pflanzen bestellte Ackerfläche beobachten. Sie können weiterhin auf der Parzelle Spuren von landwirtschaftlichen Nutzfahrzeugen ausmachen. Ferner ist erkennbar, dass die Ackerfläche nicht gleichmäßig mit Pflanzen bestanden ist. Dort, wo die Fahrzeuge hergefahren sind, ist der Boden durch deren Gewicht eingedrückt worden. Deutlich ist zu erkennen, dass die Reifenspuren zusätzlich übertieft wurden. Auf Grund ihrer rinnenhaften Ausprägung kann vermutet werden, dass dies durch oberflächlich abfließendes (Regen-)Wasser verursacht wurde. Im Gegensatz zu den übrigen Flächen findet besonders in den Rinnen kaum bzw. nur wenig Pflanzenwachstum statt. Es kann davon ausgegangen werden, dass Niederschläge auf der gesamten Fläche gleich verteilt fallen, und es sich auf der gesamten Parzelle um ähnliches Bodensubstrat handelt. Somit stellt sich die Frage, warum der Prozess der oberflächlichen Bodenabtragung durch Niederschlagswasser augenscheinlich auf den Bereich der Fahrzeugspuren beschränkt ist. Lässt der durch Landmaschinen verdichtete Boden in den Rinnen das Niederschlagwasser möglicherweise nicht schnell genug versickern, so dass es hier der Hangneigung folgend verstärkt oberflächlich abfließt und infolgedessen den Boden abträgt? Wurden die Pflanzen in den Rinnen allein durch die Reifen der Landmaschinen zerquetscht und dadurch in ihrem Wachstum negativ beeinflusst oder gar abgetötet? Oder wurde die Vegetation auch durch die fluviatilen Erosionsprozesse partiell geschädigt bzw. weggespült? Sind möglicherweise die Pflanzennährstoffe auf der Ackerparzelle ungleichmäßig verteilt? Wird der Erosionsprozess durch die schüttere bzw. ganz fehlende Vegetation eventuell noch verstärkt? Es kann vermutet werden, dass all dies zu Ernteeinbußen führt.

2 Experimentieren – Schritt für Schritt

Die bisherigen Ausführungen zeigen, dass die Auseinandersetzung mit einem geographisch relevanten Phänomen bzw. Problem in der Regel zu ganz unterschiedlichen Beobachtungen und Fragestellungen führen kann. Die umfassende Erklärung ist demnach nur möglich, wenn alle formulierten Fragen beantwortet bzw. alle Erklärungsansätze überprüft wurden. Da im Unterricht in der Regel nicht alle Fragen vollständig und gleichzeitig beantwortet werden können, ist es zumeist erforderlich, eine Auswahl zu treffen bzw. eine Reihenfolge hinsichtlich der Bearbeitung festzulegen. Die Beantwortung jeder Frage(-stellung) erfordert die Berücksichtigung einer spezifischen wissenschaftlichen Methode. Das Experimentieren ist eine der zentralen naturwissenschaftlichen Methoden. Zu dem in Abb. 7.1 dargestellten geographisch relevanten Phänomen/Problem sind durchaus verschiedene Experimente denkbar. In diesem Beitrag soll aber ausschließlich dem Zusammenhang zwischen Bodenverdichtung und Versickerung nachgegangen werden.

Naturwissenschaftliche Experimente im Geographieunterricht
In der Regel sind naturwissenschaftliche Experimente im Geographieunterricht dadurch gekennzeichnet, dass sie a) explizite geographische und andere geowissenschaftliche Aspekte und Prozesse untersuchen und/oder b) maßgeblich physikalische, chemische und biologische Phänomene thematisieren, die aus dem Kontext einer geographischen (chorologischen), gesellschaftlich relevanten Problemstellung erwachsen.

Im Anschluss an die Beschreibung und Problematisierung des beobachteten Phänomens bzw. Problems sowie der Auswahl des Untersuchungsschwerpunktes formulieren die Schülerinnen und Schüler – entweder mithilfe des Unterrichtenden oder im besten Fall selbstständig – eine Fragestellung, die den Zusammenhang zwischen Bodenverdichtung und Versickerung beschreibt. Diese könnte beispielsweise lauten: „Hat die Bodenverdichtung Auswirkungen auf die Wasserdurchlässigkeit des Bodens?"

Experimenteller Algorithmus (Teil 1: Problemfindung)
Zu Beginn eines geographischen/geowissenschaftlichen Experiments steht stets die Formulierung einer Frage(-stellung) in Bezug auf ein beobachtetes Phänomen bzw. Problem (Abb. 7.4). Letztendlich hängt der Erfolg des „Forschens" im Wesentlichen davon ab, ob die richtige Frage gestellt worden ist. Methodologisch steht die Fragestellung vor der Hypothese, weil sie weiter gefasst und nicht im Hinblick auf empirisch überprüfbare Fragen oder ein spezielles Experimentdesign formuliert wird.

Von der Entwicklung einer Frage(-stellung) (s. o.) bis zu ihrer endgültigen Beantwortung ist es aber noch ein langer Weg. Denn eine Reihe von Teilschritten müssen im Rahmen des naturwissenschaftlichen Erkenntnisgewinns zurückgelegt werden (u. a. OTTO, K.-H. et al. 2010, 137 f.; FRISCHKNECHT-TOBLER, U. & P. LABUDDE 2010, 135).

Zunächst müssen die Schülerinnen und Schüler – bezogen auf die formulierte Fragestellung – Spekulationen äußern oder Vermutungen anstellen. Diese könnten bei dem gegebenen Beispiel wie folgt lauten: „Dort, wo der Acker mit schweren Landmaschinen befahren wird, wird der Boden durch deren Gewicht eingedrückt, und dementsprechend bilden sich hier Spurrinnen aus. In den zusammengepressten Spurrinnen versickert das Wasser vermutlich langsamer und fließt deshalb vermehrt oberflächlich ab, was wiederum dazu führt, dass der Boden hier stärker abgetragen wird."

Im jetzt folgenden Arbeitsschritt steht die Planung des Experiments im Vordergrund. Dabei sind in einem verschränkten Prozess zugleich Hypothesen zu formulieren und das experimentelle Design zu entwerfen. Eine passende Hypothese (H1) zu unserer Fragestellung könnte lauten: „Wenn der Boden verdichtet ist, dann versickert das Wasser langsamer". Die Gegenhypothese (H0) dazu würde heißen: „Die Verdichtung des Bodens hat keinen Einfluss auf die Versickerung des Wassers."

Bei einer im Experimentieren ungeübten Klasse/Lerngruppe sollte der Unterrichtende die Schülerinnen und Schüler bei der Suche nach adäquaten Hypothesen unterstützen und ihnen auch bei der Planung des Experiments einschließlich der dazu notwendigen Materialien helfen oder diese sogar vorgeben. Bei einer im Experimentieren erfahrenen Klasse/Lerngruppe hingegen sollten die Schülerinnen und Schüler die Hypothesen möglichst selbständig formulieren und auch den Experimentaufbau mit den dazu erforderlichen Utensilien weitgehend eigenständig entwickeln.

In unserem Fall gibt der Unterrichtende die Materialien vor. Mit deren Hilfe können die Schülerinnen und Schüler das Experimentdesign relativ leicht entwerfen.

Experimenteller Algorithmus (Teil 2: Planung)
Eine Hypothese ist eine begründete Annahme, die empirisch überprüfbar ist und dementsprechend formuliert sein muss. In Abgrenzung zur Fragestellung sollte es sich bei der Hypothese um eine Voraussage handeln. Sie ist vorzugsweise als Kausalbeziehung zu formulieren: „Wenn ..., dann ...." oder „Je ..., desto ...." Die Hypothese ist so abzufassen, dass sie auch widerlegt werden kann. Deshalb ist es zweckmäßig, einer Hypothese (H1) eine entsprechende Gegenhypothese (H0) gegenüberzustellen.

Bei der Planung des Experiments ist darauf zu achten, dass das zu entwerfende Experiment tatsächlich die aufgestellte(n) Hypothese(n) logisch und stringent überprüft.

Nun muss das geplante Experiment noch praktisch durchgeführt werden. Um die oben formulierten Hypothesen H1 und H0 zu überprüfen, sind folgende Materialien und Arbeitsschritte notwendig:

Materialien
• lockerer, lehmiger Boden
• zwei gleichgroße Trichter
• Stampfer zum Verdichten des Bodens
• zwei Filtertüten
• zwei gleich große Bechergläser mit Volumenangabe
• zwei gleich große Messbecher mit Volumenangabe
• Löffel
• Waage
• Stoppuhr
• Wasser

Arbeitsschritte
1. Wenn nicht schon in der Planungsphase geschehen, dann wird zunächst eine Skizze vom geplanten Versuchaufbau angelegt.
2. Danach werden die beim Experiment benutzten Materialien den realen Gegenständen zugeordnet, z. B.:
   – das Wasser im Experiment entspricht in der Realität dem Niederschlag,
   – der Stampfer im Experiment entspricht in der Realität den Landmaschinen.
3. Das Experiment wird durchgeführt, wobei die Vorgehensweise und die Ergebnisse schriftlich (hier am besten in Form einer Tabelle) festgehalten werden:
   Zuerst werden zwei Bodenproben mit gleichem Ausgangsgewicht (z. B. 150 g) in zwei beschriftete Trichter (Probe A und Probe B) gefüllt. Die Bodenprobe A wird nicht mit dem Stampfer behandelt, bleibt also locker. Die Bodenprobe B hingegen wird mit dem Stampfer durch starken Druck in den Trichter gepresst und somit verdichtet.
   Im zweiten Schritt wird mithilfe zweier Messbecher über beide Proben zeitgleich die exakt gleiche Menge Wasser (z. B. 200 ml) geschüttet und anschließend die jeweilige Durchflussgeschwindigkeit gemessen (im zeitlichen Abstand z. B. von 1 min, 5 min und 10 min wird die durchgeflossene Wassermenge exakt bestimmt).

Bei unserem Beispielexperiment stellt Probe A die Grundlage für den Kontrollversuch dar. Als Variationen des Experiments bieten sich etwa zusätzliche Proben mit lockerem sandigen Boden (Probe C) und tonigem Boden (Probe D) an. Schülerinnen und Schüler können dadurch erkennen, dass die Versickerungsgeschwindigkeit von Wasser auch von der Korngrößenzusammensetzung des Bodens beeinflusst wird.

Abb. 7.2: Durchführung des Experiments „Boden unter Druck"

Experimenteller Algorithmus (Teil 3: Durchführung)

Das Experimentieren erfolgt im Geographieunterricht meist in Partner- oder Gruppenarbeit. Dabei wird mit Materialien praktisch umgegangen, Techniken werden erprobt, es wird beobachtet, gemessen, Daten werden erhoben und verglichen. In der Regel wird ein Kontrollversuch durchgeführt, und, falls erforderlich, werden Variationen des Experiments geprüft und realisiert. Dabei ist auf sorgfältiges, präzises Arbeiten zu achten. Der Experimentaufbau sowie die Beobachtungs- und Messergebnisse werden in Form von Sätzen, Daten oder Bildern genau protokolliert. Die erzielten Resultate müssen transsubjektiv sein, d. h. von der jeweiligen Person, der Zeit und dem Ort unabhängig. Sie sind somit jeder Zeit und von jedermann reproduzierbar.

Nach der Durchführung des Experiments erfolgt schließlich die Auswertung der erzielten Resultate (Abb. 7.3). Das durchgeführte Experiment belegt, dass das Wasser bei verdichtetem Boden (Probe B) langsamer versickert als bei lockerem Boden (Probe A). Das Experiment bestätigt Hypothese H1 und verneint die Gegenhypothese H0.

Abb. 7.3: Ergebnis des Experiments

Das erzielte Ergebnis lässt folgende Interpretation zu: Wenn der Boden einer Ackerfläche durch landwirtschaftliche Nutzfahrzeuge verdichtet worden ist, verbleibt das Niederschlagswasser in den Spurrillen länger an der Oberfläche. Bei entsprechender Hangneigung fließt ein Teil davon oberflächlich ab und ruft dadurch Erosionsschäden hervor, die wiederum Ernteeinbußen nach sich ziehen.

Bei den oben beschriebenen Versuchsvariationen würde den Schülerinnen und Schülern darüber hinaus deutlich, dass Wasser in Sandböden (Probe C) sehr schnell versickert, während es in Tonböden (Probe D) weitgehend an der Oberfläche gestaut wird.

Durch eine Reihe weiterer Experimente könnte der Zusammenhang zwischen Bodenverdichtung, Bodenerosion und Bodenertrag noch breiter und intensiver studiert werden. Mit zusätzlichen Experimenten könnte u. a. überprüft werden, von welchen weiteren Faktoren die Bodenerosion durch fließendes Wasser abhängt, etwa von der Hangneigung, der Hanglänge, dem Grad der Bedeckung mit Vegetation oder der Intensität des Niederschlags (StMUGV 2006, 276).

Unabhängig davon, ob bei dem Beispielexperiment die vorgeschlagenen Erweiterungen bzw. Differenzierungen berücksichtigt worden sind, sollte am Ende der Unterrichtseinheit auf folgende Fragen eingegangen werden:

1. Welche Auswirkungen hat die Verdichtung des Bodens auf seinen Wasser- und Lufthaushalt sowie auf die dort lebenden Pflanzen und Tiere?
2. Welche Maßnahmen eignen sich, um verdichteten Boden wieder aufzulockern?
3. Welche Möglichkeiten gibt es, die Schadverdichtung von Böden durch landwirtschaftliche Nutzfahrzeuge zu minimieren?

Mit der Beantwortung insbesondere der beiden letztgenannten Fragen wird an die Beobachtung im Gelände, d. h. an die Realsituation angeknüpft und damit letztlich der experimentelle Algorithmus vollendet (Abb. 7.4). An dieser Stelle begnügen wir uns jedoch damit, auf den möglichen Fortgang der unterrichtlichen Behandlung zu verweisen.

Experimenteller Algorithmus (Teil 4: Auswertung und Interpretation)
Zur Auswertung gehört der Vergleich der Ergebnisse mit den aufgestellten Hypothesen, die dabei bestätigt oder verworfen werden. Es erfolgt in jedem Fall der Rückbezug auf die Fragestellung und auf das Ausgangsproblem/-phänomen. Nur dann ist der „Experimentelle Zirkel" vollständig geschlossen.

Die Interpretation oder Deutung ist streng von den gewonnenen Resultaten zu trennen. Während die Ergebnisse als wissenschaftliche Tatsachen angesehen werden können, hat die Deutung einen spekulativen, vorläufigen Charakter. Sie ist abhängig vom Wissensstand, dem historischen Kontext und der vorliegenden Theorie. Ein zentraler Aspekt der Interpretation ist die Methodendiskussion. Auch aus diesem Grund ist die genaue Protokollierung der Durchführung des Experiments von besonderer Bedeutung, denn nur dann können eine Fehlerabschätzung durchgeführt, die Vertrauenswürdigkeit der Daten eingeschätzt und die Randbedingungen diskutiert werden.

Auf der Grundlage des Experiments werden möglicherweise neue Hypothesen aufgestellt, es werden Vermutungen über die Anwendbarkeit auf neue Situationen erarbeitet.

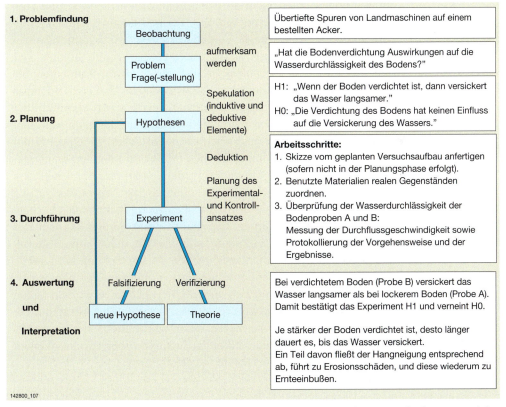

Abb. 7.4: Phasen und Arbeitsschritte des Experimentierens im Geographieunterricht, bezogen auf das Beispiel Bodenverdichtung (nach OTTO, K.-H. 2009, 7)

Das vorgestellte Experiment zum Thema Bodenverdichtung kann sowohl als angeleitetes bzw. geführtes sowie als offenes Experiment konzipiert werden (Abb. 7.5). Je nach Kenntnissen und Fähigkeiten der Lerngruppe sind auch Zwischenformen möglich, indem etwa die Fragestellung gemeinsam im Unterrichtsgespräch entwickelt wird, die Formulierung der Hypothesen sowie die Planung und Durchführung des Experiments unter Verwendung der zur Verfügung stehenden Materialien aber durch die Lernenden selbst erfolgt. Nach geltender Klassifikation kann es sowohl als einführendes Experiment in der Einstiegsphase, als entdeckendes Experiment in der Erarbeitungsphase und auch als bestätigendes Experiment in der Sicherungsphase des Geographieunterrichts eingesetzt werden (OTTO, K.-H. 2009, 10).

Vom angeleiteten zum offenen Experimentieren
Nach dem Grad der Hilfestellung durch Lehrerinnen und Lehrer bzw. der Selbständigkeit und Eigenverantwortlichkeit der Schülerinnen und Schüler reicht die Bandbreite vom angeleiteten bis zum offenen Experimentieren (Abb. 7.5). Formen des angeleiteten Experimentierens, bei denen die Vorgaben zumeist nur rezeptartig abgearbeitet werden, werden häufig als Einstiegsvariante genutzt. Das vielfach geforderte eigenständige Identifizieren von Problemen, die selbständige Entwicklung von Fragestellungen, das eigene Finden von Hypothesen und das selbsttätige Anwenden von Verfahren der Problemlösung kommen hierbei jedoch zu kurz. Deshalb sollte der Grad der selbständigen und eigenverantwortlichen Arbeit der Schülerinnen und Schüler kontinuierlich erhöht und das Experimentieren zunehmend offener gestaltet werden – vom imitatorischen zum konzeptionellen Experimentieren. Offenes Experimentieren erfolgt auf höchstem Niveau; es fördert insbesondere forschendes Lernen, problemorientiertes Lernen, Lernen in Kontexten und kooperatives Lernen. Diese Form des Experimentierens stellt daher hohe Anforderungen sowohl an den Unterrichtenden als auch an den Lernenden. Beispielsweise muss der Lernende je nach Öffnungsgrad bereits vorher ein gewisses Maß an Experimentierfertigkeiten erworben haben (REINHOLD, P. 1997; BRAUN, T., & U. BACKHAUS O. J.; PESCHEL, M. 2008). Offenes Experimentieren bedarf somit intensiver unterrichtlicher Vorbereitung und Einübung. Ansonsten besteht bei offenem Experimentieren die Gefahr der Überforderung.

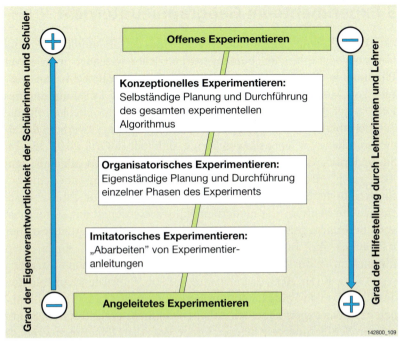

Abb. 7.5: Grad der Hilfestellung durch Lehrerinnen und Lehrer bzw. Grad der Eigenverantwortlichkeit der Schülerinnen und Schüler beim angeleiteten und offenen Experimentieren
(zusammengestellt nach: FISCHER, H. E. et al. 2003, 193; OTTO, K.-H. 2009, 10)

Fasst man die bisherigen Ausführungen zusammen, dann lassen sich verallgemeinernd folgende Aussagen treffen: Ein Experiment ist eine planmäßige, grundsätzlich wiederholbare Beobachtung von natürlichen und auch gesellschaftlichen Vorgängen unter künstlich hergestellten, möglichst veränderbaren Bedingungen. Es verfolgt den Zweck, durch Isolation, Kombination und Variation von Bedingungen eines Phänomens bzw. Objekts reproduzierbare und kontrollierbare Beobachtungen zu gewinnen, aus denen sich Regelmäßigkeiten und allgemeine Gesetzmäßigkeiten ableiten lassen. Dementsprechend kann ein Experiment beliebig oft wiederholt werden (BÄUML, M.-A. 1979, 40; OTTO, K.-H. 2003, 3). Diese Wiederholbarkeit ermöglicht die Vermittlung der Ergebnisse und methodischen Vorgehensweise. Seit seiner Verwendung im Forschungsprozess wird das Experiment deshalb auch zur Belehrung eingesetzt.

3 Experimente im Geographieunterricht

Auf Grund seiner inhaltlichen Breite und der Behandlung sowohl physischgeographischer, humangeographischer wie auch integrativer Phänomene und Prozesse, wird im Geographieunterricht eine Vielzahl von Methoden vermittelt und eingesetzt. Wie kaum ein anderes Fach bietet der Geographieunterricht deshalb die Möglichkeit für die Schülerinnen und Schüler, Methodenkompetenz zu erwerben, die eine Grundlage für lebenslanges Lernen darstellt (DGFG 2010, 18). Im Sinne der Propädeutik kommt dem Experimentieren als „didaktischem Königsweg" (PRENZEL, M. & I. PARCHMANN 2003, 16) dabei eine besondere Bedeutung zu. Das Experiment stellt nicht nur die wichtigste empirische Methode der modernen Naturwissenschaft dar, sondern ist auch besonders geeignet, die Neugierde der Schülerinnen und Schüler zu wecken, ihre Beobachtungsfähigkeit zu schulen und ihnen einen Einblick in (natur-)wissenschaftliche Forschungsmethoden zu geben (vgl. OTTO, K.-H. 2003, 2; LETHMATE, J. 2006, 5 f.). Die Möglichkeiten des Erwerbs von Fähigkeiten und Fertigkeiten sind bei allen Teilkompetenzen des experimentellen Arbeitens immens (vgl. Abb. 7.5). Studien zum Schülerinteresse belegen ferner, dass dem Experimentieren als Methode im Geographieunterricht von Seiten der Schülerinnen und Schüler eine hohe Beliebtheit zugesprochen wird (HEMMER, I. et al. 2005, 63 f.). Skeptisch lässt sich dagegen einwenden, dass sich diese Beliebtheit einem relativ seltenen Einsatz im Geographieunterricht und damit einem „Neuigkeitsaspekt" verdankt, wie er empirisch für die schulische Verwendung von „Neuen Medien" nachgewiesen werden konnte (KERRES, M. 2001, 97 f.). Dem widerspricht jedoch, dass auch in denjenigen naturwissenschaftlichen Fächern, in denen häufiger experimentell gearbeitet wird, diese Methode sehr beliebt ist (vgl. etwa KASBOHN, P. 1975, 120; LECHNER, H. 1992, 95 f.; VOGT, H. u. a. 1999, 81 f. sowie zusammenfassend MAIR, J. 2010, 8).

Vor diesem Hintergrund kann es nicht verwundern, dass neben der Bedeutung, die dem Experiment in den „Bildungsstandards im Fach Geographie für den Mittleren Schulabschluss" im Kompetenzbereich „Erkenntnisgewinnung/Methoden" eingeräumt wird (DGFG 2010, 20 f.), diese Methode auch in zahlreichen Unterrichtsmaterialien aufgegriffen wird. Am Beispiel der Berücksichtigung des Experiments in geographischen Schulbüchern lässt sich zeigen, dass dies unter dem Kriterium des Erwerbs von Methodenkompetenz jedoch oftmals nur unzureichend geschieht. So kommt etwa J. Lethmate (2005, 264 ff.) zu dem Ergebnis, dass Schulbücher zwar etliche Experimente anbieten, zumeist jedoch außerhalb der Methodenseiten. In den meisten Fällen handelt es sich nicht tatsächlich um Experimente, da dem experimentellen Algorithmus nicht gefolgt wird und die Experimentkriterien nicht berücksichtigt werden: „Experimente scheinen im geographie-didaktischen Verständnis weniger eine Erkenntnismethode denn ein Verfahren zur Nachahmung, Veranschaulichung und Simulation von Naturvorgängen zu sein." (LETHMATE, J. 2005, 252; vgl. OTTO, K.-H. 2009, 4 ff.). Dies erscheint umso bedenklicher, weil zahlreiche Studien der empirischen Lehr-Lernforschung belegen, dass Schülerinnen und Schüler beim experimentellen Arbeiten unsicher sind und Probleme haben (vgl. u. a. JONG, T. DE & W. R. VAN JOOLINGEN 1998; HAMMANN, M. et al. 2006, 292 f.; OTTO, K.-H. et al. 2010, 135 f.).

Beim Experimentieren ist grundsätzlich mit verschiedenen poten-ziellen Fehlerquellen bei allen Arbeitsphasen zu rechnen. Diese reichen von Schwierigkeiten bei der Formulierung einer präzisen und experi-mentell beantwortbaren Fragestellung über eine zu starke Eingrenzung von Hypothesen und dem unsystematischen Umgang mit den Variab-len hin zu einer mangelnden Berücksichtigung abweichender Ergeb-nisse (Tab. 7.1).

Tab. 7.1: Potenzielle Feh-lerquellen von Lernenden beim Experimentieren

Defizite bei der Problemfindung	• ungenaue Beobachtung • keine präzise Formulierung der Fragestellung • Probleme bei der Bestimmung einer adäquaten Methode
Defizite bei der Planung	• Probleme beim Erkennen der Hypothese, die getestet werden soll • zu starke Eingrenzung von Hypothesen • unzureichende Suche nach neuen Hypothesen
Defizite bei der Durchführung	• Vernachlässigung des Kontrollansatzes • unsystematischer Umgang mit Variablen • unlogische Kombination unterschiedlicher Testansätze
Defizite bei der Auswertung und Interpretation	• Formulierung unlogischer bzw. nicht bewiesener Schlussfolgerungen • mangelnde Berücksichtigung abweichender Ergebnisse • Probleme beim Rückbezug auf das Ausgangsproblem/-phänomen

4 Kompetenzmodelle

Wie kann nun sinnvoll auf diese konstatierten Probleme reagiert werden? Um zu gewährleisten, dass Schülerinnen und Schüler am Ende der Sekundarstufe I „problem-, sach- und zielgemäß Informationen [...] durch [...] Experimente gewinnen [können]" (DGFG 2010, 20), ist es notwendig, diese Kompetenzen frühzeitig aufzubauen und kontinuierlich weiterzuentwickeln. Um einen derartigen Prozess über die jeweiligen Einzelstunden, Jahrgangsstufen und möglichst auch über die einzelnen Fächer hinaus zu initiieren, empfiehlt es sich, mit Modellen zur Kompetenzentwicklung zu arbeiten, die bei erreichten Kompetenzstufen ansetzen und diese ausdifferenzieren und weiterentwickeln (vgl. HAMMANN, M. et al. 2007, 88). Kompetenzmodelle erlauben es, auf empirischer Basis Aussagen darüber zu treffen, wie bestimmte Kompetenzen (z. B. Kompetenzen des Experimentierens) beschaffen sind und wie diese gefördert werden können (KLIEME, E. et al. 2007, 11 ff.). Sie können Lehrende und Entwickler von Unterrichtsmaterialien bei der Effektivierung von Lernprozessen unterstützen, sie können die Fortschritte der Schülerinnen und Schüler bezogen auf alle Teilkompetenzen begleiten und gewährleisten, dass ein kumulativer Lernprozess auch über verschiedene Jahrgangsstufen angeregt und koordiniert wird.

Generell werden mit der Entwicklung von Kompetenzmodellen verschiedene Ziele verfolgt (vgl. KLIEME, E. et al. 2007, 8 ff.; HEMMER, I. & M. HEMMER 2007, 5): Ein Kompetenzmodell beschreibt zunächst einmal (1) die Struktur bzw. die Komponenten der einzelnen Teilkompetenzen. Dabei gilt es, die einzelnen Teilschritte oder Teilaspekte des Experimentierens zu identifizieren und empirisch zu bestätigen. Darauf aufbauend müssen (2) verschiedene Kompetenzniveaustufen ausgewiesen werden. Überträgt man diese Niveaustufen auf das Experimentieren, könnte dies beispielsweise bei der Planung eines Experiments bedeuten, dass eine Schülerin oder ein Schüler mit einem hohen Kompetenzniveau sowohl den Experimental- als auch den Kontrollansatz berücksichtigt, während ein anderer mit einem niedrigeren Kompetenzniveau lediglich den Experimentalansatz einplant. Ähnliches könnte auch für die Teilkompetenz „Fragestellung formulieren" gelten, worunter etwa die Fähigkeit der Unterscheidung zwischen naturwissenschaftlich untersuchbaren und nicht-naturwissenschaftlich untersuchbaren Fragestellungen fällt. Ein Kompetenzmodell erlaubt ferner (3) Aussagen zur Kompetenzentwicklung. Hierbei soll dargestellt werden, unter welchen Bedingungen Kompetenzen in einer bestimmten Jahrgangsstufe entwickelt werden können. Mit Bedingungen ist in diesem Zusammenhang beispielsweise gemeint, mit welchen Unterrichtsmethoden (offene oder eher geschlossene Unterrichtsformen) oder Kontexten diese Kompetenzen entwickelt werden können.

Während für den Geographieunterricht bisher kein fachspezifisches Kompetenzmodell zum Experimentieren vorliegt, wurden in der empirischen Lehr-/Lernforschung bzw. in anderen Fächern bereits Kompetenzmodelle entwickelt, die sich explizit auf das Experimentieren beziehen oder zur Erfassung der entsprechenden Kompetenzen herangezogen werden können. Dazu zählen etwa das SDDS-Modell nach D. Klahr & K. Dunbar (1988) bzw. D. Klahr (2000), die Theorie des Problemlösens nach R.Gott & S. Duggan (1998), das ESNaS-Kompetenzmodell nach M. Walpuski et al. (2008) und S. Bernholt et al. (2009) oder das Strukturmodell zum Wissenschaftlichen Denken nach J. Mayer, C. Grube & A. Möller (2009).

Auf das letztgenannte Strukturmodell zum Wissenschaftlichen Denken soll im Folgenden vertiefend eingegangen werden, da sich hier zahlreiche Anknüpfungspunkte für das Experimentieren im Geographieunterricht bieten (vgl. Otto, K.-H. et al. 2010, 140 f.). Im Rahmen des Projektes „Biologie im Kontext" (Bayrhuber, H. et al. 2007) wurden mehrere Kompetenzmodelle entwickelt, die Aussagen über die Struktur einer bestimmten Kompetenz im Fach Biologie treffen. Für den Bereich Erkenntnisgewinnung bzw. das Experimentieren wurde zunächst auf theoretischer Grundlage von J. Mayer (2007, 181 f.) ein Strukturmodell entwickelt, welches in weiteren Studien (z. B. Mayer, J., C. Grube & A. Möller 2009, 63) empirisch bestätigt wurde. Dieses Strukturmodell beinhaltet folgende vier Teilkompetenzen des Experimentierens:

- *Fragestellung formulieren:* In der Teilkompetenz „Fragestellung formulieren" üben die Lernenden die Formulierung von naturwissenschaftlich untersuchbaren Fragestellungen ein. Hierbei sollen insbesondere solche Kennzeichen vermittelt werden, die eine naturwissenschaftlich untersuchbare Fragestellung von einer nicht-naturwissenschaftlich untersuchbaren abgrenzen.
- *Hypothesen generieren:* Im Rahmen dieser Teilkompetenz lernen die Schülerinnen und Schüler, wie Hypothesen, die zur Fragestellung oder einem experimentellen Ansatz passen, aufgestellt und formuliert werden müssen.
- *Experimente planen:* Bei dieser Teilkompetenz erfahren und trainieren die Lernenden, was bei der Planung von Experimenten zu beachten ist. Dabei steht im Fokus, ein entsprechend der Fragestellung geeignetes Experiment zu planen, um möglichst umfangreiche Daten zu erhalten. In diesem Zusammenhang soll der systematische Umgang mit Variablen und der Unterschied von unabhängigen und abhängigen Variablen erarbeitet werden. Dabei wird auch die Notwendigkeit eines Kontrollansatzes thematisiert.

111

• *Daten auswerten:* Diese Teilkompetenz bezieht sich auf die Daten-auswertung, also die Aufbereitung der Messwerte einerseits und die daraus zu ziehenden Schlussfolgerungen andererseits. Hierbei wird von den Lernenden das Lesen von Trends oder Mustern, z. B. aus einer Messreihe, eingeübt. Auch dem Lesen und Auswerten von Diagrammen, Tabellen und anderen diskontinuierlichen Texten kommt hier eine besondere Bedeutung zu.

Ein empirisches Lehr-/Lernforschungsprojekt zum Experimentieren in der Geographie kann jedoch aufgrund der Eigenschaften und Spezifika geographischer Experimente vorhandene Modelle nur bedingt übernehmen. Vielmehr ist davon auszugehen, dass bestehende Modelle entsprechend modifiziert werden müssen. Um die fachspezifische Relevanz potenzieller Aspekte erfassen zu können, ist es notwendig, ein Messinstrument zu entwickeln, das die einzelnen Teilkompetenzen und ihre Zusammenhänge überprüft. Abb. 7.6 gibt ein Beispiel für eine entsprechende Testfrage, bezogen auf das eingangs vorgestellte Experiment.

Im Fokus steht hierbei die Frage nach der Gestaltung eines Kontrollansatzes im Rahmen der Planungs- und Durchführungsphase zum Thema Bodenverdichtung. Bei der Auswahl des Kontrollansatzes müssen die Schülerinnen und Schüler zweckmäßig zwischen der unabhängigen Variable, die als Stellgröße gezielt verändert wird, und den abhängigen Variablen unterscheiden. Die Kombination von Testfragen zu allen Phasen des Experimentierens mit den entsprechenden Teilkom-

Im Geographieunterricht wird das Thema „Bodenverdichtung und deren Folgen" behandelt. In einem experimentellen Ansatz soll dabei von den Schülerinnen und Schülern überprüft werden, ob die Verdichtung des Bodens einen Einfluss auf die Versickerung des Oberflächenwassers hat. Dazu wird eine Bodenprobe mit 150 g Gewicht in einen Trichter gefüllt und unter starkem Druck mit einem Stampfer verdichtet. Anschließend werden 200 ml Wasser in den Trichter gegeben. Nach 1, 5 und 10 Minuten wird die durchgeflossene Wassermenge im Becherglas exakt bestimmt (s. Skizze). Um das Experiment wissenschaftlich korrekt durchzuführen, benötigt die Klasse noch einen zweiten Ansatz zur Kontrolle. Welchen Ansatz sollte die Klasse auswählen?	
Ansatz A: Verdichtete Bodenprobe (150 g), 200 ml Wasser, Messzeitpunkt: nach 10 Minuten	
Ansatz B: Unverdichtete Bodenprobe (150 g), 200 ml Wasser, Messzeitpunkte: 1, 5 und 10 Minuten	
Ansatz C: Verdichtete Bodenprobe (150 g), 200 ml Wasser, Messzeitpunkte: 1, 5 und 10 Minuten	
Ansatz D: Unverdichtete Bodenprobe (200 g), 150 ml Wasser, Messzeitpunkte: 1, 5 und 10 Minuten	

Abb. 7.6:
Testfrage zur
Gestaltung eines
Kontrollansatzes
im Rahmen der
Planungs- und
Durchführungs-
phase

petenzen gewährleistet die empirische Überprüfung des theoretischen Modells und stellt die Grundlage für die Identifikation von Kompetenzstufen dar: von der Identifikation eines geographisch relevanten Problems bzw. Phänomens über die Formulierung einer Fragestellung, die naturwissenschaftlich-experimentell beantwortbar ist, die Generierung von Hypothesen und die adäquate Übersetzung in ein experimentelles Design hin zur Auswertung und Interpretation der gewonnenen Daten und dem abschließenden Rückbezug auf die spezifische Fragestellung.

5 Fazit

Experimente in der Schule ermöglichen es den Schülerinnen und Schülern, sich ein breites Spektrum an relevanten Kompetenzen anzueignen und zu trainieren. Dies ist nicht nur im Sinne der Propädeutik von größter Relevanz. Weiterhin sind zunehmend offene Formen des Experimentierens in besonderer Weise geeignet, alle Dimensionen des erweiterten Lehr-/Lernbegriffs zu berücksichtigen und dementsprechend neben inhaltlich-fachlichen auch methodisch-strategische, sozial-kommunikative und affektive Ziele zu berücksichtigen. Gerade dem Geographieunterricht kommt in Bezug auf die Kompetenzentwicklung eine besondere Bedeutung zu, da hier der Bezug zu gesellschaftlich relevanten Problemen und Phänomenen eine zentrale Rolle spielt. Auf Grund der inhaltlichen und methodischen Breite des Faches ist es geradezu prädestiniert, verschiedene Wege der Erkenntnisgewinnung aufzuzeigen, einzuüben und zu reflektieren. Das Experiment als maßgebliche Form naturwissenschaftlicher Erkenntnisgewinnung spielt dabei eine besondere Rolle. Die Komplexität dieser Methodik verpflichtet jedoch dazu, den Erwerb der einzelnen Teilkompetenzen gezielt zu unterstützen und zu koordinieren. Dafür ist die Entwicklung und Überprüfung eines entsprechenden fachspezifischen Kompetenzmodells notwendig. Es gestattet den Lehrenden, einen kumulativen Lernprozess zu initiieren und zu strukturieren. Den Schülerinnen und Schülern erlaubt es, den eigenen Kompetenzerwerb nachzuvollziehen, sich der erreichten Fähigkeiten und Fertigkeiten bewusst zu werden und zugleich noch bestehende Defizite zu erkennen und abzubauen.

8

Alexandra Budke und Anke Uhlenwinkel

Argumentieren im Geographieunterricht – Theoretische Grundlagen und unterrichtspraktische Umsetzungen

Die Diskussion über angemessene Formen der Argumentation reicht bis zu Platon und Aristoteles zurück. Heute aber erscheint sie wichtiger denn je, denn die Fähigkeit zur Argumentation wird nicht mehr nur von einer kleinen Oberschicht verlangt, sondern von praktisch allen Menschen. J. Kopperschmidt (2000) begründet dies damit, dass mit dem exponentiellen Zuwachs an Entscheidungschancen auch der Entscheidungsbedarf jedes einzelnen wachse. Die dafür nötige Orientierungskompetenz würde in unserem postmodernen Zeitalter durch Argumentation erlangt (WOHLRAPP, H. 2006, 33).

Die Pluralisierung von Lebensstilen in der „reflexiven Moderne" verschärfe den Druck, die individuelle Wahl von Beruf(en), Wohnort(en), Freund(en), Lebenspartner(n) und Überzeugungen argumentativ zu rechtfertigen. Die argumentative Aushandlung von Weltbildern und Überzeugungen mache die Menschen erst handlungsfähig.

Da wir zudem in einer Gesellschaft leben, in der Konflikte größtenteils friedlich mithilfe von Diskussionen ausgetragen werden, wird die Fähigkeit, überzeugend zu argumentieren zu einer Machtressource, mit deren Hilfe die eigenen wirtschaftlichen, politischen, ökologischen oder sozialen Interessen durchgesetzt werden können.

Um den Ansprüchen der modernen Gesellschaft gerecht zu werden, misst auch die Geographiedidaktik der Vermittlung von Argumentationskompetenz eine große Bedeutung zu. Daher wurden diesbezügliche Ziele in den Bildungsstandards zum Kompetenzbereich „Kommunikation" aufgenommen (DGfG 2010, 23).

1 Theoretische Grundlagen

Obwohl der geographischen Argumentationsfähigkeit eine hohe Relevanz zugeschrieben wird, liegen nur vereinzelte praktische Unterrichtskonzepte vor (u. a. BUDKE, A. & M. WIENECKE 2008; BUDKE, A. 2006; UHLENWINKEL, A. 2005; 2006). Erst in jüngster Zeit wurde ein hypothetisches Modell der geographischen Argumentationskompetenz vorgeschlagen (BUDKE, A. et al. 2010a), das noch empirisch überprüft werden muss. Dazu wurde auf die Erkenntnisse der allgemeinen Kommunikationstheorie und der übergreifenden Argumentationstheorien zurückgegriffen, die hier nur kurz angeschnitten werden sollen.

Es besteht allgemeiner Konsens, Argumentationen als ein Problemlöseverfahren zu definieren, bei dem eine strittige Behauptung durch Begründungen widerlegt oder bestätigt werden soll (u. a. LUEKEN, G. 2000; BAYER, K. 1999; KOPPERSCHMIDT, J. 1995; KIENPOINTNER, M. 1983). Das Ziel der Argumentation ist es demnach, durch logische Begründung bei den jeweilgen Interaktionspartnern Zustimmung zur eingenommenen Position zu erreichen. Bei R. Andrews (2009, 5) heißt es: „in fact, argument and argumentation are not the same as persuasion [...] Persuasion can be seen as one of the functions of argument, alongside clarification, catharsis, amusement, defence, attack and winning; the discovery of ideas; the creation and resolution of difference; and so on."

Die grundlegende Argumentationsstruktur besteht aus drei Elementen: Der strittigen Behauptung, den Belegen und der Geltungsbeziehung zwischen Belegen und Behauptungen. Diese Unterscheidung findet sich auch in der zentralen Argumentationstheorie von S. TOULMIN (1996; 2003) wieder (s. Abb. 8.13).

Neben dieser Grobstruktur, die aus Daten (Belegen), Konklusionen (strittige Behauptung) und der Schlussregel (Geltungsbeziehung) besteht, unterscheidet S. Toulmin noch zusätzlich eine Feinstruktur der Argumentation. So wird bei der Schlussregel häufig ein Operator eingefügt, der den Grad der Stärke der Geltungsbeziehung angibt. Dies wird z. B. durch Wörter wie „zwingend", „sicherlich" oder „wahrscheinlich" ausgedrückt. Des Weiteren werden nach S. Toulmin (1996; 2003) häufig Ausnahmebedingungen definiert, unter denen die Geltungsbeziehung nicht relevant ist. Schließlich kann noch eine Stützung durch zusätzliche Daten erfolgen, welche die Geltungsbeziehung belegen soll.

Aus dem europäischen Referenzrahmen für Sprachen (Europarat 2001) können Teilbereiche argumentativer Kompetenz abgeleitet werden. Man kann Argumentationsproduktion von -rezeption und -interaktion unterscheiden. Diese drei Bereiche finden sich sowohl im

Mündlichen als auch im Schriftlichen (BUDKE, A. et al. 2010a). In den weiteren Ausführungen werden wir uns lediglich auf die Argumentationsproduktion im Schriftlichen beziehen.

2 Beurteilung von schriftlichen Argumentationen

Sowohl für empirische Erhebungen als auch im schulischen Kontext ist die Frage zentral, wie sich Argumentationen von SchülerInnen qualitativ beurteilen lassen. Bisherige Studien, die unter verschiedenen Fragestellungen die Güte vorliegender Argumentationen einschätzten, orientierten sich in ihrer Auswertungsmethodik vorwiegend am Argumentationsschema von S. Toulmin (1996; 2003). Mithilfe von Strukturanalysen wurde in aufeinander folgenden Schritten die Existenz der verschiedenen Elemente, aus denen Argumentationen generell bestehen, überprüft (z. B. AUFSCHNAITER, C. et al. 2008; CLARK, D. & V. SAMPSON 2008; ERDURAN, S. et al. 2004; LAWSON, A. E. 2003; JIMÉNEZ-ALEIXANDRE, M. et al. 2000). Grundlegend für diesen methodischen Ansatz kann die Arbeit von S. Erduran et al. (2004) gelten, bei der die Qualität erhobener Argumentationen fünf unterschiedlichen Kategorien zugeordnet wurde. Der Stufe 1 sind solche Argumente zugeordnet, die aus Behauptungen bestehen. Die 2. Stufe stellen Argumente dar, die über eine vollständige Argumentationsstruktur, d. h. über Behauptungen, Daten, Geltungsbeziehungen und Stützungen (durch zusätzliche Daten), verfügen. In den Stufen 3 bis 5 kommt es darauf an, ob die Argumente auch Widerlegungen bezüglich anderer Argumente beinhalten. Für Stufe 3 müssen unvollständige oder schwache Widerlegungen enthalten sein. Angemessene und verständliche Widerlegungen sind Stufe 4 zugeordnet, und für Stufe 5 kommen Argumente in Frage, die sogar mehrere unterschiedliche Widerlegungen gleichzeitig in einem Argument enthalten.

Problematisch an diesem methodischen Vorgehen ist u. E., dass von der Vollständigkeit und Komplexität der Argumentation auf ihre inhaltliche Güte geschlossen wird. Theoretisch ist es jedoch möglich, dass z. B. Daten zur Begründung der verfochtenen Meinung vorhanden sind, diese jedoch wenig präzise oder sogar falsch sind. Ebenso können Geltungsbeziehungen zwischen Behauptungen und Daten zwar vorhanden, aber unzutreffend sein. Es erscheint uns deshalb dringend geboten, ein Beurteilungsschema zu entwickeln, das nicht nur die Vollständigkeit der Argumentationsstruktur, sondern auch qualitative Gütekriterien berücksichtigt.

Nach J. Kopperschmidt (2000) müssen zur Beurteilung der Qualität von Argumentationen die Kriterien „problemspezifische Relevanz", „Gültigkeit" und „Eignung" herangezogen werden. Eine Argumentation kann grundsätzlich danach beurteilt werden, ob Belege und Schlussfolgerungen für das zu diskutierende Problem relevant sind. Die Argumente müssen zu dem Bereich passen, in dem diskutiert wird. So können z. B. ethische Probleme nur mit ethischen und nicht mit mathematischen Argumenten gelöst werden. Des Weiteren müssen die Belege, die für eine These angeführt werden, gültig oder wahr sein. Werden Generalisierungen als Beleg genutzt, ist zwischen allgemeinen, induktiven und anfechtbaren Generalisierungen zu unterscheiden (WALTON, D. 2006). Die Schlüsse zwischen den Belegen und der These müssen geeignet sein, diese zu stützen oder zu widerlegen. Die Geltungsbeziehung muss richtig oder zumindest wahrscheinlich sein. Ein weiteres Gütekriterium ist Adressatenbezug der Argumentation, da die Bedeutsamkeit der Argumente interaktiv mit dem Interaktionspartner ausgehandelt wird (u. a. WALTON, D. 2006; WINKLER, I. 2006; LUEKEN, G. 2000; HANSMANN, O. 1999; KOPPERSCHMIDT, J. 1995; WOHLRAPP, H. 1995). Begründungen, die überzeugen wollen, müssen damit nicht nur formal logisch, sondern auch auf den jeweiligen Adressaten zugeschnitten sein.

Schließlich können Argumentationen nach ihrem Komplexitätsgrad beurteilt werden, der sich daraus ergibt, wie umfassend die vertretene Position begründet wird.

3 Bewertungsschema

Für empirische Erhebungen schriftlicher Argumentationskompetenz ist es nun entscheidend, die in der Theorie genannten Gütekriterien soweit zu operationalisieren, dass sie zur qualitativen Beurteilung von Schülertexten eingesetzt werden können. Wir schlagen hierzu aufgrund der in unseren Vorstudien (vgl. unten und BUDKE, A. et al. 2010b) gemachten Erfahrungen folgendes Schema vor (s. Abb. 8.1).

Die Argumentationen können in sechs aufeinanderfolgenden Schritten evaluiert werden. Zunächst werden die Vollständigkeit (Schritt 1) und die Komplexität der Argumentationen (Schritt 2) anhand der von S. Toulmin definierten allgemeinen Strukturmerkmale beurteilt. Im 3. Schritt wird untersucht, ob diejenigen Argumentationen, die über eine vollständige Struktur verfügen, überhaupt für das im geographischen Kontext zu diskutierende Problem passend sind (Relevanzanalyse). Es folgt im 4. Schritt die Beurteilung der Qualität der genannten Belege,

117

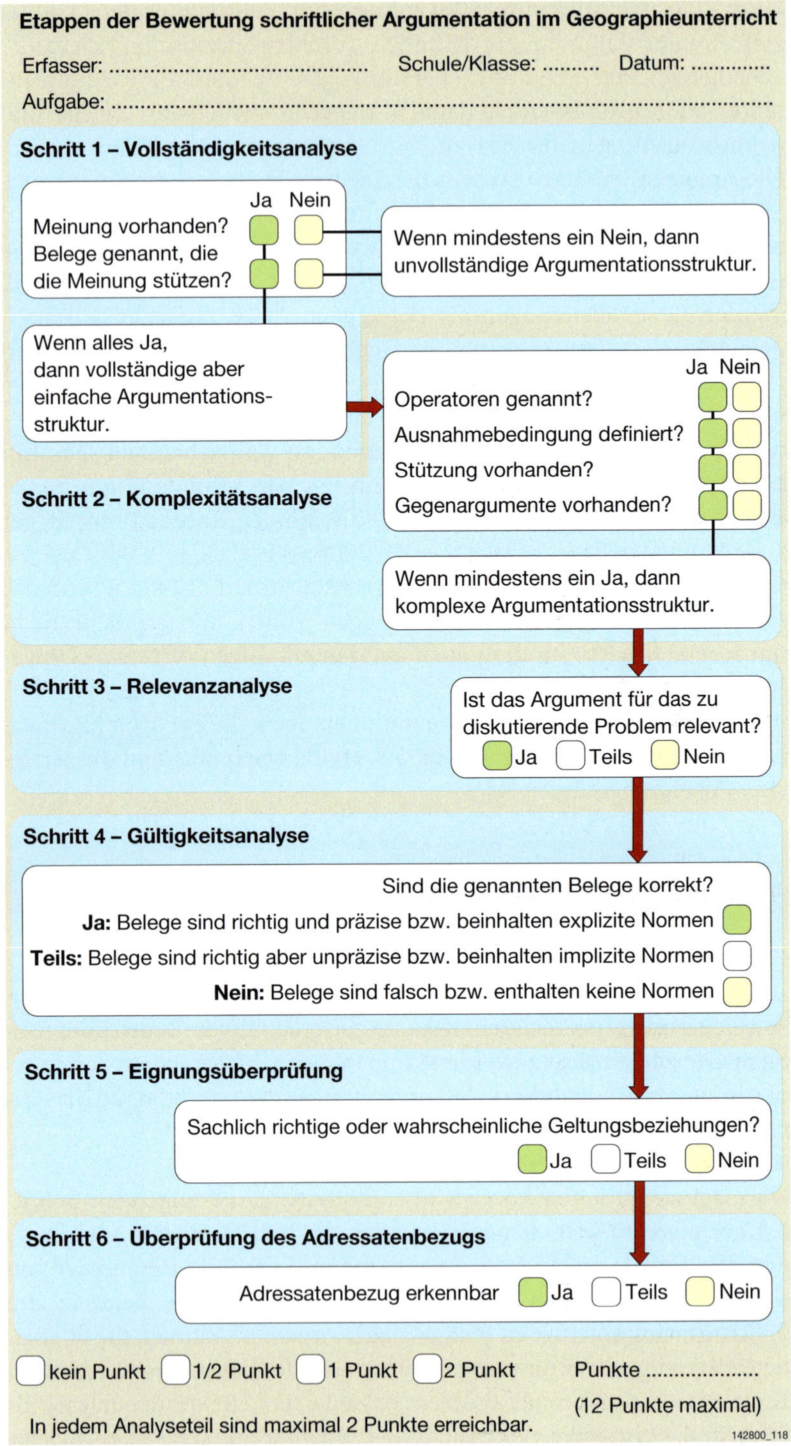

Abb. 8.1:
Bewertungs-
schema
(Entwurf:
Budke,
Uhlenwinkel
und Schiefele)

Etappen der Bewertung schriftlicher Argumentation im Geographieunterricht

Erfasser: ....   Schule/Klasse: ....   Datum: ....

Aufgabe: ....

Schritt 1 – Vollständigkeitsanalyse

Ja   Nein

Meinung vorhanden?
Belege genannt, die
die Meinung stützen?

Wenn mindestens ein Nein, dann
unvollständige Argumentationsstruktur.

Wenn alles Ja,
dann vollständige aber
einfache Argumentations-
struktur.

Schritt 2 – Komplexitätsanalyse

Ja   Nein

Operatoren genannt?
Ausnahmebedingung definiert?
Stützung vorhanden?
Gegenargumente vorhanden?

Wenn mindestens ein Ja, dann
komplexe Argumentationsstruktur.

Schritt 3 – Relevanzanalyse

Ist das Argument für das zu
diskutierende Problem relevant?
Ja   Teils   Nein

Schritt 4 – Gültigkeitsanalyse

Sind die genannten Belege korrekt?

Ja: Belege sind richtig und präzise bzw. beinhalten explizite Normen

Teils: Belege sind richtig aber unpräzise bzw. beinhalten implizite Normen

Nein: Belege sind falsch bzw. enthalten keine Normen

Schritt 5 – Eignungsüberprüfung

Sachlich richtige oder wahrscheinliche Geltungsbeziehungen?
Ja   Teils   Nein

Schritt 6 – Überprüfung des Adressatenbezugs

Adressatenbezug erkennbar   Ja   Teils   Nein

kein Punkt   1/2 Punkt   1 Punkt   2 Punkt   Punkte ....

In jedem Analyseteil sind maximal 2 Punkte erreichbar.   (12 Punkte maximal)

142800_118

118

welche die vertretende These stützen können (Gültigkeitsanalyse). Im 5. Schritt wird die Qualität der Geltungsbeziehung zwischen Belegen und Thesen überprüft (Eignungsüberprüfung). Schließlich geht es im 6. Schritt um den vorhandenen oder fehlenden Adressatenbezug der Argumentation. Beispielhaft ist in Abb. 8.1 eine Möglichkeit der Zuweisung von Punkten angegeben, wonach für jedes Kriterium bzw. jeden Schritt zwischen 0 und 2 Punkten vergeben werden können. Diese Punktwerte können zu einem Gesamtwert pro Aufgabe addiert werden oder aber im Sinne eigenständiger Items in anschließende statistische Analysen eingehen.

Am Beispiel der Shrimp-Produktion im Pazifik lässt sich zeigen, worauf bei einer Analyse, die mithilfe dieses Bewertungsbogens durchgeführt wird, geachtet werden sollte. Ein vollständiges, gültiges und geeignetes Argument zeigt Abb. 8.2a. Durch eine kleine Veränderung in der Darstellung der Fakten wird aus diesem Argument ein zwar vollständiges und geeignetes, aber ungültiges Argument (s. Abb. 8.2b), da anstatt der Nennung konkreter Zahlen eine globale Aussage gemacht wird, die auf der einen Seite in sich ungenau bleibt („fast alle") bleibt und auf der anderen Seite mittels dieser Ungenauigkeit eine Bedrohungslage suggeriert, die sich mit konkreten Fakten in dieser Deutlichkeit nicht konstruieren lässt.

a)

b)

c)

Abb. 8.2: Argumente zur Produktion von Shrimps im Pazifik (eigener Entwurf)
a) Vollständiges, gültiges und geeignetes Argument
b) Vollständiges, geeignetes, aber ungültiges Argument
c) Vollständiges, gültiges, aber ungeeignetes Argument

119

Ein vollständiges, gültiges, aber ungeeignetes Argument entsteht durch die Veränderung der Geltungsregel (s. Abb. 8.2c), d. h. es wird eine Begründung angeben, die schon deswegen wenig taugt, weil Agent Orange von Januar 1965 bis April 1970 durch die US-Luftwaffe eingesetzt wurde, der Verlust der Mangrovenwälder aber erst „seit dem Beginn der 1970er Jahre" datiert wird, d. h. ein direkter Zusammenhang kann so nicht formuliert werden, sondern es muss nach anderen Gründen, etwa die Anlage von Aquakulturen, gesucht werden.

4 Ergebnisse der Pilotstudie

Um zu testen, ob man Schülerargumentationen mit diesem Mittel messen und bewerten kann, wurde in einer 7. Klasse und in einer 11. Klasse zweier Potsdamer Gymnasien je eine kleine Pilotstudie durchgeführt. Die folgende Darstellung bezieht sich auf die Ergebnisse aus der 7. Klasse (die Ergebnisse aus der 11. Klasse finden sich in: BUDKE, A. et. al. 2010b). In der 7. Klasse wird in Bandenburg u. a. China und hier besonders auch die Ein-Kind-Politik behandelt. Grundlage für den Unterricht waren das in der Schule eingeführte Schulbuch *Geografie Klassen 7/8 Brandenburg* und ein Spiel, das in einer fachdidaktischen Zeitschrift publiziert wurde (THOMA 2003). Im Anschluss an den Unterricht sollten die Schüler zu Hause einen kurzen Text zum Thema verfassen. Dabei wurde ihnen ein Adressat als Bezugspunkt vorgegeben. Die genaue Aufgabenstellung lautete:

„Verfasse einen glaubwürdigen Leserbrief für eine chinesische Tageszeitung, in dem du Argumente für oder gegen die 1-Kind-Politik sammelst (100 Wörter)."

Für die Pilotstudie liegen insgesamt 13 Schülertexte vor. Durchschnittlich wurden 135 Wörter geschrieben, wobei einzelne Texte allerdings deutlich von der Vorgabe bzw. vom Mittel abweichen: der kürzeste Text umfasst 89 Wörter, der längste dagegen 288.

Die Auswertung der Texte erfolgte zunächst über ein *argument diagram* (WALTON, D. 2006) und dann mithilfe des Schemas vom Aufbau eines Arguments von S. Toulmin (2003).

Insbesondere für die Analyse nach S. Toulmin wurden die Argumente in eher geographische und eher andere, z. B. soziologische, psychologische oder politische Aussagen unterschieden. Das Thema „Ein-Kind-Politik" wurde neutral behandelt, d. h. keinem dieser beiden Bereiche zugeordnet. Die Zuordnung ergab im Schnitt 2,5 geographische

Argumente pro Text, wobei die Schwankungsbreite zwischen null und fünf liegt (s. Abb. 8.3).

Zur besseren Übersicht wurden die Argumente beim ersten Schritt, dem *argument diagramming*, farblich entsprechend kodiert, d. h. „rot" steht für die Behauptung, „grün" für ein geographisches Argument und „gelb" für ein nicht geographisches Argument. Zur Erstellung eines *argument diagrams* werden zunächst alle Argumente durchnummeriert. Diese Nummerierung findet sich im Diagramm insofern wieder, als dass ein Argument, das zu Beginn des Textes genannt wird, aber am Ende einer Argumentationskette steht, im Diagramm mit „1" gekennzeichnet ist. Dies ist z. B. häufig bei Behauptungen der Fall. Ein *argument diagram* stellt einen Text in Form eines Funktionsschemas dar, d. h. es wird vor allem nach den im Text vorhandenen „Wenn-dann-Beziehungen" gesucht. Dies geschieht unabhängig davon, ob es sich bei den einzelnen Elementen um Fakten, Regeln oder ähnliches handelt. In den Schülertexten konnten im Schnitt neun so definierte Argumente gezählt werden, wobei die Schwankungsbreite hier zwischen drei und 18 liegt. Die Verknüpfung der Argumente untereinander ist ebenfalls sehr unterschiedlich. Im Schnitt gibt es fünf Verknüpfungen pro Text.

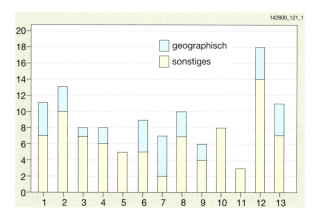

Abb. 8.3: Anzahl der (geographischen) Argumente pro Schülertext

Ganz ohne Verknüpfungen kommt der Text 11 mit nur drei Argumenten aus (s. Abb. 8.4a). Der Schüler bzw. die Schülerin spricht sich gegen die Ein-Kind-Politik aus (1) und begründet dieses Entscheidung damit, dass Kinder zum einen eine „wunderbare Bereicherung" seien (2) und zum anderen einen finanzielle, physische und psychische Unterstützung im Alter (3).

Ein Beispiel für eine deutlich erkennbare Argumentationslinie zeigt der Text 6 (s. Abb. 8.4b). Hier wird im Gegensatz zum Text 11 durchaus auf geographische Aspekte eingegangen. Der Schüler bzw. die Schülerin argumentiert ebenfalls gegen die Ein-Kind-Politik und verweist dabei darauf, dass der Wirtschaftswandel dazu geführt habe, dass viele Menschen nach Osten wandern und es nun so aussehe, als ob es dort zu viele Menschen gebe (obwohl der Rest des Landes relativ leer sei). Solche markanten Argumentationslinien finden sich insgesamt in zwei Texten. Sie werden entweder durch einzelne Argumente oder durch

a)

b)

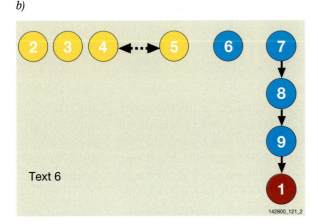

Abb. 8.4: Argument diagrams von Schülertexten
a) Text ohne Verknüpfung der Argumente
b) Text mit ausgeprägter Argumentationslinie
c) Text mit linked argument und divergierendem Argument

c)

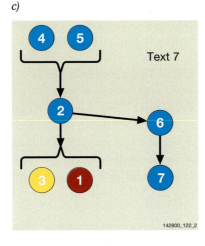

eine eher beschreibende, stark an die Aussagen im Schulbuch angelehnte Darstellung ergänzt.

In weiteren drei Texten lassen sich zwei oder drei deutlich voneinander getrennte Argumentationslinien finden, die sich zudem durch *linked arguments*, also Argumente, die voneinander abhängig sind und zu einer Folgerung führen (vgl. WALTON, D. 2006, 142), oder durch divergierende Argumente, die zwei Folgerungen nach sich ziehen (ebd., 147), auszeichnen (s. Abb. 8.4c, die beide Formen zeigt). Eines der beiden *linked arguments* (4 und 5) lautet hier, dass man in den ländlichen Gebieten mehr Städte errichten sollte, weil das Land so groß ist und die derzeitigen Städte aus allen Nähten platzen. Das divergente Argument schließt aus der Aussage, dass man die Bevölkerung einfach nur besser verteilen müsste (2), dass dann zum einen die Ein-Kind-Politik gar nicht nötig wäre (3) und zum anderen die arme Bevölkerung in den ländlichen Gebieten Arbeit bekäme und besser leben könnte (6).

In immerhin gut der Hälfte der Texte (7) lassen sich in zumindest einer der formulierten Argumentationsketten solche Verzweigungen finden, die auf eine komplexere Argumentation deuten können.

In keinem der Texte findet sich dagegen ein Beispiel für eine konvergierende Argumentation, bei der zwei unabhängige Argumente zu einer Schlussfolgerung führen.

Im nächsten Schritt wurden die geographischen Aussagen mithilfe der Schemas von S. Toulmin (2003) untersucht. Da vier Texte entweder gar keine oder nur eine geographische Aussage enthielten, reduziert sich die Zahl der zu untersuchenden Texte hier auf neun. Zwei der Texte zeigen sehr schön die Grundstruktur eines Arguments mit Fakt, Behauptung und Geltungsregel (s. Abb. 8.5a).

Ebenfalls zwei der neun Texte weisen eine vollständige Argumentstruktur auf (s. Abb. 8.5b). In zwei Texten fehlt ein Element, das in beiden Fällen die Einschränkung ist. In vier Texten fehlen zwei Elemente. Das sind zum einen die beiden Texte mit der vollständigen Grundstruktur. In einem anderen Text fehlen die Fakten und Einschränkung, in einem anderen die Begründung und die Unterstützung. Einem weiteren Text fehlen drei Elemente und zwar Begründung, Unterstützung und Einschränkung, d. h. der Text besteht nur aus Behauptung und Fakten.

a)

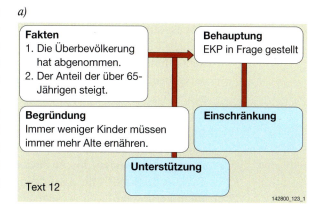

b)

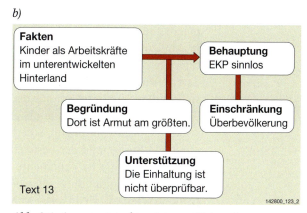

Abb. 8.5: Argumentstruktur (eigener Entwurf)
a) Grundstruktur eines Arguments
b) Vollständige Argumentstruktur

Bis hierher kann man festhalten, dass Schüler der 7. Klasse durchaus verzweigte Argumentationsketten formulieren können und dass es zumindest einigen Schülern gelingt vollständige geographische Argumente im Sinne S. Toulmins zu formulieren. Damit ist aber nur die Struktur der Argumente beschrieben. Was bisher nicht beachtet wurde, sind die Relevanz, Gültigkeit und die Eignung der Argumente im Hinblick auf die geographischen Inhalte, ohne die eine geographiedidaktische Analyse der Argumentstruktur nicht auskommt.

Auffällig ist hier zunächst, dass unter den Schülern offenbar keine Einigkeit über die im Unterricht vermittelten Fakten besteht: Die Aussagen zur Einwohnerzahl Chinas reichen von „die Einwohnerzahl

123

sinkt" über „die Einwohnerzahl sinkt nicht" bis zu „die Einwohnerzahl wächst stark", wobei nur die erste dieser Aussagen mit tatsächlichen Zahlen belegt wurde. Danach ist die Einwohnerzahl Chinas um 300 Mio. Menschen zurückgegangen.

Misconceptions (vgl. DOVE, J. 1999) wie diese finden sich an den unterschiedlichsten Stellen in den Argumentationen. Sie reichen von falschen Zahlen, etwa dass das Geschlechterverhältnis in China 106:100 betrage, über nicht definierte Vorstellungen von „viel", die in Aussagen wie „China ist überfüllt" oder auch schlicht „Überbevölkerung" zum Ausdruck kommen, bis zu lückenhaften *geographical concepts* (vgl. TAYLOR, L. 2008)[1], die als Lösung eine gleichmäßigere Verteilung der Bevölkerung im Land vorsehen.

Die Vermutung liegt nahe, dass viele dieser *misconceptions* hausgemacht sind, d. h. entweder von den Darstellungen im Schulbuch oder in den Unterrichtsmaterialien explizit gefördert oder durch Auslassung und eventuell anschließende Internetrecherche implizit herausgefordert werden. Diese Vermutung wird gestützt durch die Tatsache, dass sich in den Schülertexten nur drei mehrfach genannte Begriffe finden, die man im weiteren Sinne als geographisch bezeichnen könnte: Bevölkerung, Einwohnerzahl, Überbevölkerung. Dieses Ergebnis ist zum einen ein Spiegelbild der Feststellung, dass die Texte insgesamt relativ wenig geographische Argumente enthalten. Es ist aber auch ein Spiegelbild der brandenburgischen Schulbuchdarstellung, in der Begrifflichkeiten fehlen, die in ausgewählten Schulbüchern (vgl. Liste am Ende des Literaturverzeichnisses) der unteren Sekundarstufe 1 anderer Länder (mit Ausnahme Frankreichs, wo ein Buch der unteren Sek. II genutzt wurde) die Norm sind. Hier nur einige Beispiele:

• Bevölkerungsdichte (F, GB, NL, P)
• Geburtenrate (F, GB, NL, P)
• Fruchtbarkeitsrate (F, P)
• Sterberate (F, GB, NL, P)
• Lebenserwartung (F, GB, NL, P)
• Kindersterblichkeit (F, GB, P)
• natürliches Bevölkerungswachstum (F, GB, NL, P)
• demographische Transformation (F, GB, NL)
• Demographie (GB, NL)
• Bevölkerungsexplosion (NL)
• Entgrünung (NL)
• Demographischer Druck (NL)

124

Es fehlen ebenfalls viele der *geographical concepts* oder vertiefenden Inhalte, die in den Schulbüchern anderer Länder mit dem Thema verbunden werden, z. B.:

• bewohnte und unbewohnte Regionen (F, GB)
• arme und reiche Regionen (F)
• Migration (F, NL, P)
• Grenzen (F, NL)
• Wachstum und Entwicklung (F)
• Staat und Nation (F, NL)
• AIDS (F)
• Tragfähigkeit (F)
• Nachhaltigkeit (GB)

Für die Untersuchung der Argumentationskompetenz von Schülern ergibt sich dabei das Problem, dass verzweigte *argumentation diagrams* oder vollständige Argumentsstrukturen mit Inhalten gefüllt werden, die zwar aus dem schulischen Zusammenhang stammen, aber in dieser Form nicht mehr gehalten werden können, und dass es den Schülern oft an *geographical concepts* und auch an schlichten Begrifflichkeiten fehlt, was das geographische Argumentieren deutlich erschwert. Diese Leerstellen sind aber bereits in den Unterrichtsmaterialien zu beobachten, so dass man sie den Schülern kaum zur Last legen kann.

5 Unterrichtspraktische Umsetzungen

Die grundlegenden Probleme der Geographie im Geographieunterricht können hier nicht gelöst werden (vgl. MARSDEN, B. 1997; LAMBERT, D. 2009). Stattdessen sollen einige Vorschläge gemacht werden, wie die Argumentationskompetenz der Schüler verbessert werden kann.

5.1 Schreibrahmen

Schreibrahmen sind eine Form des *scaffolding* (vgl. VANKAN, L. et. al. 2007, 164). Im Prinzip besteht er aus einer einspaltigen Tabelle. Jede Zeile der Tabelle bietet den Schülern einen Satzanfang. In ihrer Gesamtheit bilden diese Satzanfänge das Gerüst einer Argumentation. Die Aufgabe der Schüler ist es nun lediglich die formale Struktur inhaltlich zu füllen (vgl. BUTT, G. 2001). Schreibrahmen nutzen zwar oft ähnliche Satzanfänge, müsse aber trotzdem oft neu erstellt werden, um dem Gegenstand angemessen zu sein.

125

> ***Ich denke, man kann ein Muster finden in Bezug auf ...***
> Religion
>
> ***Ein gutes Beispiel sind ...***
> die beiden katholischen Länder Portugal und Spanien, wo nur wenige
> Menschen sagen, dass sie Glücksbringer haben oder an sie glauben.
>
> ***Ein mit diesem Muster schwer zu erklärendes Beispiel könnte sein ...***
> entweder die Tschechische Republik oder Kroatien, die auch beide katholisch
> sind, aber wo viele Menschen sagen, dass sie Glücksbringer haben.
>
> ***Aber wenn man bedenkt, dass ...***
> die Menschen in diesen beiden Ländern gleichzeitig sagen, dass sie nicht an
> Glücksbringer glauben, könnte das Muster doch funktionieren.
>
> ***Andererseits ...***
> gibt es katholische Länder wie Polen, wo ähnlich wenige Menschen wie in
> Portugal und in Spanien sagen, dass sie Glücksbringer haben, aber wo trotz-
> dem viel mehr Menschen an sie glauben.
>
> ***Zusammenfassend würde ich sagen ...***
> dass Religion ein wichtiges Muster bieten könnte, aber sicher nicht das einzige,
> da es Länder gibt, die nicht in dieses Muster passen.

Abb. 8.6: Schreibrahmen mit Eintragungen

Der inhaltlich gefüllte Schreibrahmen in Abb. 8.6 sollte z. B. dazu dienen, die Frage zu klären, ob es in den unterschiedlichen Antworten der
Europäer auf die Frage, ob sie einen Glücksbringer haben, räumliche
Muster, etwa in Bezug auf die Religion oder das BIP, gibt oder nicht
(vgl. UHLENWINKEL, A. 2010).

5.2 Argumentationsbaum

Ein Argumentationsbaum (s. Abb. 8.7) macht auf einfache Weise die
wichtigsten Elemente eines Arguments sichtbar (vgl. UHLENWINKEL,
A. 2005; 2006). Wie der Schreibrahmen kann auch er als Mittel des

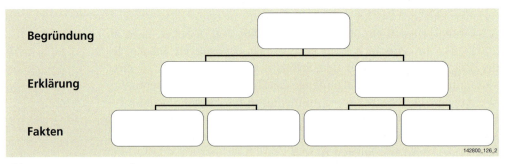

Abb. 8.7: Argumentationsbaum

126

scaffolding eingesetzt werden. Die Vorgabe mehrerer Kästchen für die Begründung und für die Fakten leitet Schüler dazu an, konvergierende Argumentstrukturen zu entwickeln, die in den Pilotstudien in der 7. Klasse gar nicht und in der 11. Klasse nur zweimal vorkamen (BUDKE, A. et. al. 2010b, 68).

5.3 Strukturerkennung von Argumenten

Unsere Pilotstudie hat u. a. ergeben, dass Schülerinnen und Schüler große Probleme hatten, vollständige Argumentationen zu entwickeln. Da häufig nur unbegründete Behauptungen aufgestellt oder Belege genannt wurden, die aber nicht auf die Behauptung bezogen wurden, erscheint es sinnvoll, den Schülern theoretisches Wissen darüber zu vermitteln, aus welchen Elementen Argumentationen generell bestehen. Hierzu bietet es sich zunächst an, einzelne Argumentationen mithilfe des Strukturschemas von S. Toulmin (1996) zu analysieren und dann

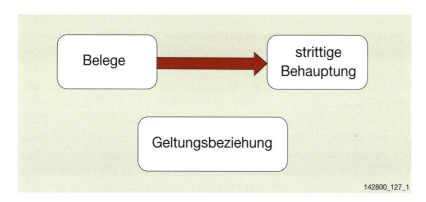

Abb. 8.8:
Schema zur Strukturerkennung von Argumenten
(nach TOULMIN, S. 1996)

die Schüler zu bitten, eigene Argumentationen mit diesem Schema zu entwickeln und die Argumentationselemente in die entsprechenden Kästchen einzutragen (s. Abb. 8.8). Ein Übungssatz könnte sein: "Der Migrationsfluss von Mexiko in die USA wird auch in Zukunft nicht abreißen, da dort das Einkommen sehr viel höher ist" (SERWENE, P. 2009, 109).

5.4 Argumentationsdomino

Wenn die Schüler bereits die Grundstruktur der Argumentation kennen und einfache vollständige Argumente selbst entwickeln können (s. Abb. 8.8), kann eine Übung angeschlossen werden, die das Ziel hat, komplexere Argumentationen anhand von Textbausteinen selbst entwickeln zu lassen (s. Abb. 8.9). Im ersten Schritt sollen die Lernenden

Abb. 8.9: Karten für das Argumentationsdomino. Funktionen der Sätze in der Argumentation: ☾ *– Meinung/strittige Behauptung,* ★ *– Beleg u. Geltungsbeziehung mit Operator,* ☺ *– Stützung der Geltungsbeziehung,* ✚ *– Definition von Ausnahmebedingungen,* ♥ *– Gegenargument,* ➡ *– Entkräftung des Gegenarguments*

die gestückelte Argumentation wieder zusammensetzen und sich dann im zweiten Schritt mit einem Partner/ einer Partnerin über ihre Entscheidungen austauschen. In der Gesamtgruppe kann abschließend die Bedeutung der einzelnen Sätze für die Gesamtargumentation exemplarisch besprochen werden. Abschließend können die Schüler dann die Aufgabe erhalten, eigene Argumentationsdominos zu erstellen.

5.5 Entwicklung von Gegenargumenten

Bei Diskussionen im Geographieunterricht ergibt sich häufig das Problem, dass Schülern nur ihre eigene Position vorbereitet haben und dann spontan nicht in der Lage sind, auf Gegenargumente kompetent zu reagieren. Bei der Vorbereitung von Diskussionen bietet es sich daher an, sowohl Argumente zur Stützung der eigenen Meinung als auch mögliche Gegenargumente entwickeln zu lassen. Hierfür kann das folgende Schema eingesetzt werden, bei dem die Schüler die Aufgabe haben, die leeren Kästchen mit entsprechenden Argumenten zu füllen (s. Abb. 8.10). Wenn man bei dem Beispielthema der Ein-Kind-Politik in China bleiben möchte, könnte z. B. mit folgendem Satz begonnen

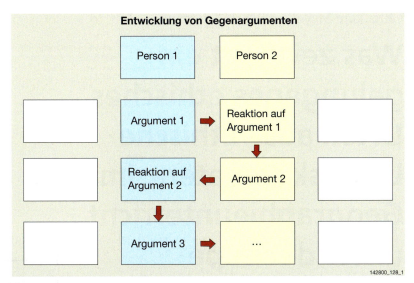

Abb. 8.10: Schema zur Entwicklung von Gegenargumenten (SERWENE, P. 2009, 110)

werden: „Ich finde die Ein-Kind-Politik in China sinnvoll, da sie dazu beiträgt, das Bevölkerungswachstum zu reduzieren."

6 Abschluss

In diesem Artikel haben wir erste von uns entwickelte Ansätze vorgestellt, wie geographische Argumentationskompetenz theoretisch modelliert, empirisch erhoben und didaktisch gefördert werden kann. Diese Ansätze sollen dazu dienen, die geographiedidaktische Diskussion zur Argumentationskompetenz anzustoßen und Impulse für die Entwicklung dieses noch sehr jungen Forschungsgebietes zu geben.

Christiane Meyer und Dirk Felzmann

9

Was zeichnet ein gelungenes ethisches Urteil aus? Ethische Urteilskompetenz im Geographieunterricht unter der Lupe

1 Einleitung: Grundlagen zur ethischen Urteilskompetenz

Ethische Urteilskompetenz beinhaltet die reflektierte Verknüpfung von Sachwissen auf der einen Seite sowie Wertvorstellungen auf der anderen Seite und ist die Basis für Entscheidungen bzw. Urteilen in Handlungssituationen. Aber was heißt überhaupt ethische Urteilskompetenz? Warum wird hier nicht von moralischem Urteilen gesprochen? Was hat das überhaupt mit Geographieunterricht zu tun – ist das nicht eher ein Fall für den Ethik- oder Religionsunterricht oder das Fach „Werte und Normen"? Worin unterscheiden sich ethische von nichtethischen Urteilen? Auf diese Fragen möchten wir zunächst Antworten geben, bevor wir auf die Struktur eines ethischen Urteils eingehen und in den beiden folgenden Kapiteln das ethische Urteilen genauer unter die Lupe nehmen. Im zweiten Abschnitt wird hierzu auf empirische Ergebnisse über moralisches Urteilen eingegangen, bevor im dritten Abschnitt exemplarisch konkretisiert wird, wie eine Analyse unterschiedlicher Standpunkte zur Förderung der ethischen Urteilskompetenz aussehen könnte. Abschließend werden die Ansätze zur Beantwortung der Frage unseres Titels kritisch zusammengefasst.

1.1 Terminologische Anmerkungen zu Ethik und Moral, Norm und Wert

Schon Erich Kästner hat über „Moral" gesagt: „Es gibt nichts Gutes, außer: Man tut es." Moral hat mit den Grundsätzen, nach denen Menschen handeln, zu tun. Sie setzt ein Bewusstsein darüber voraus. Die Ethik versteht sich „als Wissenschaft vom moralischen Handeln" (PIEPER, A. 2007, 17). Sie ist somit die Theorie zur Moral und steht somit, genau wie die Didaktik zum Schulunterricht, in einem wechselseitigen Verhältnis zur Praxis. Die Ethik reflektiert über die Basis, auf der Menschen entscheiden bzw. urteilen.[1] Als generelle Frage könnte die einfache und klassische Formulierung von I. Kant herangezogen werden: „Was soll ich tun?" Zur Beantwortung dieser Frage gehören abgesehen von einer zur Situation gehörenden Daten- bzw. Sachinformationslage auch Normen und Werte, die das Urteil bzw. die Entscheidung begründen. Normen sind quasi wie Standards und stellen Richtlinien bzw. verpflichtende Kriterien des Verhaltens bzw. Handelns dar. Sie sind zumeist als „Sollens-Aussagen" formuliert, wie beispielsweise „Natur soll geschützt werden" oder „Jeder soll einen Zugang zur Bildung erhalten". Normen basieren letztlich auf Wertvorstellungen. Diese sagen etwas über die Qualität aus, die Ideen, Dingen, Beziehungen und dergleichen beigemessen werden. So könnten der Wert der Natur oder der Bildung wie folgt beschrieben werden: „Natur stärkt die seelischen Kräfte, da sie unter anderem ästhetischen Genuss ermöglicht", „Bildung dient der persönlichen lebensweltlichen Orientierung und ermöglicht die Selbstentfaltung". Die Norm- und Wertvorstellungen leiten uns – oftmals unbewusst – bei einer Urteilsfindung bzw. in einer Entscheidungssituation. Unser Auftreten und Wirken, unser Empfinden und unsere Ausstrahlung werden aber auch durch sie geleitet bzw. determiniert. Sie machen einen wesentlichen Teil unserer Persönlichkeit bzw. Identität aus, da sie sich in vielfältigen Lebenssituationen und durch unsere Lebenserfahrungen aufgebaut haben.

Wenn wir also die ethische Urteilskompetenz thematisieren und über gelungenes ethisches Urteilen reflektieren, dann bedeutet dies nicht nur einen „(selbst)kritischen Blick" zu entwickeln, sondern auch „ein (selbst)kritisches Hineinhorchen nach innen". Es bedeutet die Verknüpfung von Kognition und Emotion.

Wir verwenden somit den Begriff der ethischen Urteilskompetenz, um deutlich zu machen, dass es dabei vor allem um ein Reflektieren über moralisches Handeln bzw. Entscheiden gehen soll und letztlich geht es u. E. nach den vorangegangenen Ausführungen auch um ein Reflektieren über uns selbst.

1.2 Ethisches Urteilen im Geographieunterricht

Mit Blick auf Schule betont V. Ladenthin (2010) unter Verweis auf die Conditio Humana, den Möglichkeiten und Bedingungen des Menschseins, dass im Unterricht verbindlich darüber gesprochen werden könne, „was denn die Kriterien für Wertentscheidungen sind: Wie die Menschen leben sollten und was sittliches Handeln ist" (ebd., 6).[2] Damit konkretisiert er für Werturteile, was auch für den Geographieunterricht propagiert wird. Die nationalen Bildungsstandards im Fach Geographie weisen im Kompetenzbereich „Beurteilung/Bewertung" als Teilkompetenz B4 aus: „Fähigkeit, ausgewählte geographisch/geowissenschaftlich relevante Sachverhalte/Prozesse unter Einbeziehung fachbasierter und fachübergreifender Werte und Normen zu bewerten" (DGfG 2010, 26). Als geographisch relevante Normen und Werte werden im dort aufgelisteten Standard S 7 exemplarisch genannt: Menschenrechte, Naturschutz, Nachhaltigkeit. Als geographisch relevante Sachverhalte und Prozesse, bei denen diese Normen und Werte eine Rolle spielen, werden im Standard S 8 beispielhaft angeführt: Flussregulierung, Tourismus, Entwicklungshilfe/wirtschaftliche Zusammenarbeit, Ressourcennutzung. Damit wird schon angedeutet, dass es vielfältige Themen des Geographieunterrichts gibt, die unter ethischen Gesichtspunkten reflektiert werden können (vgl. BIRKENHAUER, J. 2000). In der dazugehörigen Aufgabenformulierung wird in den Bildungsstandards der Operator „bewerten" herangezogen, der auch in der kurzen Variante „nimm Stellung" häufig in Schulbüchern oder Unterrichtsmaterialien auftaucht. Dieser ist wie folgt definiert: „Aussagen, Behauptungen, Vorschläge oder Maßnahmen beurteilen unter Offenlegung/Reflexion der angewandten Wertmaßstäbe und persönlich Stellung nehmen" (DGfG 2010, 33).

Nichtethische Urteile unterscheiden sich somit von ethischen darin, dass erstere eher etwas über die Angemessenheit, Richtigkeit, Gültigkeit etc. *aussagen* (im Sinne des Operators „beurteilen", vgl. DGfG 2010, 33), wohingegen letztere auf Grundlage von Wertmaßstäben *bewerten*. Die zu der Teilkompetenz B4 (DGfG 2010, S. 26) exemplarisch genannten Normen und Werte sowie die damit verbundenen Sachverhalte und Prozesse sind jedoch in der Konkretisierung im Geographieunterricht weitaus differenzierter zu betrachten und zu vertiefen (s. Abschnitt 3.2).

Wir schließen uns mit unseren Ausführungen zum ethischen Urteilen einem Statement von V. Wilhelmi an: „Nicht die Erziehung zu Werten, sondern die Aufforderung zu werten – das muss Unterricht leisten! Die Frage ist nicht ‚Wie entscheidest du?', sondern ‚Wonach entscheidest du?'" (WILHELMI, V. 2007, 30). Auch Tröger betont eine Wertekommunikation und -diskussion, anhand derer Reflexions- und Diskursverfahren eingeübt werden können, in einem Unterricht, der „den gesellschaftlichen Bedingungen der Identitätsbildung" angepasst ist (vgl. TRÖGER, S. 2002, 37).

1.3 Der praktische Syllogismus als „Reflexionswerkzeug"

Die Aufforderung zu werten erfordert, dass das „wonach" auch von einer Metaebene aus betrachtet wird. Wir schlagen dafür als „Reflexionswerkzeug" in Anlehnung an J. Dietrich (2007, 40ff.) den sogenannten praktischen Syllogismus vor, der in seiner Grundstruktur aus einer beschreibenden (deskriptiven) und einer vorschreibenden (präskriptiven) Prämisse besteht, aus denen ein fallbezogener präskriptiver Schluss (Konklusion) gezogen wird [3] (vgl. DIETRICH, J. 2007, 40, siehe Abb. 9.1a).

a)

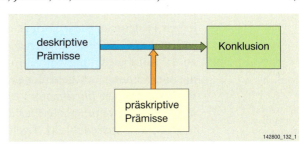

Wenn unter Weglassen der präskriptiven Prämisse direkt von der deskriptiven Prämisse auf die Konklusion geschlossen würde, läge ein Verstoß gegen das Hume'sche Gesetz vor, da nicht vom Sein auf das Sollen geschlossen werden kann (so genannter „Sein-Sollen-Fehlschluss"). Wird hierbei aus einer deskriptiven Prämisse, die eine Ist-Aussage über ein naturwissenschaftliches Phänomen darstellt, direkt ein Urteil gefolgert, so wird auch von einem „naturalistischen Fehlschluss" gesprochen. Ein solcher Fehlschluss würde etwa bei folgender Argumentationsstruktur bezüglich des Beispiels in Abb. 9.1b vorliegen: „Durch die Umgehungsstraße wird Natur zerstört, deshalb soll die Umgehungsstraße nicht gebaut werden" (vgl. DIETRICH, J. 2007, 40f.).

b)

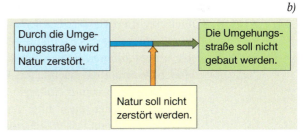

Abb. 9.1: Grundstruktur des praktischen Syllogismus
a) Grundstruktur
b) Grundstruktur mit Beispiel
   (in Anlehnung an DIETRICH, J. 2007, S. 40f.)

2 Beispiel „Flussversalzung durch Kali-Abbau": Wie urteilen Schülerinnen und Schüler?

Bevor auf empirische Ergebnisse über Schülerurteile zum aktuellen Problem der „Flussversalzung durch Kali-Abbau" eingegangen wird, werden ausgewählte Forschungsergebnisse zum moralischen Urteilen vorangestellt, die zusammen mit den vorangegangenen Darstellungen den Rahmen zur Einordnung der Ergebnisse bilden.

2.1 Urteile in moralischen Dilemmata

In der entwicklungspsychologischen Forschung haben insbesondere L. Kohlberg und seine Mitarbeiter Urteile und ihre Rechtfertigungen in moralischen Situationen in verschiedenen Altersstufen analysiert. Eine wesentliche und berühmt gewordene Grundlage ihrer Forschung war das den Probanden vorgelegte „Heinz-Dilemma", bei dem ein Mann die Medikamente für seine in Lebensgefahr schwebende Frau nicht bezahlen kann und deshalb einen Einbruch in eine Apotheke in Erwägung zieht. M. Keefer (2003) nutzte dieses Beispiel und fragte die jugendlichen Probanden nach Vorlage dieses Dilemmas, was Heinz machen soll und wie sie diese Entscheidung begründen.[4] Diese im Vergleich zu L. Kohlbergs Interviewführung offenere Fragestellung schränkte die Begründung der getroffenen Entscheidung nicht auf moralische Rechtfertigungen *(justificatory approach)* ein, sondern erlaubte auch die Entwicklung pragmatischer Lösungsstrategien für dieses Problem *(deliberative approach)*. M. Keefer konnte beim Heinz-Dilemma eine geschlechterspezifische Verteilung auf diese beiden Bearbeitungsstrategien zeigen: die weiblichen Probanden argumentierten überwiegend pragmatisch *(„deliberation"-Strategie)*, die männlichen Probanden vor allem rechtfertigend *(„justification"-Strategie)*. Bei einem Dilemma in einem stärker gesellschaftspolitischen Kontext *(„Michael-Dilemma")* mit erneut offener Fragestellung argumentierten im Gegensatz zum Heinz-Dilemma die weiblichen Probanden dagegen überwiegend gemäß der *„justification"-Strategie*, während die männlichen Probanden zu gleichen Teilen diese und die *„deliberation"-Strategie* anwandten. Zusammenfassend lassen sich aus Keefers Untersuchungen, wie Schüler in moralischen Dilemmata urteilen, folgende Schlüsse ziehen:

• Ein nennenswerter Prozentsatz (in beiden Dilemmata etwa ein Drittel) „löst" das Problem auf eine Weise, die ein moralisches Abwägen im Konflikt stehender Werte letztlich nicht mehr nötig macht *(„deliberation"-Strategie)*. Hierfür werden über die bereitgestellten Informationen hinausgehende zusätzliche Annahmen gemacht, so dass Lösungsmöglichkeiten entwickelt werden, die bis hin zu „win-win-Situationen" für alle am Konflikt beteiligten Parteien reichen[5].

• Die Wahl einer dieser beiden Strategien ist kontextabhängig und kann innerhalb bestimmter Kontexte geschlechtsspezifisch ausgeprägt sein.

2.2 Umgang mit Daten und formalen Kriterien beim Urteilen

D. L. Zeidler (1997) bzw. M. L. Simmons & D. L. Zeidler (2003) klassifizierten den Umgang mit Daten und Argumenten in Diskussionen zu *„socioscientific issues"* entsprechend den aus der *conceptual-change*-Forschung bekannten Verhaltensmustern zum Umgang mit anomalen Daten (CHINN, C. A. & BREWER W. F. 1993) und listen vier häufige Beispiele hierzu auf:

1 Bestätigungstendenz *(„Confirmation Bias")*: nur den eigenen Standpunkt bestätigende Daten werden in der Argumentation berücksichtigt.
2 Normatives Argumentieren *(„Normative Reasoning")*: eigene Erfahrungen werden als Argumente herangezogen, ohne deren Subjektivität und Verallgemeinerbarkeit zu reflektieren.
3 Gültigkeitsbedenken *(„Validity Concerns")*: Die Gültigkeit der Daten wird angezweifelt.
4 Veränderungen von Argumenten und Daten *(„Altering Representation of Argument and Evidence")*: Fiktive Daten werden postuliert, die zu einer Erweiterung der „Grenzen der Evidenzen" führen.

Analysen von Schülerurteilen in moralischen Kontexten der Biologie (REITSCHERT, K. 2009, GEBHARD, U. et al. 2004) zeigten eine weite Verbreitung naturalistischer Fehlschlüsse (siehe 1.2). Demnach sei das, was natürlich ist, auch deshalb gut (vgl. für die Geographiedidaktik dazu auch SCHULTZ, H.-D. 1997).

2.3 Ein Beispiel: Sollen weiterhin salzhaltige Abwässer in die Werra eingeleitet werden?

Im Folgenden werden Schülerurteile zur Fragestellung, ob das Unternehmen K+S (s. Abb. 9.2) weiterhin salzhaltige Abwässer in die Werra einleiten soll, auf Basis der gerade dargestellten Verhaltensmuster von Schülern beim Argumentieren analysiert. Dabei handelt es sich um insgesamt 17 schriftliche Urteile von Neuntklässlern eines niedersächsischen

Spiegel-Schlagzeile (Heft 35/2009, 42):

„Alarm am Monte Kali"

"Mit dem Kali-Abbau an der Werra hat der Großkonzern K+S Milliarden verdient, doch der Preis dafür ist hoch: Der Fluss ist der schmutzigste in Mitteleuropa, Salzlauge bedroht das Grundwasser. Eine Pipeline zur Nordsee könnte den Bergbau retten."

Abraumhalde bei Giesen, Niedersachsen
Zeugnis des ehemaligen Kali-Abbaus zwischen Hannover und Hildesheim

Abb. 9.2: Schlagzeile zum Kali-Abbau (Quelle: Spiegel Heft 35/2009, 42)

Gymnasiums außerhalb des Werra-Weser-Einzugsbereichs. Die Daten wurden im Rahmen einer Pilotstudie des Projektes CoReflect durch die Chemiedidaktik der Leibniz Universität Hannover (verantwortlich U. Saballus) im Jahr 2009 erhoben. Die Schüler hatten zuvor innerhalb des Chemieunterrichts[6] Zugang zu bereitgestelltem Material, das die drei Teilbereiche des „Dreiecks der nachhaltigen Entwicklung" abdeckte und aus Sachdaten, Sachurteilen und Werturteilen bestand.

Die Analyse erfolgt kursorisch und dient primär der Illustrierung der oben skizzierten Verhaltensmuster:
• Ein Schüler listete lediglich Daten auf, ohne selbst Position zu beziehen.
• Sieben Schüler können als *pragmatische Argumentierer* entsprechend der *„deliberation"-Strategie* charakterisiert werden. Besonders häufig werden dabei ökonomische Daten fehlerhaft gebraucht und erlauben so eine pragmatische Lösung für alle Konfliktparteien, z. B.: „Es gibt viele sinnvolle Alternativen zur Entsorgung in der Werra, die auch wirtschaftlich klug wären." Beispiele für solche ökonomisch naiven Lösungsvorschläge sind:
   a) Der Bau einer abgelegenen Eisenbahnstrecke zwischen den Kali-Abbaugebieten und der Nordsee, um das Salz dorthin zu transportieren. Die Kosten für deren Bau sollten sich „beide Seiten" teilen.
   b) Der (derzeit intensiv diskutierte) Bau einer Pipeline, bei dem die Firma K+S „wohl kaum finanzielle Probleme hätte, sondern zusätzlich einen großen werbetechnischen Vorteil: sie könnte zu Recht mit Naturschutz werben".
   c) Als Sponsoren für den Bau der Pipeline kämen Naturschutzverbände in Betracht. Bis zur Fertigstellung der Pipeline könne man das Salz zur Kochsalznutzung verwenden.
   d) Der Bau der Pipeline würde die Wirtschaft ankurbeln und neue Arbeitsplätze schaffen.
• Neun Schüler können als *„moralische Abwäger"* (dies entspricht der *„justification-Strategie"*) charakterisiert werden, die davon ausgehen, dass nicht alle im Konflikt tangierten Werte durch bestimmte Lösungskonzepte befriedigt werden können und dass deshalb ein Werturteil gefällt werden muss, z. B.: „Meiner Meinung nach sollte die Einleitung des Salzes in die Werra eingestellt werden, da der Lebensraum für Pflanzen und Tiere arg strapaziert wird. (...) Auch wenn es gravierende Folgen in wirtschaftlicher Hinsicht hätte, nämlich den Verlust vieler Arbeitsplätze bei einer Schließung der Firma, die dann drohen würde. (...) Nur der wirtschaftliche Aspekt wiegt meiner Meinung nach bedeutend weniger als der ökologische, denn Flora und Fauna werden zerstört."

Nimmt man den praktischen Syllogismus als Referenzrahmen zur Analyse der Urteile der moralischen Abwäger, so fällt auf, dass ganz überwiegend nur deskriptiv formulierte Aussagen erfolgen. Sehr häufig haben aber diese deskriptiv formulierten Aussagen eine normative Funktion, so dass – nach formalen Kriterien – ein Sein-Sollen-Fehlschluss vorliegt, bei dem es sich sehr häufig um einen naturalistischen Fehlschluss handelt. Ein Beispiel dafür ist, wenn ein Stopp der Salzeinleitung gefordert wird alleine mit dem Hinweis darauf, dass die Fischartenzahl durch den hohen Salzgehalt abgenommen habe. Werden normative Prämissen formuliert (z. B. „Es ist nicht korrekt, dass die Werra so extrem versalzt wird."), so werden die hierbei formulierten Normen nie auf Basis eines Wertmaßstabes begründet.

Zusammenfassend lässt sich mit aller gegebenen Vorsicht folgern, dass auch in moralisch dilemmatischen Kontexten des Geographieunterrichts:
- ein Teil der Schüler versuchen wird, das Problem pragmatisch zu lösen, wobei Daten nicht berücksichtigt, die Aussagekraft von Daten bezweifelt, Daten fehlerhaft verstanden und zusätzliche Daten postuliert werden,
- ein anderer Teil das Dilemma akzeptieren und unter Abwägen ein Werturteil fällen wird, das den Kriterien des Urteilens gemäß der Struktur des praktischen Syllogismus nur selten gerecht wird.

3 „Beispiel Kinderarbeit": Wie können Standpunkte analysiert bzw. reflektiert werden?

Die vorhergehenden Darstellungen sollten verdeutlichen, dass die Förderung der ethischen Urteilskompetenz im Hinblick auf die Teilkompetenz B4 in den Bildungsstandards (vgl. DGfG 2010, 26) vonnöten ist. Wir schlagen vor, dass zunächst einmal die Struktur eines ethischen Urteils und dabei vor allem die zur Begründung notwendigen Norm- und Wertvorstellungen bewusst gemacht werden sollten. Dies könnte geschehen, indem schon formulierte Standpunkte analysiert werden.

3.1 Vorüberlegungen zur Anwendung des praktischen Syllogismus als Analysewerkzeug

Bevor wir am konkreten Beispiel zwei Standpunkte beleuchten, möchten wir darauf hinweisen, dass zunächst einmal eine Situation als überhaupt ethisch relevant wahrgenommen werden muss. „Ethische Kompetenz geht also nicht – wie es häufig im Vordergrund steht – in der Kompetenz der Bewertung und ihrer Begründung auf, sondern setzt

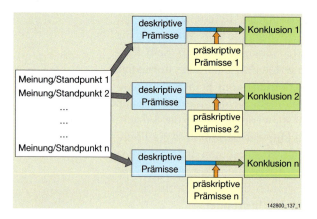

auch eine Wahrnehmungskompetenz voraus: Wenn ich überhaupt kein moralisch-ethisches Problem ‚sehe', kann ich es auch nicht argumentativ lösen" (DIETRICH, J. 2007, 43f.). Dies gilt gleichermaßen für Lehrkräfte als auch für Schüler im Lernprozess.

Die jeweiligen Perspektiven auf eine Situation sind dadurch charakterisiert, dass bei gleicher Ausgangssituation die unterschiedlichen Konklusionen und ggf.

Abb. 9.3: Unterschiedliche Perspektiven auf eine Situation

Einschränkungen vor allem auf unterschiedlichen präskriptiven Prämissen basieren, die jeweils andere Normen und/oder Werte betonen (siehe Abb. 9.3). Mit Bezug auf die schon genannte Wahrnehmungskompetenz müsste auch die deskriptive Prämisse begrifflich und empirisch überprüft werden (vgl. DIETRICH, J. 2007, 42), aber vorrangig geht es uns hier zunächst um ein Bewusstmachen der unterschiedlichen präskriptiven Prämissen. Allein im Hinblick auf diesen Fokus lässt sich feststellen: „So einfach die Grundstruktur des Praktischen Syllogismus ist, so anspruchsvoll ist ihre Umsetzung" (ebd., 42).

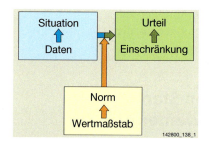

Im Folgenden verwenden wir eine modifizierte Form des praktischen Syllogismus, die für den Unterricht hilfreicher ist, da sie eine differenziertere Betrachtung ermöglicht (vgl. Abb. 9.4):

Abb. 9.4: Modifizierte Form des praktischen Syllogismus (nach TOULMIN, S. (1984) in VANKAN, L. et al. 2007, 145)

- Sie fordert innerhalb der präskriptiven Prämisse mit dem Wertmaßstab eine Normbegründung ein, was von fachdidaktischer Seite als ein zentrales Element einer ethischen Urteilskompetenz angesehen wird (vgl. Operator „bewerten" in den Bildungsstandards, DGfG 2010, oder Konzepte zur Förderung der Urteilskompetenz aus der Biologiedidaktik, BÖGEHOLZ, S. et al. 2004).
- Sie erlaubt eine Einschränkung der Konklusion. So könnte bei dem in Abschnitt 1.2 vorgestellten Beispiel zum Bau der Umgehungsstraße zwar auch die Norm vertreten werden, dass Natur nicht zerstört werden soll (oder in anderer Formulierung, dass Natur geschützt werden soll), aber der Bau der Umgehungsstraße im Schluss dennoch zugelassen werden unter der Einschränkung, dass als Kompensation an anderer Stelle ein Naturschutzgebiet angelegt werden soll (vgl. DIETRICH, J. 2007, 43).

3.2 Analyse von Standpunkten mithilfe des praktischen Syllogismus

Im Folgenden analysieren wir mithilfe dieser Form des praktischen Syllogismus zwei Standpunkte zu einer fiktiven Situation über Kinderarbeit (vgl. auch MEYER, C. et al. 2010; s. Abb. 9.5).

Die Firma „Transdyn" ist ein in Deutschland ansässiges internationales Logistikunternehmen mit mehreren tausend Mitarbeitern weltweit.
Vor kurzem hat die Firmenzentrale über das Internet ein Foto entdeckt, das bei einem pakistanischen Subunternehmer aufgenommen wurde. Darauf sind pakistanische Kinder zu sehen, die beim Abladen von Leerpaletten helfen. Daraufhin hat die Konzernführung dem Subunternehmen gekündigt.

Abb. 9.5: Fiktive Situation zur Kinderarbeit in Pakistan
(in Anlehnung an HEMEL, U. 2007, 10):

Zu der Situation in Abb. 9.5 werden zwei Perspektiven gegenübergestellt. Zum einen vertritt ein deutscher Mitarbeiter, der am Firmensitz der Zentrale arbeitet, seinen Standpunkt. Ein pakistanischer Mitarbeiter, der in Pakistan die Lieferanten von Transdyn zeitlich disponiert, antwortet ihm (vgl. HEMEL, U. 2007, 10f.; s. Abb. 9.7 und 9.8).

*„Es ist **moralisch verwerflich**, Kinderarbeit zu tolerieren.*
*Die **Charta der Menschenrechte** ist allgemein anerkannt, und sie gesteht Kindern bestimmte **Rechte zu ihrer körperlichen und geistigen Entwicklung** zu. Solche Rechte werden durch Kinderarbeit beeinträchtigt. Würden westliche Firmen bei ihren Lieferanten Kinderarbeit um eines Kostenvorteils willen dulden, dann würden sie sich der **Ausbeutung der Schwächsten der Schwachen** schuldig machen.*
*Darüber hinaus könnte ein **Lohndumping mit billiger Kinderarbeit** in Deutschland zum **Verlust weiterer Produktionsarbeitsplätze führen**, weil wir mit unseren deutschen Löhnen sicher nicht mit dem Lohn für Kinderarbeit konkurrenzfähig sein können und wollen."*

Abb. 9.6: Argumentation eines deutschen Mitarbeiters am Firmensitz der Zentrale (in Anlehnung an HEMEL, U. 2007, 10; Hervorhebungen nicht im Original)

Vor der Analyse der in Abb. 9.6 und 9.7 präsentierten Standpunkte mithilfe des praktischen Syllogismus ist anzumerken, dass die Normen und Wertmaßstäbe nicht immer explizit formuliert wurden, so dass sie rekonstruiert werden mussten (in den Abbildungen durch eine schwarz gestrichelte Linie gekennzeichnet). Zudem ist darauf hinzuweisen, dass es sich um eine mögliche Lösung in dieser Struktur handelt. Es gibt sicher noch andere Varianten hierzu. Die Argumentationen konnten hierbei jeweils in zwei Teilargumentationen aufgeteilt werden, von denen die erste vordergründig (Abb. 9.8a und Abb. 9.9a) und die zweite eher hintergründig (Abb. 9.8b und 9.9b) zu erschließen ist.

Abb. 9.7: Argumentation eines pakistanischen Mitarbeiters von Transdyn (in Anlehnung an HEMEL, U. *2007, 10; Hervorhebungen nicht im Original)*

> „Die Lebenserwartung in Pakistan lag im Jahr 2008 bei 66 Jahren. Bei einer Bevölkerung von 180 Millionen Menschen und einer Kindersterblichkeit, die bei über 10 Prozent aller Neugeborenen zum Tode vor dem Erreichen des fünften Lebensjahres führt, ist **jeder Beitrag zum Familieneinkommen** ein direktes **Mittel zum Überleben einer Familie**.
> Die zur Schau getragene **moralische Überlegenheit westlicher Wertanschauungen** ist in Wirklichkeit eine verkleidete Form von **Überheblichkeit** und **Kolonisation**. Die Verweigerung von Arbeitsmöglichkeiten ist in einigen Fällen das sichere Todesurteil für die Betroffenen.
> Als Mitarbeiter von Transdyn kann ich die Diskussion in Europa nachvollziehen und werde die Anweisung auch umsetzen; für gerecht halte ich sie allerdings nicht"

3.3 Überlegungen zum Mehrwert der Metareflexion

Die strukturierende Analyse ermöglicht einen Vergleich der jeweiligen präskriptiven Prämissen auf einer metareflexiven Ebene. Plakativ könnte formuliert werden:

Im jeweils ersten Teil der Argumentation muss zwischen den präskriptiven Prämissen „Schutz der körperlichen und geistigen Entwicklung der Kinder mit Bezug zur Charta der Menschenrechte" und „Schutz bzw. Überleben der Familien durch Einkommen" abgewogen werden. Bei der jeweils zweiten Argumentation stehen sich „Schutz der nationalen Wirtschaft (Deutschland)" und „nationale Selbstbestimmung (Pakistan)" gegenüber. Nebenbei bemerkt, ist der erste Teil der Argumentation des deutschen Mitarbeiters deontologisch, der zweite hingegen konsequentialistisch. Bei der Argumentation des pakistanischen Mitarbeiters ist hingegen der erste Teil konsequentialistisch, der zweite könnte letztlich als eine Variante von Tugendethik gedeutet werden (vgl. MEYER, C. et al. 2010, 9).

a)

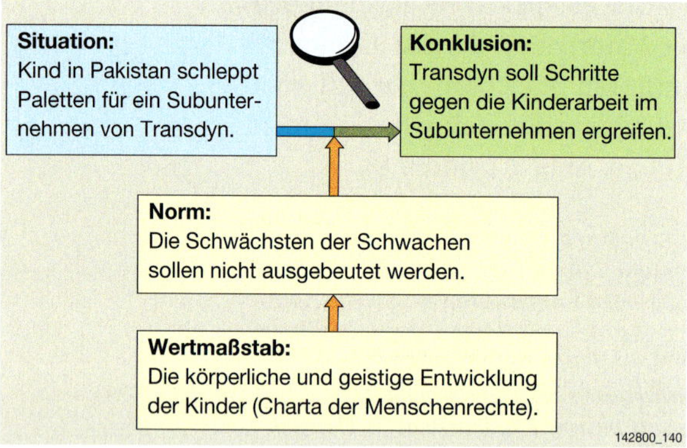

b)

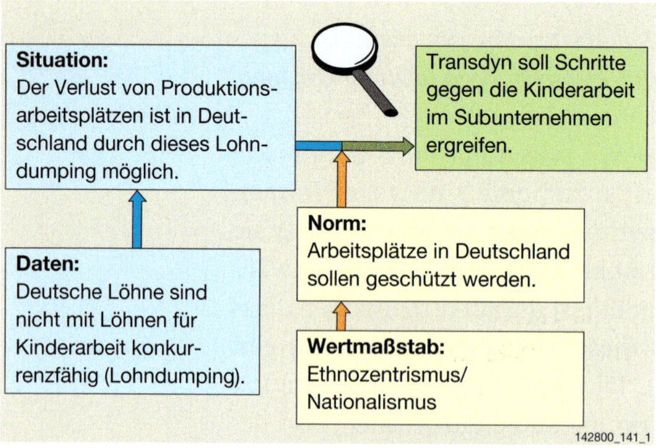

Abb. 9.8: Argumentation des deutschen Mitarbeiters unter der Lupe, a) Erster Teil, b) Zweiter Teil

Sollte über die Analyse hinausgehend eine persönliche Stellungnahme eingefordert werden, würde es vermutlich im vordergründigen Teil noch relativ leicht fallen, Position zu beziehen. Der hintergründige Teil deutet jedoch die tiefer gehenden Probleme von globalen Verflechtungen an, die auch nicht losgelöst von den historischen Erfahrungen bzw. Identitäten der Nationen zu verstehen sind. Dies ermöglicht eine Sensibilisierung dafür, dass abgesehen von den Wertmaßstäben auch die komplexen Zusammenhänge der Hintergründe eingehender betrachtet werden müssen.

Im Zuge der Metareflexion könnte auch eine Einschränkung für die Konklusion formuliert werden. So wäre es möglich, dass Schüler dafür plädieren, dass Kinderarbeit zwar zugelassen wird, hierfür aber Vorgaben bestimmt bzw. gesetzlich festgelegt werden (bestimmte Altersgruppen mit Begrenzung der jeweiligen Arbeitszeiten) – inwieweit das ein „fauler Kompromiss" ist, könnte diskutiert werden, ebenso welches Verständnis von „Gerechtigkeit" auf Seiten des pakistanischen Mitarbeiters vorliegt.

Generell gilt: Erst auf Basis einer vertieften Betrachtung kann ein eigener Standpunkt begründet dargelegt werden, indem darüber diskutiert wird, welche Standpunkte befürwortet oder abgelehnt werden und mit welchen Wertmaßstäben und Normen der eigene Standpunkt untermauert werden soll.

Das Reflexionswerkzeug des praktischen Syllogismus dient also dem Hinterfragen und Interpretieren von Standpunkten und ermöglicht dadurch ein vertieftes Verständnis von ethischen Urteilen. Mithilfe von derartigem Bewertungsstrukturwissen können die Schüler ihren persönlichen „ethischen Kompass" (weiter)entwickeln, der ihnen in ethischen Situationen hilft, für sich selbst den „richtigen" Weg zu ermitteln.

a)

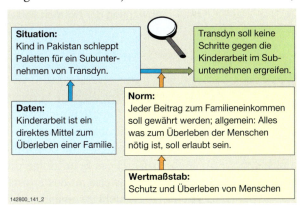

b)

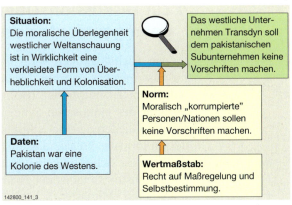

Abb. 9.9: Argumentation des pakistanischen Mitarbeiters
a) Erster Teil, b) Zweiter Teil

141

1. **Wahrnehmung eines Bewertungsproblems**
   (Spielt Moral/Ethik im Problem eine Rolle?)

2. **Beschreibung und Untersuchung der Situation**
   (Wie ist die sachliche Situation? = Klärung der deskriptiven Prämisse)

3. **Unterscheidung von (möglichen) Perspektiven**
   (Wer könnte was warum wollen? = Klärung möglicher Interessen und Entscheidungen)

4. **Prüfung der Konsequenzen**
   (Welche Folgen hätten die verschiedenen Urteile?)

5. **Analyse der damit verbundenen Normen und Wertmaßstäbe**
   (Wonach könnte wer was entscheiden? = Klärung möglicher Normen und Wertmaßstäbe)

6. **Begründe Urteilsfällung (evtl. mit Einschränkung) mittels Abwägung der Normen und zugrunde liegenden Werte**
   (Für welches Urteil entscheide ich mich? Wie begründe ich meinen Standpunkt?)

142800_142

Abb. 9.10: Mögliche Schrittfolge für ein ethisches Urteil

Da verschiedene Aspekte bei einer solchen Analyse berücksichtigt werden müssen, könnte für eine weitere unterrichtspraktische Umsetzung mit offenen Problemstellungen, d. h. ohne Vorgabe von ausformulierten Standpunkten, eine Schrittfolge zur Orientierung hilfreich sein (s. Abb. 9.10). Diese Schrittfolge dient vor allem dazu, eine umfassende Herangehensweise an das ethische Urteilen zu ermöglichen. Die Reihenfolge ist nicht zwingend.

4 Zur Diskussion: Überlegungen zum gelungenen ethischen Urteilen

In den Fachdidaktiken wird die Vermittlung von Bewertungsstrukturwissen als ein zentrales Element zur Förderung der ethischen Urteilskompetenz angesehen (BÖGEHOLZ, S. & J. BARKMANN 2005). Die Struktur des praktischen Syllogismus bildet ein solches Strukturwissen zur Gliederung einer ethischen Argumentation und zur Reflexion dessen formaler Vollständigkeit. Schüler der 8. und 10. Klasse zeigten recht wenig Schwierigkeiten vorgegebene deskriptive und präskriptive Prämissen voneinander zu unterscheiden und die Unterschiede zu reflektieren (Mittelsten Scheid 2008). Schüler einer 9. Klasse haben eine derartige vertiefte Analyse als „aufschlussreich" empfunden und „konnten persönliche Erkenntnisse daraus ziehen" (HÖFINGHOFF, M. 2010, 56). Im Folgenden werden ein paar Überlegungen vorgestellt im

Zusammenhang mit ethischem Urteilen im Geographieunterricht, die derzeit noch ein Desiderat darstellen und somit von geographiedidaktischer Seite in Angriff genommen werden müssen.

4.1 Unter welchen Bedingungen wird das Reflektieren über präskriptive Prämissen als sinnvoll erfahren?

Fraglich ist, ob Schüler die Analyse von Fremdurteilen bzw. die Strukturierung eigener Urteile mithilfe des praktischen Syllogismus als sinnvoll erachten, oder nicht eher darin einen Selbstzweck und bloße „Argumentationsakrobatik" (GRUSCHKA, A. 1996) sehen. Der häufig beobachtete Verzicht auf eine Ausformulierung einer präskriptiven Prämisse und auf deren Begründung („Sein-Sollen-Fehlschluss", siehe 2.2.) kann auch dahingehend gedeutet werden, dass der Argumentierende sich in Übereinstimmung mit dem Moralsystem des Adressaten wähnt. Normen werden eben als „normal" aufgefasst und ihre Ausformulierung dürfte deshalb häufig als redundant empfunden werden. Im Falle der Werraversalzung dürfte etwa nach einer Skizzierung der Situation bezüglich eines möglichen Abbaus von Arbeitsplätzen in Folge höherer Umweltschutzauflagen (deskriptive Prämisse) die Formulierung einer Norm („Arbeitsplätze sollen erhalten werden") und deren Begründunge (etwa „Arbeit als finanzielle Sicherheit" oder „Arbeit als Selbstverwirklichung") als reichlich konstruiert und überflüssig empfunden werden.

In bestimmten Fällen könnte dagegen das Einfordern der Formulierung einer Norm und ihrer Begründung auch aus Schülersicht als sinnvoll erfahren werden: dann, wenn es innerhalb des betroffenen Kontextes einen bereichsethischen Diskurs dazu gibt. So befasst sich etwa die Öko- oder Naturethik mit der Begründung dazu, warum die Natur oder Elemente davon geschützt werden sollen. Die Positionen hierbei sind divers und können grob entlang von zwei Positionen strukturiert werden (vgl. KREBS, A. 1997): *„Anthropozentrismus"*: die Natur oder Elemente davon erhalten erst durch den Menschen einen Wert; *„Physiozentrismus"*: die Natur oder Elemente davon haben einen vom Menschen unabhängigen Eigenwert. Ein Kennenlernen dieser Diskussion (vgl. KUTTLER, M. 1994) fördert die Hinterfragung der eben gar nicht so selbstverständlichen Norm „Die Abnahme der Fischartenzahl soll verhindert werden" im Beispiel der Versalzung der Werra (s. Abschnitt 2.3). Die Struktur des praktischen Syllogismus könnte in diesem Falle also die Reflexivität und Kohärenz des eigenen Urteils unterstützen: „Warum finde ich eine Abnahme der Artenzahl schlecht?" „In welchem Verhältnis steht diese Position/diese Werthaltung mit anderen Positionen/Werten von mir in diesem Kontext?" „Argumentiere ich bei anderen Themen in ähnlichen Kontexten von der gleichen Position/dem gleichen Wert aus, also kohärent?"

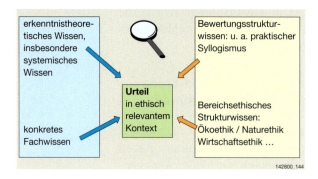

Abb. 9.11: Komponenten eines (nach formalen Kriterien) vollständigen ethischen Urteils

Auch bei der Analyse von Fremdurteilen kann dieser Rahmen eine Hilfe sein, verschiedene Positionen innerhalb des entsprechenden Diskurs zu verorten und bei einer unvollständigen Argumentation implizite Werthaltungen zu rekonstruieren: „Warum sollen im Beispiel Kinderarbeit Arbeitsplätze in Deutschland geschützt werden?"

„Welcher Position ist diese Norm innerhalb der bereichsethischen Diskussion um internationale Gerechtigkeit *(Kosmopolitismus – Nationalismus)* zuzuordnen?" „Argumentiert diese Person kohärent von dieser Position/diesem Wert aus?"

Deutlich wird aus den vorangegangenen Ausführungen die hohe Bedeutung des jeweiligen Kontextes für das ethische Urteilen:

- Ob überhaupt eine moralische Argumentation als notwendig erachtet wird, wird stark durch den Umgang mit den kontextspezifischen Daten und daraus möglicherweise entwickelter Lösungskonzepte bestimmt.
- Bei einer moralischen Argumentation spielt der kontextspezifische bereichsethische Diskurs eine zentrale Rolle, der aufzeigt, wie die präskriptive Prämisse formuliert oder analysiert werden kann (siehe Abb. 9.11).

4.2 Wie kann der Geographieunterricht der Komplexität geographisch relevanter Probleme beim ethischen Urteilen gerecht werden?

Geographische Kontexte zeichnen sich häufig durch ein hohes Maß an Komplexität aus, weshalb S. Bögeholz & J. Barkmann (2005) bei Entscheidungen im Kontext Nachhaltiger Entwicklung etwa von einer „doppelten Komplexität", nämlich einer faktischen (deskriptiven) und einer ethischen (präskriptiven), sprechen (siehe Abb. 9.12).

Es ist denkbar, dass diese Komplexität auf der faktischen Ebene bestimmte Wechselwirkungen mit der moralischen Ebene zur Folge hat. Die Unübersichtlichkeit der Situation, die große Datenmenge, die unklaren Beziehungen zwischen den Daten dürften besonders viel Potenzial für pragmatische Lösungsversuche bieten gemäß den oben skizzierten Umgangsweisen mit Daten. Wahrscheinlich sehen Schüler in solchen komplexen Kontexten weniger die Notwendigkeit einer moralischen Reflexion als in Dilemmasituationen, wie sie aus der Moralpsychologie oder aus dem Unterricht zu bioethischen Themen bekannt sind.

144

Entsprechend schwierig ist das unterrichtliche Arrangieren von Situationen, in denen ethisches Reflektieren im Geographieunterricht gefördert werden soll. Einerseits lassen sich fiktive Dilemmata konstruieren mit einer geringen Sachinformationsbasis, wie dies etwa in den Beispielen von P. Wood et al. (2007) oder dem oben skizzierten Beispiel zur Kinderarbeit der Fall ist. Ihre Schwäche ist ihre Künstlichkeit, ihr Potenzial liegt in der Pointierung zentraler fachrelevanter Dilemmasituationen und damit verbundener Argumentationen.

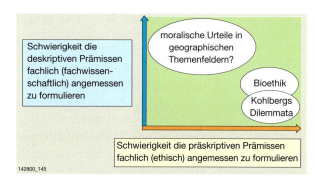

Abb. 9.12: Die Schwierigkeit der Bewertung als Umgang mit einer „doppelten Komplexität" (in Anlehnung an BÖGEHOLZ, S. & J. BARKMANN 2005)

Andererseits lassen sich Situationen für den Unterricht konstruieren, die sich eng an realen Entscheidungssituationen auf der persönlichen, der betrieblichen oder der politischen Ebene orientieren, wie im skizzierten Beispiel zur Werraversalzung. Die Stärke solcher komplexer Situationen liegt in ihrem Lebensweltbezug und der umfangreichen Einforderung geographischen Wissens und geographischer Arbeitsweisen. Die Schwäche liegt in der Schwierigkeit der Herausarbeitung der Dilemmasituation, deren Annahme an sich bereits von Seiten der Lehrkraft eine schwierige Entscheidung darstellt: Werden von bestimmten am thematisierten Konflikt beteiligten Parteien lediglich moralische Argumente vorgeschoben, um bestimmte Interessen durchsetzen zu können? Liegt der Schlüssel zum Verständnis eines Problems also weniger in der Analyse vermeintlich im Konflikt stehender Werte, als eher darin, unterschiedliche Interessen und ihre unterschiedlichen Machtpositionen zu analysieren? Inwieweit geht es z. B. dem Unternehmen K+S beim Unterlassen kostenintensiver Entsorgungsmöglichkeiten der salzhaltigen Abfälle tatsächlich um den Erhalt von Arbeitsplätzen in einer strukturschwachen Region?

5 Fazit

Was zeichnet nun ein gelungenes ethisches Urteil in geographischen Kontexten aus? Eine empirisch abgesicherte Antwort, die insbesondere die entwicklungspsychologischen Rahmenbedingungen mitberücksichtigt, kann die Geographiedidaktik zurzeit nicht liefern. Und wie es scheint, spielt die Bedeutung des Kontextes eine so zentrale Rolle, dass es unklar ist, inwieweit ein möglicher unterrichtspraktikabler Kriterienkatalog oder gar ein Kompetenzmodell hierzu überhaupt die ganze Bandbreite hiervon betroffener Unterrichtsinhalte und der damit verbundenen Bereichsethiken abdecken kann. Manchmal mag bereits die begründete Erkenntnis, warum Schüler nicht in 45 Minuten ein Problem lösen können, das seit Jahren auf politischer Ebene virulent ist, ein wertvolles Lernziel sein. Weitere zentrale Lernziele könnten sein, deskriptive und präskriptive Prämissen in unterschiedlichen Perspektiven bzw. Standpunkten nennen, differenzieren und ggf. begründen oder rekonstruieren zu können. Hierzu könnte die Struktur des praktischen Syllogismus eine Hilfe darstellen. Bei der Begründung oder Rekonstruktion präskriptiver Prämissen könnte der Transfer von Wissen zu bereichsethischen Diskursen als Hilfe und Qualitätskriterium dienen. Auf der deskriptiven Seite des Urteils spielen (gängige) Kriterien wie der Transfer von Fachwissen und prozedurales Wissen über den Umgang mit geographischen Sachinformationen eine zentrale Rolle.

Von unserem derzeitigen Kenntnisstand aus können wir die Frage im Titel unseres Beitrags in Kurzform wie folgt beantworten:

Ein gelungenes ethisches Urteil zeichnet sich dadurch aus, dass es *reflektiert* auf einer *soliden fachlichen* und *ethischen Basis* getroffen wird, d. h. dass der Urteilende auch über *Bewertungsstrukturwissen* verfügt, so dass er sich möglichst umfassend bewusst darüber ist, wonach er urteilt bzw. entscheidet, wenn er seinen Standpunkt argumentativ vertritt.

Wir danken U. Saballus für die Bereitstellung der schriftlichen Schülerurteile zum Thema „Werraversalzung".

Anmerkungen

[1] J. Dietrich (2007, 35 ff.) unterscheidet hinsichtlich der Formulierung möglicher Kompetenzen für den Schulunterricht deshalb zwischen einer „ethischen Kompetenz", einer „Moralitätskompetenz" und einer „Moralkompetenz", die zusammen eine umfassende, handlungsorientierte „moralische Kompetenz" bilden. Während die „ethische Kompetenz" demnach als philosophische Reflexion auf Moral über deren kritisch-argumentative Prüfung auf die Fähigkeit einer begründeten Handlungsorientierung abzielt, kann unter „Moralitätskompetenz" die Fähigkeit verstanden werden, „überhaupt eine durch Normen und Werte regulierte Praxis aufzubauen" (ebd., 36). Für den Geographieunterricht könnte dies beispielsweise bedeuten, die Entwicklung einer Argumentationskultur unter den Schülern zu fördern. Moralkompetenz geht darüber hinaus und bedeutet die „Fähigkeit, sein Handeln bzw. sein Leben nach einer bestimmten Moral, einem mehr oder minder klar umrissenen ‚Set' von Werten und Normen auszurichten" (ebd., 37). Hierzu ist somit im Hinblick auf die personale und soziale Identität der persönliche Abgleich zwischen den eigenen Wünschen und dem eigenen Wollen sowie den Ansprüchen von außen bzw. durch andere erforderlich, die für die persön-

lich relevante Handlungsorientierung in Einklang gebracht werden müssen. Im Geographieunterricht können hierzu Denkanstöße über das eigene Handeln z. B. zum Einkaufsverhalten der Schüler über die Thematisierung der lokalen bis globalen ökonomischen Verflechtungen, die ökologischen Auswirkungen und die sozialen Hintergründe im Hinblick auf die Herstellung ausgewählter Produkte gegeben werden.

[2] Er geht sogar so weit, die Geographie „als Wissenschaft von den räumlichen und sozialen Bedingungen der Conditio Humana" (Ladenthin, V. 2010, 5) zu definieren.

[3] In einer streng deduktiven Form müsste die präskriptive Prämisse (quasi als Orientierungsmaßstab) vorangestellt werden.

[4] L. Kohlberg fragte seine Probanden, ob Heinz einbrechen solle.

[5] In M. Keefers Untersuchung zum Heinz-Dilemma schlug etwa ein Proband vor, den Apotheker zu überzeugen, dass dieser mit dem Genesungserfolg von Heinz' Frau werben könne und damit mehr Geld für dieses Medikament verlangen könne (Keefer. M. 2003).

[6] Das Beispiel könnte gleichermaßen im Geographieunterricht behandelt werden.

146

Alexander Tillmann

Gestaltung kompetenz-orientierten Geographie-unterrichts –
Integration pädagogischer Diagnoseverfahren zur individuellen Förderung von Schülern

10

1 Einleitung

Die Einführung von Bildungsstandards ist von erheblicher Bedeutung für die alltägliche Unterrichtsgestaltung, sofern der mit der Einführung verbundene Perspektivwechsel von einer Inhalts- zur Zielorientierung stattfindet und sich Ziele des Unterrichts am Kompetenzerwerb der Schüler orientieren. Denn die in den Bildungsstandards beschriebenen Erwartungen an schulische Lernergebnisse werden als Kompetenzen formuliert, die Schüler während ihrer Schullaufbahn erwerben sollen. Der Kompetenzbegriff beinhaltet den Zusammenhang von Wissen und Können und betont als Bewertungsgrundlage des schulischen Lernens die Leistungsfähigkeit der Schüler aus einer anwendungsorientierten Sicht. Der Umsetzung von Wissen in sichtbare Ergebnisse durch Wissensnutzung kommt daher bei der Bewertung von Lernprozessen eine entscheidende Bedeutung zu, weil letztlich die Fähigkeit zur Anwendung vorhandenen Wissens über Erfolg und Zukunftschancen einer Person entscheiden und weniger die Anhäufung umfangreichen Wissens, welches in neuen abweichenden Situationen oder bei veränderten Problemstellungen nicht genutzt werden kann. Um diesem aus der Unterrichtsforschung bekannten Problem des sogenannten „trägen Wissens" entgegenzuwirken (vgl. BAUMERT, J. et al. 1997; RENKL, A. 1994), sollte in der Unterrichtspraxis ein „in Beziehung setzen" von Wissen mit seinen Anwendungsmöglichkeiten stattfinden. Neuere Forschungen zum Wissenserwerb betonen diesen Zusammenhang von

Lernen und Handeln, von Wissen und Anwendung und beschreiben
träges Wissen als „Wissen, das nicht zur Anwendung kommt, das in
bestehendes Vorwissen nicht integriert wird und zu wenig vernetzt und
damit zusammenhanglos ist" (GERSTENMAIER, J. & H. MANDL, 1995,
867). Bei der Planung kompetenzorientierten Unterrichts kommt es
daher darauf an, Situationen und Rahmenbedingungen zu schaffen, in
denen Schüler mit erworbenem Wissen etwas „anfangen können", in
denen sie ihr „Können" unter Beweis stellen. Kompetenzorientierung
bedeutet darüber hinaus neben der Kultivierung und Einübung von Fähigkeiten und Fertigkeiten in Anwendungssituationen auch ganzheit-
liches Können, das z. B. reflexive und selbstregulative Prozesse ein-
schließt (vgl. RIDGEWAY, C. 2001, 209) und dessen Förderung in enger
Verbindung zu Ansätzen pädagogischer Diagnostik steht.

In diesem Beitrag wird ein Modell zur Gestaltung kompetenzorientierten Geographieunterrichts vorgestellt, das Ansätze zur pädagogischen Diagnose und individuellen Förderung aufgreift, die sich in
den regelhaften Schulalltag einbinden lassen. Dabei werden Kriterien
herausgestellt, die sich aus Studien pädagogischer und psychologischer
Forschung für ein derartiges präskriptives Unterrichtsmodell ableiten
lassen. Methodisch-didaktisch werden die Ansätze unter der Perspektive der Handlungsorientierung zusammengefasst, die theoretisch eine
Grundlegung durch die kognitive Handlungstheorie (AEBLI, H. 2001)
erfährt. Anschließend wird das modellhafte Vorgehen anhand eines
Beispiels zum Thema „Nachwachsende Rohstoffe und Nachhaltigkeit"
in praktischer Hinsicht verdeutlicht. Die Umsetzung des Themas findet in Form eines WebQuests statt, der für die Jahrgangsstufen 10–13
konzipiert und vom Autor in der 11. Jahrgangstufe im Unterricht erprobt wurde. In diesem Zusammenhang wird auch der Frage nachgegangen, welche Potentiale neue Medien zur Umsetzung kompetenzorientierten Unterrichts, pädagogischer Diagnose und individueller
Förderung bieten.

2 Ein Modell zur Planung kompetenz-
orientierten Geographieunterrichts

2.1 Kompetenzkonzept – Begriffsbestimmung

Kompetenzen werden als prinzipiell erlernbare, mehr oder minder be-
reichsspezifische Kenntnisse, Fertigkeiten und Strategien beschrieben
(vgl. BAUMERT, J. et al. 2001, 22). Für den Entwurf eines Modells zur
Planung von Unterricht kann als erstes festgehalten werden, dass Kom-

petenzen prinzipiell als lernbar gelten. Damit sind Kompetenzen als kontextspezifische kognitive Leistungsdispositionen zu verstehen (vgl. Hartig, J. & E. Klieme 2006, 130; Connell, M.W. et al. 2003, 142), die sich kontextbezogen entwickeln und deren Binnenstruktur sich folglich aus Situationen und Anforderungen ableitet, in denen diese Kompetenzen relevant sind. Zur fachinhaltlichen Orientierung schlägt die Klieme-Expertise eine systematische Kopplung von nationalen Bildungsstandards und Kerncurricula vor (Klieme, E. et al. 2007, 94).

2.2 Fachspezifische Anforderungssituationen als Ausgangspunkt kompetenzorientierten Unterrichtens

Legt man den Kompetenzbegriff der Klieme-Expertise nach F. E. Weinert (2001, 27) zugrunde (vgl. Klieme, E. et al. 2007, 72), so richten die Aspekte der Problemlösefähigkeit und Situierung die Unterrichtsplanung auf eine Problem- und Handlungsorientierung aus. Nach Klieme befähigen erworbene Kompetenzen Schüler dazu „konkrete Anforderungssituationen eines bestimmten Typs" (ebd. 72) zu bewältigen und dienen der „Initiation in die für das Leben notwendigen Modi der Welterschließung" (ebd. 97). Wenn sich in der Schule also Fähigkeiten und Fertigkeiten entwickelt sollen, durch die sich Schüler ihre Welt differenziert aneignen können und sich in ihr zurechtfinden, dann liegt es nahe, solche problemhaltigen Situationen auch zum Ausgangspunkt der Planung von Unterricht zu machen. Dies können problemhaltige Sachlagen, Fälle und Momente sein, die alltägliche oder besondere Situationen darstellen, in denen sich Schüler zu konkreten Herausforderungen verhalten oder in denen sie selbst handeln müssen. In solchen Situationen können sich zum Beispiel Fragen stellen, die eine Bewertung oder Beurteilung erfordern, Aufgaben oder Probleme auftauchen, die gelöst werden müssen. Damit Aufgaben, Frage- und Problemstellungen auch mit dem „wirklichen Leben" zu tun haben und eine echte Herausforderung darstellen, sollte der Situationsbezug so beschaffen sein, dass die Unterrichtsgegenstände sich im außerschulischen Leben der Schüler wiederfinden lassen und nicht in fachsystematischer Ordnung oder nach Einteilung in Fächer. Aufgaben in Lernkontexten, die eine „Initiation in die für das Leben notwendigen Modi der Welterschließung" führen, sind also nicht auf einen Fachaspekt verengt, sondern umfassen eine Fülle von Aspekten und wirken gegenüber unterschiedlichen Stoffgebieten der Fächer „wie ein Magnet, um sie zu sammeln" (Dewey, J. 1931, 97). Fachliches Wissen sollte also in konkreten Anforderungssituationen erworben und in der Anwendung erprobt, entwickelt und vertieft werden. Für eine Herangehensweise, die auf eine konstant einübende und wiederholende Vernetzung von Wissen setzt, sprechen auch Ergebnisse der TIMSS Studie (vgl. BAUMERT, J. et al. 1997). Sie zeigen, dass durch eine starke Performanzorientierung, also eine möglichst rasche Bewältigung von Aufgaben, ohne weitere Vertiefung, ein Transfer des Gelernten in außerschulische Kontexte häufig nicht gelingt. Aus Studien zu problemorientierten Lehrmethoden ist bekannt, dass die Aneignung neuen Wissens in engem Bezug zu seinen Anwendungssituationen dazu führt, dass komplexe neue Problemsituationen, Aufgaben und Fälle besser bewältigt werden können (vgl. CTGV 1997; COLLINS, A. et al. 1989). Bei den problemorientierten Methoden wird darauf abgezielt, dass durch den Kontextbezug der Nutzungscharakter neuen Wissens mit erschlossen werden kann. So kommt es zu einer Flexibilisierung des Wissens. Erworbene Konzepte und Prinzipien sollen anschließend abstrahierbar und leichter auf neue Situationen transferierbar sein (SOUVIGNIER, E. & A. GOLD 2006, 158 ff.). Gedächtnispsychologische Forschungen stützen den Ansatz, komplexe, lebensnahe Situation zum Ausgangspunkt des Lernens zu machen. Das Erinnerungsvermögen wird offenbar stark durch Verbindungen von Nebeninformation mit dem Lerninhalt begünstigt. Besonders wirksam zeigten sich Nebeninformationen, wie lebendige Vorstellungen oder persönliche Erlebnisse, die in subjektiv bedeutsame Sinnzusammenhänge eingebettet werden konnten. Je mehr Informationen als derartige „Hinweisreize" mit den Lerninhalten verknüpft werden können, desto höher ist die Wahrscheinlichkeit, dass etwas erinnert wird. Der Befund überrascht insofern nicht, als die Aufnahme neuer Informationen in ein System bereits vernetzten, bedeutungsvollen Wissens stattfindet beziehungsweise in eine bereits vorhandene Bedeutungsstruktur eingebunden wird (ANGERMEIER, W. F. et al. 1984, 154).

2.3 Theoretische Begründung handlungsorientierten Unterrichts

Theoretische Begründung erfährt das Vorgehen, problemhaltige Situationen zum Ausgangspunkt der Planung kompetenzorientierten Unterrichts zu machen, in neueren Handlungstheorien (AEBLI, H. 2006; HACKER, W. 1998; PFAHL, U. 2000) und Forschungsarbeiten, die Erkenntnisse konstruktivistischer Theorien für Lehr-/Lernprozesse fruchtbar machen (vgl. DUBS, R. 1995).

Im Rahmen der Handlungstheorien wird der Mensch prinzipiell als ein Wesen gedacht, das in einem Wechselverhältnis zu seiner Umwelt steht. Er wirkt gestaltend auf die Umwelt ein und erhält dabei Prägungen von seiner Umwelt. K. Halfpap (1996, 6f.) hat diese Einheit von Denken und Handeln als einen Prozess „kooperativer Selbstqualifikation" bezeichnet. Sind Menschen in Situationen handelnd tätig, so deuten und begreifen sie, indem sie Informationen aufnehmen und verarbeiten. Der dabei ablaufende kognitive Strukturaufbau bildet die Grundlage für Erkenntnis und Verstehensprozesse. Nach und nach eignen sich Menschen dann durch die internen Strukturierungsprozesse ein immer komplexer und differenzierter werdendes Handlungsrepertoire an. So verfügen sie über Fähigkeiten und Fertigkeiten (Kompetenzen) Problemstellungen in variablen Situationen erfolgreich zu lösen. In kognitiven Handlungstheorien ist der handelnde Aufbau kognitiver Strukturen der zentrale Lernprozess, der dazu befähigt, auch auf symbolischer, begrifflicher und abstrakter Ebene mit Beziehungen zu operieren und gleichzeitig als Handlungsregulation zu dienen (vgl. AEBLI, H. 2001). Denken geht aus dem Handeln hervor – so die zentrale These von H. Aebli – und trägt grundlegende Züge des Handelns, insbesondere seine Zielgerichtetheit und Konstruktivität. (AEBLI, H. 2001, 26). Damit wird die funktionale Nähe von Denken und Handeln betont. Denken begleitet das Handeln (H. Aebli spricht vom Denken als „Metatätigkeit" über das Handeln) und Erkenntnisse entspringen den durch eigenes Handeln gewonnen Erfahrungen (ebd. 22).

Als Konsequenz für die Unterrichtsplanung sollten Lernsituationen geschaffen werden, bei denen Schüler handelnd tätig sind und ihr Lernen zunehmend selbst planen, organisieren, durchführen und bewerten. Handeln kann dabei in der Form des praktischen Handelns mit Händen eine Rolle spielen, muss es aber vor dem Hintergrund der kognitiven Handlungstheorie nicht (vgl. GUDJONS, H. 2008). Handlungen können zum Beispiel das Anfertigen einer Fotodokumentation sein, die Durchführung einer Befragung oder verbalargumentative und -kommunikative Tätigkeiten, wie das Führen einer Debatte. Die auszuwählenden Anforderungssituationen sollten einen Lebensweltbezug aufweisen, der von den bisherigen Erfahrungen der Schüler nicht zu weit weg ist, da in Lebensweltbezügen Erfahrungen und Wissen zusammengeführt werden, die als Herausforderung bei der Bearbeitung eines Problems wirken und erheblich zur Lernmotivation beitragen können (vgl. AEBLI 1987).

Auch dem handlungsorientierten Unterricht verwandte Konzepte, wie aus konstruktivistischer Perspektive abgeleitete Unterrichtsprinzipien, zielen darauf ab, aktive und selbstgesteuerte Lernprozesse zu ermöglichen und rezeptive Passivität der Lernenden zu vermeiden (GERSTENMAIER, J. & H. MANDL 1995, 883). Betont wird das Lernen als aktiver Prozess (jeder konstruiert sein Wissen selbst), bei dem vorhandenes Wissen durch neue Erfahrungen verändert und neu konstruiert wird. Durch das Lernen in Gruppen (Lernen als sozialer Prozess) werden individuelle Interpretation und Sinngebung reflektiert und Bedeutungszuweisungen überdacht. Konstruktivistischer Unterricht orientiert sich an lebensnahen, ganzheitlich zu betrachtenden Problemsituationen, um an Vorerfahrungen der Lernenden anzuknüpfen (neues Wissen muss in bestehende Strukturen integriert werden) und im komplexen Gesamtzusammenhang ein Verstehen zu fördern, mit dem in neuartigen Situationen weitergearbeitet werden kann (DUBS, R. 1995, 890). Selbstkonstruktion und Erweiterung kognitiver Strukturen fördern in diesem Sinne Fähigkeiten und Fertigkeiten, um Zusammenhänge der Welt zu erkennen und sie handelnd zu gestalten.

2.4 Einüben von Lernstrategien zur Förderung inhaltsbezogener Kompetenzen

Zahlreiche Studien belegen, dass ein gezieltes Training von Lernstrategien den Aufbau inhaltsbezogener Kompetenzen unterstützt (DOLE, J.A. et al. 1991; MANDL, H. & F. FISCHER 2000; KONRAD, K. 2008). Nach der Festlegung inhaltlicher Ziele einer Lerneinheit sind daher für eine kompetenzorientierte Unterrichtsplanung Überlegungen zum Einsatz von Lernstrategien sinnvoll. Am effektivsten ist die Auswahl nur weniger Strategien, die intensiv eingeübt werden (DOLE, J.A. et al. 1991). In Studien zu Programmen zur Förderung des Leseverständnisses zeigt sich, dass gute Leistungen beim sinnverstehenden Lesen mit einer bewussten Überwachung (Metastrategie) und Regulation des eigenen Lernprozesses einhergehen. Kognitive Strategien zur Förderung des Behaltens und Verstehens (z. B. Zusammenfassen wichtiger Informationen, Analogien bilden) sollten ergänzt werden durch metakognitive Strategien (z. B. sich Fragen stellen, ob wichtige Informationen tatsächlich behalten und verstanden wurden) (KONRAD, K. 2008, 50 f.). Die Lernstrategie des progressiven *Concept Mapping* wird in Abschnitt 3.3 aufgezeigt. Langfristig sollten Schüler möglichst eigenständig und adaptiv, d. h. je nach Anforderungssituation, Lernstrategien anwenden können. Diese Forderung knüpft an das Konzept des selbstständigen Lernens an.

2.5 Selbstständiges Lernen als Vorraussetzung des Kompetenzerwerbs

Die Fähigkeit zum selbstständigen Lernen (auch selbstgesteuertes oder selbstreguliertes Lernen) gilt für den Erwerb anwendungsfähigen Wissens als grundlegende Vorraussetzung (vgl. WEINERT, F.E. 2000). Nach M. Boekaerts (1999) spielt neben der kognitiven Komponente der Selbstregulation, die z. B. den zielgerichteten Einsatz von Lernstrategien und metakognitiven Strategien bestimmt, die motivationale Komponente des selbstgesteuerten Lernens eine entscheidende Rolle (vgl.

auch KONRAD, K. 2008, 63). Kognitive Regulation von Lernprozessen und Metakognition vollziehen sich demnach innerhalb dieser übergeordneten motivationalen Regulationsebene (BOEKAERTS, M. 1999, 449). Eine Regulation von Lernprozessen kann entsprechend nur dann stattfinden, wenn Lernende eine Aufgabenstellung in Übereinstimmung mit eigenen Interessen und Zielen wahrnehmen.

Damit im Unterricht bedeutsames Interesse entstehen kann, müssen nach der Selbstbestimmungstheorie der Motivation drei angeborene psychologische Grundbedürfnisse (so genannte *basic needs*) erfüllt sein (DECI, E.L. & R.M. RYAN 1993; KRAPP, A. 2005). Umfeldbedingungen für die Entwicklung von Interesse und Motivation sind Kompetenzerleben, Autonomie und soziale Eingebundenheit. Das Bedürfnis nach Kompetenzerleben bezieht sich auf das Gefühl, einer Anforderung gerecht zu werden und durch ihre Bewältigung etwas erreicht zu haben. Im Unterricht sollte daher ein möglichst individuell angemessenes Anforderungsniveau gewährleistet sein. Das Autonomiebedürfnis bezieht sich auf den Wunsch, sich selbst als handelnd zu erleben, eigene Entscheidungen treffen zu können und aus Interesse zu handeln. Bei der sozialen Eingebundenheit geht es um das menschliche Bedürfnis nach Anerkennung und um den Wunsch, einer Gruppe von Menschen anzugehören.

2.6 Kooperatives Lernen

Das Lernen in Gruppen, bei dem zwei oder mehr Personen zusammenarbeiten, fördert den Aufbau von Kompetenzen durch gegenseitige Unterstützung. Eine in den USA durchgeführte Meta-Studie, die Ergebnisse von über 750 Einzelstudien zum kooperativen Lernen analysiert hat, zeigte, dass die wechselseitige Unterstützung von Schülern in Gruppenarbeit zu besseren Lernergebnissen führt, als lehrerzentrierter Unterricht mit rein individuellen Lernphasen (JOHNSON, D.W. 2003, 936). Bei der Gruppenarbeit kommt dabei der gemeinsamen – die Gruppenphase vorbereitende – Strukturierung und dem Austausch von Informationen und Materialien besondere Bedeutung zu (ebd. 939). Auch bei den Modellen des situierten Lernens als Konzepte zum Umgang mit dem Phänomen des trägen Wissens werden soziale Interaktionen betont (LAVE, J. & E. WENGER 1991). Für den Erwerb anwendbaren Wissens wird das soziale Element im Lernprozess besonders hervorgehoben. So z. B. beim Lernen mit einem Experten beim Modell des *cognitive apprenticeship* (COLLINS, A. et al. 1998) oder beim kooperativen Lernen mit Mitschülern (RENKL, A. 1997).

2.7 Pädagogisch diagnostizieren und individuell fördern – Assessment for Learning

Das erziehungswissenschaftliche Kompetenzkonzept ist mit dem psychologischen Konzept der Handlungsorientierung, so wie es H. AEBLI und F.E. WEINERT ausgearbeitet haben, kompatibel (KLIEME, E. & J. HARTIG 2007, 21). Grundlegende Komponenten, wie sie z. B. in der Handlungsregulationstheorie beschrieben werden (PFAHL, U. 2000, 43), sind das Planen, Durchführen, Kontrollieren und Bewerten der eigenen Lernprozesse. Damit spielen reflexive und selbstregulative Prozesse eine wesentliche Rolle beim Kompetenzaufbau. Handlungsorientierter (und damit kompetenzorientierter) Unterricht steht somit in enger Verbindung zu Ansätzen pädagogischer Diagnose und individueller Förderung. Nicht die selektive Diagnostik als ein *Assessment of Learning* zur Entscheidung über die Schullaufbahn oder die Eignung einer Person für eine Schulart steht im Mittelpunkt, sondern die Suche nach individuellen Lernzugängen und Fördermöglichkeiten durch ein *Assessment for Learning*. Dieser Ansatz der formativen Evaluation erlaubt Einblicke in Vorstellungen, Lernvoraussetzungen, Lernstand und Lernprozesse und zielt darauf, Lernenden ihren Lernprozess bewusst zu machen und diesen gezielt zu unterstützen. Dazu ist eine altersgemäße aktive Beteiligung der Schüler notwendig. Transparente Leistungskriterien ermöglichen die Identifikation von Qualität und sensibilisieren für eine Selbsteinschätzung der Schüler. Selbsteinschätzungen zu fachlichen Kompetenzen und Schlüsselqualifikationen (KLIEME, E. et al. 2007) bilden eine Grundlage Eigenverantwortung für das Lernen übernehmen zu können (vgl. FERNHOLZ, J. & S. PREDIGER 2007). Instrumente der pädagogischen Diagnose eröffnen Zugänge zur Wahrnehmung von eigenen Lernfortschritten, machen eigene Fähigkeiten, Stärken, Lücken und Schwächen bewusst (ISB 2008). Sie unterstützen Strategien zur Selbststeuerung und können differenzierte Einblicke in Lernprozesse bieten. Im folgenden Beispiel eines mediengestützten Ansatzes kompetenzorientierter Unterrichtsgestaltung werden an Bildungsstandards ausgerichtete Bewertungsraster und die Methode des *Concept Mapping* als Instrumente pädagogischer Diagnose und individueller Förderung aufgezeigt.

3 Nutzung der WebQuest-Methode zur Gestaltung kompetenzorientierten Unterrichts

Die Nutzung der WebQuest-Methode bietet eine Orientierung zur Gestaltung von Lernumgebungen, mit deren Hilfe sich Prinzipien der Kompetenzorientierung im Unterricht umsetzen lassen. WebQuests stellen webbasierte Lernumgebungen dar, bei denen es weniger um die Suche nach Quellen geht, sondern vielmehr um deren Bearbeitung. Der Aufbau von WebQuests folgt einem gemäßigt konstruktivistischen Ansatz und stellt eine Kombination aus strukturierter und systematischer Vermittlung der Inhalte und einer offenen, problemorientierten Lernumgebung dar. Das Interessante und gleichermaßen Herausfordernde ist der Umgang mit authentischen Quellen. Anders als bei der Arbeit mit dem Schulbuch bewegt man sich in der „realen Welt", d. h. in derselben medialen Lebenswelt der Schüler außerhalb der Schule mit der Möglichkeit einen kritisch reflexiven Umgang mit Quellen anzubahnen. Am Beispiel des WebQuests zu nachwachsenden Rohstoffen und Nachhaltigkeit (http://nawaronachhaltigkeit.wordpress.com) werden die oben aufgeführten Merkmale der Kompetenzorientierung verdeutlicht.

3.1 Problemorientierung

Vor dem Hintergrund der Folgen des Klimawandels, der Endlichkeit fossiler Energie, der Gefahren der Atomkraft und der Begrenztheit der Landressourcen stellt die Suche nach einer nachhaltigen Entwicklung ein Schlüsselproblem unserer Zeit dar. Es stellt sich die Frage, wie wir unseren Energie- und Ressourcenverbrauch so gestalten, dass eine Stabilisierung des Klimas erreicht und die Lebenschancen aller Menschen – auch der künftigen Generationen – gewahrt werden können. In allen Lebensbereichen stoßen Schüler auf das Problem der Energieversorgung, z. B. beim Kochen und Heizen, im Umgang mit dem Handy und bei der Fahrt mit dem Mofa, Bus oder Auto. Unser heutiges Wohlstandsmodell auf Grundlage eines hohen Verbrauchs an fossilen Energien ist dabei nicht nachhaltig. Fragen und Probleme, die mit dieser Ausgangssituation zusammenhängen, stellen die Schüler vor die Herausforderung, wie sie sich angesichts der Brisanz des Themas verhalten und positionieren wollen. Durch einen Kurzfilm und erste Wahlaufgaben zur persönlichen Klimabilanz oder persönlichen Einstellungen gegenüber der öffentlichen Klimadebatte wird Interesse geweckt und in die Problemsituation eingeführt (Abb. 10.1). Eine Leitfrage lautet dabei: Wie geht man damit um, dass praktisch jede Lebensäuße-

Abb. 10.1: „CO_2-isierung des Lebens" aus dem WebQuest

rung in CO_2-Äquivalente umgerechnet werden kann und so der Eindruck entsteht: Wer lebt stört!?

Der Konflikt zwischen unserem Wohlstandsmodell und den daraus resultierenden Umweltveränderungen bildet eine problemhaltige Sachlage mit hoher gesellschaftlicher Praxisrelevanz, die durch engen Bezug zum persönlichen Lebensstil subjektive Bedeutung erlangt und so Interesse am Thema wecken kann.

3.2 Kooperation

Nachwachsende Energierohstoffe bieten scheinbar eine Lösung für die Konfliktsituation aus gesellschaftlichen Ansprüchen und den daraus resultierenden Umweltveränderungen. Dies führt aktuell zu einer sehr hohen Nachfrage nach Energiepflanzen. Im zweiten Teil des Web-Quests stellt sich die zentrale Frage, ob Bioenergien Wegbereiter einer nachhaltigen Entwicklung sein könnten, da scheinbar CO_2 neutral und in großen Mengen verfügbar.

Aufgaben zur Vorbereitung einer Pro-Contra-Debatte zu der Frage: „Soll der Anbau von Raps als Energiepflanze vom Staat verstärkt gefördert werden?" folgen dem Prinzip des kooperativen Lernens, bei dem sich die vorbereitende Strukturierung des gemeinsamen Lernens als besonders lernförderlich erwiesen hat (JOHNSON, D.W. 2003, 939).

3.3 Kompetenzorientierung durch Förderung von Lernstrategien

Damit Schüler mit der problemhaltigen Ausgangssituation sachgemäß umgehen können, benötigen sie Kenntnisse und Wissen, das sie zur Bewertung des Anbaus von Bioenergien anwenden können. In der Aufbereitung des Themenfeldes erwerben sie die Fähigkeit ökologisches Problembewusstsein im Rahmen des Konzeptes der Nachhaltigkeit in einen größeren Zusammenhang von ökologischen, sozialen und ökonomischen Fragen zu stellen und darüber in einer Pro-Contra-Debatte zu kommunizieren. Die Erarbeitung von Argumenten, Positionen und Zusammenhängen zur Nachhaltigkeit des Rapsanbaus erfolgt anhand von Internetquellen, die mithilfe einer Lernstrategie, dem computerbasierten progressiven *Concept Mapping*, erschlossen werden. Dabei findet eine schrittweise Umwandlung der wesentlichen Informationen der authentischen „realen" (nicht „didaktisierten") und zum Teil widersprüchlichen Quellen in ein visuell-graphisches Symbolsystem statt. Die widersprüchliche Sachlage resultiert aus den unterschiedlichen Perspektiven der beteiligten bzw. betroffenen Akteure, die sich aus dem Spannungsfeld wirtschaftlicher Interessenslagen, sozialer/kultureller

Entwicklungen (Veränderung der Kulturlandschaft, Preisentwicklung von Lebensmitteln) und ökologischer Belange (Folgen des Anbaus für die Umwelt) ergeben. Die Herausforderung bei der Bearbeitung der authentischen Quellen bahnt dabei auch Kompetenzen zum kritischen Umgang mit Internetquellen an.

Der Ablauf beim Herausarbeiten von relevanten Informationen und Positionen zum Rapsanbau und deren Verknüpfung durch Relationen findet progressiv in einer sich erweiternden Begriffsstrukturdarstellung *(Concept Map)* statt (Abb. 10.2).

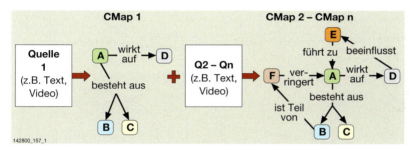

Abb. 10.2: Computerbasiertes progressives Concept Mapping als Lernstrategie

Nachdem die erste Quelle bearbeitet wurde, wird die Datei abgespeichert. Im Anschluss erfolgt eine Erweiterung des Begriffsnetzes durch die Integration von Informationen der zweiten Quelle usw. In dieser Weise weiterentwickelte Begriffsnetze bieten Einblicke in Lernprozesse, als Voraussetzung individueller Förderung.

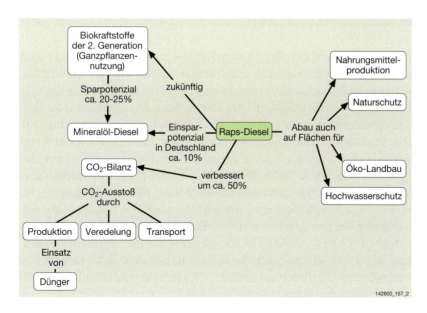

Abb. 10.3: Erster Bearbeitungsstand einer Concept Map (Von Schülern bearbeitete Quelle: Video eines Interviews mit einem Sprecher des Instituts für Energie- und Umweltforschung Heidelberg)

157

Bei der Auswertung der Lernergebnisse der Schüler (Abb. 10.3 und Abb. 10.4) ist gut zu erkennen, wie es durch die Integration mehrerer Quellen zu einer komplexen Vernetzung der Teilaspekte und Perspektiven beim Rapsanbau (Ökonomie, Ökologie, Gesellschaft) kommt.

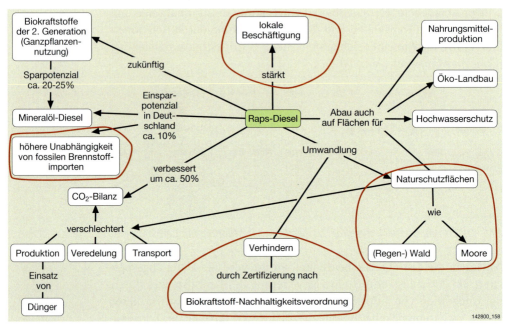

Abb. 10.4: Zweiter Bearbeitungsstand einer Concept Map (Neu integrierte Informationen rot umrandet. Informationsquelle: Positionspapier der Agentur für erneuerbare Energien)

Zur Vorbereitung der Pro-Contra-Debatte fand nach der Integration von Informationen mehrerer Internetquellen eine erneute Konzeptualisierung in Bezug auf die Fragestellung der Nachhaltigkeit des Rapsanbaus statt. Begriffsstränge mit Argumenten pro Rapsanbau wurden von den Schüler z. B. grün eingefärbt und mögliche Gegenargumente rot. Die Schüler äußerten in der Reflexionsphase, dass die auf diese Weise vorbereiteten *Concept Maps* eine gute Unterstützung zur Argumentation während der Debatte darstellten. Für die Lehrkraft wird schnell sichtbar, bei welchen Zusammenhängen noch Klärungsbedarf besteht. Weitere handlungsorientierte, projektartig angelegte Aufgaben zur Bewältigung der problemhaltigen Sachlage sind im WebQuest als Wahlaufgaben vorgesehen. Sie reichen von der Anfertigung einer Fotodokumentation zur Veränderung der Kulturlandschaft und Interviews von Autofahrern, die Biodiesel tanken bis hin zum Verfassen eines Zeitungsartikels zur Debatte.

3.4 Transparenz von Leistungskriterien zur Unterstützung individueller Förderung

Mithilfe eines Bewertungsrasters unter dem Menüpunkt „Bewertung" kann von den Schülern während der Bearbeitung des WebQuests selbst eingeschätzt werden, über welche Fähigkeiten und Fertigkeiten sie bereits verfügen und welche Erwartung mit einer guten Leistung verknüpft sind (Tab. 10.1).

	Anfänger können ...	Fortgeschrittene können ...	Experten können ...
Concept Map	einige Informationen und Positionen zum Rapsanbau in einer einfachen Map darstellen.	aus mehreren Quellen Informationen und Positionen zum Rapsanbau herausarbeiten, klar strukturieren und Zusammenhänge herstellen.	vielfältige Informationen und Positionen zum Rapsanbau darstellen und klar strukturieren. Argumente für und gegen den verstärkten Anbau von Raps vor dem Hintergrund des Leitbildes der Nachhaltigkeit herausarbeiten.
Debatte	die Problemstellung der Debatte so gut verstehen, dass Sie mindestens ein Argument formulieren und auf einen anderen Beitrag antworten können.	eigene Argumente formulieren und auf Argumente anderer antworten und die eigene Argumentation entsprechend des Diskussionsverlaufs anpassen.	eigene und fremde Argumente abgleichen, angemessen reagieren und darüber reflektieren (z. B. Missverständnisse klären).
Zeitungsartikel	über den Diskussionsverlauf berichten.	über den Diskussionsverlauf berichten und geäußerte Meinungen der Anderen mit eigenen Worten wiedergeben.	den Diskussionsverlauf skizzieren, kommentieren und zu einer eigenen begründeten Meinung kommen.

Tab. 10.1: Bewertungsraster des WebQuests „Nachwachsende Rohstoffe und Nachhaltigkeit"

Die aufgeführten Kompetenzen sind mit Bezug auf die Bildungsstandards Geographie (DGfG 2010) formuliert und die Kompetenzstufen nach G. Ziener (2008) konstruiert.

Der Anforderungsbereich zur Vorbereitung von Argumenten aus Internetquellen mithilfe des progressiven *Concept Mapping* hat einen Schwerpunkt im Kompetenzbereich Methoden (M3): Fähigkeit, Informationen zur Behandlung geographischer/geowissenschaftlicher Fragestellungen auszuwerten. Die Stufungen im WebQuest „Anfänger – Fortgeschrittene – Experten" sind von den Kompetenzstufen A – B – C des kognitiven Bereichs nach G. Ziener abgeleitet: „A: Grundzüge wiedergeben können, B: Hintergründe benennen können und C: Transfer leisten können" (ZIENER, G. 2008, 66).

Die Einschätzungen des Bewertungsrasters zur Debatte und zu dem Zeitungsartikel liegen im Kompetenzbereich Kommunikation K1 und K2 der Bildungsstandards Geographie. Die Stufung der Teilkompetenzen in Tabelle 1 sind in Anlehnung an die Stufung im kommunikativen Bereich bei G. Ziener formuliert. Dabei wird unterschieden in „A: gegenstandsbezogene Äußerung, B: adressatenbezogenes Reden und C: diskursive Reflexion" (ebd. 66).

Mit dem Bewertungsraster ist eine Orientierung an transparenten Erwartungen und eine kriterienorientierte Selbsteinschätzung möglich. Durch die Explizierung der Anforderungen können Schüler ihren Lernprozess eigenständig überwachen. Es eröffnet sich eine Metaperspektive auf ihr Lernen und ihre Leistungen in systematischer Form. Damit kann mehr Verantwortung für das Lernen übernommen und individuelle Selbstwirksamkeitserfahrung ermöglicht werden. Handlungsspielräume in Bezug auf die eigene Zielsetzung und Motivation werden so durch die Bewertungsraster erweitert.

4 Potentiale der Neuen Medien zur Selbstregulation

Potentiale des Mediums Internet werden bei den Möglichkeiten zur individuellen Materialauswahl und Recherche, der flexiblen Nutzung, unabhängig von Zeit und Ort und der vielfältigen Möglichkeiten zur Integration unterschiedlicher Medien (Text, Bild, Video-, Audiodateien) deutlich. Vor allem Aspekte der Selbstregulation werden unterstützt. Aufgrund der Möglichkeiten breit angelegter Materialien und Aufgabenstellungen können Schüler je nach Interesse im eigenen Tempo selbstständig arbeiten. Mehrfache Speicherung der Arbeitsergebnisse zu unterschiedlichen Bearbeitungsständen bilden Lernprozesse und Schwierigkeiten der Schüler ab und eröffnen individuelle Förderansätze. Der strukturierte Aufbau des WebQuests erleichtert die Unterrichtsplanung und Orientierung sowie die individuelle Aufgabenauswahl der über weite Strecken selbstgesteuert arbeitenden Schülerinnen und Schüler (WebQuest: http://nawaronachhaltigkeit.wordpress.com).

Anmerkung

[1] F. E. Weinert (2001, 27) verstehet unter Kompetenzen (vgl. Klieme, E. et al. 2007, 72) die bei Individuen verfügbaren oder von ihnen erlernbaren kognitiven Fähigkeiten und Fertigkeiten, bestimmte Probleme zu lösen, sowie die damit verbundenen motivationalen, volitionalen und sozialen Bereitschaften und Fähigkeiten, die Problemlösungen in variablen Situationen erfolgreich und verantwortungsvoll nutzen zu können.

Basabi Khan Banerjee

Towards Life Skills and Competencies – Disaster Education in Indian Schools

11

It is even a decade before R.J. Chorley and P. Hagget's *Frontiers of Geography Teaching* (1965) which crystallised quite vividly the deficiencies of the traditional geography teaching, that geography education started showing changes in its approach. The pressure for these changes, at times were related to the discipline of geography, at times it was due to wide scale shifts in societal needs and values. In India, disasters are regular and annual events – which had put the pressure to think about new approaches in geography education in schools which will enable the pupils to develop competency to fight against the 'evils' of disasters.

The combination of academic knowledge with social / life skills through building up competencies is also reflected in UNESCO's Education for All programme (UNESCO, Education for all). Thus in this perspective, the competencies acquired at school are not only related to the academic handling of the subject, but they aimed at least partly towards the management of the many facets of daily life. Disaster Education in Indian schools 'took off' from this concern (UNESCO: The Six Education for All Goals).

Shaped like an irregular quadrilateral, India with it's 3.28 million square kilometre area and the latitudinal stretch from 8° 4´ N to 37° 6´ N, exhibits many representative land form features: highest and youngest mountain chain of the Himalayas, Indo-Ganga riverine areas, deltas, hot and cold deserts and long coastal plains. It experiences almost every year natural calamities of one kind or the other. In the backdrop of frequent experiences of hazards of the Indian population, this paper brings forward the endeavours and processes that have been taken to introduce "disaster education" in the classrooms and highlights the teaching methods that have been adopted to inculcate preparedness, confidence and competency in an aim to reduce the consequences of hazards. It aims also to develop the value of social responsibility among pupils for their peer group, parents, teachers and the community. To conclude, the tsunami experience of 2004 has been taken as an example to illustrate how the education sector handled the eventualities in a disaster situation.

As a background information, it is necessary to state here, that India has a federal form of government. Till 1976 the Indian constitution allowed that the state governments could take their individual decisions on educational matters. This freedom of choice resulted into a very diverse and difficult situation in the sphere of education. Therefore, in 1976, the constitution was amended and education was brought under the *concurrent*[1] or *joint* list which was followed by a uniform National Policy on Education (NPE-1986) for the whole of India. The NPE recommended for the school curriculum a Common Core Component for the entire country. The National Council of Educational Research and Training (NCERT), the apex institute for school education, was entrusted with the task of developing the national curricula for subjects, prepare model textbooks for all stages of school education and review them at regular intervals. Although the pupils study in highly differentiated school systems, for examination purposes, schools have to affiliate to one or the other examination board, be it central, state or privately monitored, for example, the Central Board of Secondary Education (CBSE), State Education Boards, the Council for Indian School Certificate Examinations (CISCE), National Open School and International Schools.

The NCERT prepared syllabi and textbooks are used by the schools affiliated to the Central Board of Secondary Education (CBSE). Central Government schools (initially set up to cater to the children of central government officials who could be posted anywhere in India, the same need as of International schools) follow the syllabuses and textbooks prepared by the NCERT. On the other hand, Federal States have also their own education boards. They can make necessary changes in the syllabuses according to the regional needs and aspirations (local history and geography) but keeping within the broad spectrum of the aspirations that are enshrined in the Indian constitution. Textbooks used in state schools are prescribed often by the state boards, although they can adopt or adapt NCERT made syllabuses and textbooks.

1 Necessity of Disaster Education in India

The term disaster originates from a French word meaning bad star, pointing to the impact of destruction that is caused by a natural/human calamity (hazard). Disasters occur where these hazards meet vulnerability, the susceptibility of a society to the impact of hazards. The vulnerability becomes more without the capacity of the people to fight in such situation and survive (see Fig. 11.1).

More than two billion people were affected by various types of natural hazards, which claimed about 600,000 lives of people worldwide over the past few decades (Disaster Education in India 2008, 3). Progress in science and technology cannot make great impact in decreasing the loss of lives and properties when disasters strike. In fact, the human toll and economic losses have escalated. India as a nation is prone to

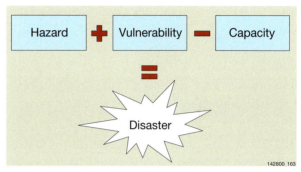

Fig. 11.1: Hazard + Vulnerability – Capacity = Disaster (Source: Author)

various hazards of different intensities due to its strategic geographical location.

About 60 % of the country is prone to earthquakes of various intensities with no part really free from the possibilities of earthquake (see Fig. 11.2). Over 40 million hectares are prone to floods and 68 % of the area are susceptible to drought. Floods and droughts are annual events that are experienced in the same season in different parts of India. For example in August 2010, when parts of Punjab were flooded by the river Indus, in the eastern part of India prevailed drought. Additionally, about 8 % of the total area (8000 kilometres of the coastline) is prone to cyclones. Apart from its vulnerability to natural disasters (or calamities), India has experienced tragedies resulting from human-made disasters, for example the Bhopal Gas Tragedy (gas leak from the Union Carbide plant 1984) in past years.

In all such events of disasters, losses of life and property are paramount. These calamities claim thousands of lives of which children[2] are one of the most victimised group in all the cases of catastrophe. For example, in the 2001 Bhuj earthquake, three million children were directly affected in 18 districts of Gujarat State. The fire tragedy (2004) in

163

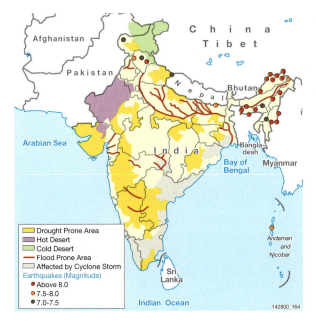

Fig 11.2: A Multi-disaster map of India (Source: after India Natural hazards, www.mapsofindia.com)

a school in Kumbakonam (Tamil Nadu State) claimed the lives of 90 children. During the 2004 tsunami, about 60 000 children were killed. In the above cases the number of deaths and losses was mainly due to the children being not aware of the dos and don'ts at the time of such events.

"According to the latest government survey, there are 1,124,033 schools in India in which about one-third of the population study" (Disaster Education in India – A Status Report. 2008, 4-6), with nearly 85 % of the land area prone to disaster it is high time that the 34 % of the country's future generation has to be prepared to combat future disasters. The Ministry of Human Resource Development, Government of India (GOI), has recommended all the different school boards to incorporate and integrate Disaster Management (DM) in the existing school curriculum in order to empower the pupils in the events of disasters (NANDARKUMAR, T. 2005). In addition, the GOI launched a set of nation-wide disaster risk mitigation programmes in the existing education system in India. It is a very important initiative, which shows a paradigm shift of the government from previous "re-active" to that of "pro-active approach" keeping in view the larger targets of development and to safeguard the on-going developmental projects. Otherwise in the past when a disaster stroke, the government had to re-allocate developmental fund to the work of relief and rehabilitation. This process had often hindered developmental projects.

2 Inculcation of Life-skills in Class Rooms

As it was practised elsewhere in the world, geography textbooks in India, from the Year 6 to 10, dealt with topics of natural disasters like earthquakes, floods, droughts, landslides, cyclones etc. up till 1999.[2] These topics in geography lessons were treated as information inputs and for developing knowledge, but not as something that affects the real lives of pupils. In the past geography textbooks all these events of "nature's fury" (as they were called before the coinage of the term disaster) were described very neutrally. Pupils learned what happened in Japan or somewhere else, but they were not taught what they *should* or *should not* do in case the river in the neighbourhood overflows its banks and cause floods, although this kind of phenomenon is almost an annual event in the Ganges-Yamuna or in the Brahmaputra riverine plains. Pupils were not educated how they could help the community in the events of other disasters like cyclones, drought or landslides. Chapters ended with questions of different kinds, mainly of the "recall" category[3], but also included discussions or questions for developing map-skills. But on the whole, geography teaching in schools remained mostly centred on theoretical learning with a broad base of "knowledge only" inputs. Perhaps it was more of a general practice. But additionally, the concepts of disaster, its mitigation and preparedness as a topic was not in the horizon of geography lessons not only in India (see Tab. 11.1) but also in many other countries around the world.

In 2000, new issues and challenges within the nation and outside made it necessary to have a re-look into the National Curriculum. It was revised in order to update school syllabuses of all subjects and incorporate the issues of prime concerns and of pedagogical considerations into it.

The National Curriculum Framework for School Education-2000 (NCFSE-2000) included "safety education" (Ibid, 23) as one of the important concerns for the general education till class 10. It states that safety education should find a separate place in the school curriculum, and suitably be integrated in the already existing learning areas. But in the higher courses, i. e. the elective courses, the document clearly outlines, "the traditional courses of study in well established disciplines retain their place. However, some new potential subjects of study have also emerged. Perhaps the areas like conservation education, [...] disaster management, [...] would be explored fruitfully" (Ibid., 87).

The textbooks which came up as a follow-up of the revised National Curriculum reflected this shift explicitly in the content as well as in format. The components of social sciences like history, geography, civics and economics were put as a thematically integrated subject, social sciences, within one book cover till class 10. The topic "Natural disaster" has been taken up as an important theme which needed to be appropriately dealt with an approach that develops competencies and life-skills within the classrooms. Disaster Education was introduced as a '*Frontline curriculum*'[5]. The new syllabuses aimed to provide the children not only the 'knowledge only' inputs but delivered the message that they need to 'act also' in the events of natural disasters. So,

School stages	1986–2000 Content	1986–2000 Remarks	2000–2006 Content	2000–2006 Remarks	2006 onwards Content	2006 onwards Remarks
Primary I & II (Classes III–V)	Environmental Studies (EVS)	Integrated approach	Environmental studies	Integrated approach	Environmental studies	Integrated in the curricular areas
Upper Primary (Classes VI–VIII)	Lands and Peoples: earth in the solar system, globe and maps, latitudes & longitudes, motions & four realms of the earth, Africa, S. America, Australia & Antarctica. atmosphere, hydrosphere, N. America, Europe Asia and India	Subject approach, separate book Principles: simple to complex and remote to near Studying India in the backdrop of the world.	The Earth-Our Habitat: the solar system, maps and globe, four realms of the earth, major relief features and India in the world. Our Environment: natural and human; land, air & water, flora and fauna; human and natural environment interaction: settlement transport and communications, various case studies. Resources and Development. natural and human & their utilisations	Integrated approach, geography as a unit within Social sciences, one book for the entire Social sciences.	The Earth-Our Habitat: earth in the solar system, globe and maps, four realms of the earth, major relief features and India in the world. Our Environment: natural and human; land, air & water (1 case study each of earthquake, cyclone & tsunami respectively), natural vegetation & wild life, human environment. settlement transport and communications, Resources and Development natural and human & their utilisations	"Disciplinary quality is understated with open boundaries" separate book.
Secondary stage (Classes IX–X)	Humans and Environment land, air, water maps as an aid to understand environment, human impact on environment with case studies India . Economic geography	Subject approach, separate book for geography Focus: knowledge input on geographical phenomena	India -Land and the People location, physiography, climate, drainage, flora-fauna and population Resources and their Utilisation types, natural and human resources, infra-structure and industries of India.	Integrated approach, geography as a unit within Social sciences, one book for the entire Social sciences Focus: awareness about pollutions, conservation of resources and sustainable development, & project and activities	India: Land and the People location, physiography, climate, drainage, natural vegetation, wildlife and population Resources and their Development types, natural and human; land, forest and wildlife, agriculture, water, mineral, power, industries, transport & trade	Focus: disaster education, pollution study and conservation and judicious usage of resources, project and activities

166

School stages	1986–2000		2000–2006		2006 onwards	
	Content	Remarks	Content	Remarks	Content	Remarks
Public examination	Compulsory unit within Social Science Paper	35 of 100 marks	Compulsory unit within Social Science Paper	35 of 100 marks	Compulsory unit within Social Science Paper	35 of 100 marks
Higher secondary stage (Classes XI–XII)	Physical geography: lithosphere, atmosphere, biosphere and hydrosphere, human and economic geography	Disciplinary approach 4+1 books	Fundamentals of Physical Geography and Practical work	Disciplinary approach, 4+2 books, Emerging concerns: global warming, green house effect, natural hazards and disasters: causes and consequences, use of computers in mapping & data processing, Spatial Information Technology or GIS and Field-survey	Fundamentals of Physical Geography and Practical work	Disciplinary approach, 4+2 books, Emerging concerns: global warming, green house effect, natural hazards and disasters: causes and consequences, use of computers in mapping & data processing, Spatial Information Technology or GIS and Field-survey
	India: General geography, its resources and regional development		India: Physical Environment and Practical work		India: Physical Environment and Practical work	
	Field-work and laboratory techniques in geography		Fundamentals of Human geography and Practical work		Fundamentals of Human geography and related Practical work	
			India: People and Economy and Practical work		India: People and Economy and related Practical work	
Public examination	Elective or optional subject	200 marks	Elective or optional subject	200 marks	Elective or optional subject	200 marks

Tab. 11.1: Syllabi of School Geography before and after 2000 (Source: KHAN BANERJEE, B. 2006, 288 f.)

education was combined with an awareness programme to inculcate preparedness in order to reduce vulnerability and to cope with the effects of disasters already occurred.[6]

But could it be done in classrooms? If yes, then how?
Several steps were /are being taken in various phases by the various organs of the Indian Government and NGOs to make disaster education a reality.

Step I was to introduce Disaster Education (DE) and Disaster Management (DM) in schools. The approach and contents of the post-2000 social science school textbooks showed perceptible changes.
For example, in class 8, there are about 18 pages devoted to the topic *Natural Disasters*. It shows explicit efforts to bring life-skills and competencies in the class rooms. The chapter informs the pupils not only about floods and droughts, but also about various other natural calamities like earthquakes, volcanic eruptions, landslides and cyclones, along with statistics of some major natural disasters of the World (1960–2000). Different visuals are included, i.e. maps showing seismic zones, drought-prone areas, cyclone-vulnerable areas, pictures showing damages and destruction as an after-effect and so on.

As the first step towards DE, "in-text box items" were included with texts highlighting "What to do" in such events or about the preparedness which were designed to develop the pupils as actors and to bring them in active roles (see Tab. 11.2). There are some discussions in this book about the preparedness for the eventuality.

The text in the book states,

> "An early warning of earthquake may help people evacuate homes and other buildings to minimise risk to life. [...] If we can't avoid earthquake, can we prepare ourselves for them? The loss of life and property can certainly be reduced by taking appropriate measures. In California, for example, no new building may be built within 40 metres of a known fault line" (*Ibid.*, 203).

As "knowledge" input about various natural phenomena is an important part of study, in the textbook for class 11, semester I, some topics like volcanoes and earthquakes were discussed as a part of physical geography, because the pupils need to know the tectonic processes behind these activities. Additionally, there are discussions on earthquake predictions and induced earthquakes, global distribution patterns of

> *Box 1: Earthquake Preparedness*
> – Don't panic.
> – If you are indoors, don't rush outside. Move under doorways, tables or beds. Keep away from mirrors, windows [...] that could fall.
> – If you are outdoors, move to an open area away from buildings, trees, electrical wires and poles.
>
> *Box 2: How people cope with volcano?*
> "In June, 1991, Mt. Pinatubo in Philippines erupted after six centuries of dormancy. [...] it started giving warning in April, 1991. People evacuated their homes within 10 km of the peak by the time the volcano erupted. California has more than 500 volcanic vents. Here, people have developed quite effective ways of coping with volcanoes."
>
> *Box 3: Cyclone preparedness*
> – Listen to the radio or TV weather reports regularly during the cyclone season.
> – Ensure that everyone is alerted. Follow the advice.
> – Identify safety shelters in your area and the safest and closest route to reach these places.
> – In case you have to evacuate, move to the shelter with necessary food items in waterproof bags, water and emergency kit.
> – Do not go to the beach or venture into the sea after the warning.
>
> *Box 4: Flood preparedness*
> – Listen to the local radio and TV news for warning and advice.
> – If you are warned that flood water may enter houses, keep some stock of ready made dry food items, freshwater, candles, matchbox and clothes in waterproof bags.
> – Move cattle, movable goods and vehicles to safer places such as higher grounds.
> – Do not wander around in flood water.

Tab. 11.2: "In-text box items" 1–4 (Source: India and the World, Social Science textbook for class VIII 2004, 197–216)

volcanoes, dangers of eruptions, the concept of vulnerability, and subsequently there is an *activity* as a part of review questions at the end of the chapter in order to grasp the spatial impact of disasters.

In the second semester, one full chapter of 19 pages is devoted to "Natural Hazards and Disasters" and it does talk about disaster preparedness as a part of disaster management. The geography textbook *"India: Physical Environment"* takes up natural hazards and disasters in one whole chapter of 19 pages (2002, 87–106), apart from brief discussions on floods (Ibid., 37–8) while explaining the Indian drainage system, and on drought, in the chapter on India's climate (Ibid., 58–60). In the chapter on "Natural Hazards and Disasters", the text talks about preparedness as a part of disaster management. There are detailed guidelines of dos and don'ts during the time of hazards. Some narratives of real life experiences with disasters are there to sensitise the target groups. There are exhaustive review questions, along with activities for the pupils. As project work, pupils are asked, "on an outline map of India show the following:
(i) High risk seismic zones

169

(ii) Areas badly affected by tropical cyclones
(iii) Areas which experience frequent landslides
(iv) Flood prone areas of Uttar Pradesh
(v) One drought prone area" (Ibid., 106).
The pupils are also asked to: "Prepare a scrap book on any of the disasters you studied" (Ibid., 106) in order to expose pupils to the various facets of disasters which are regular events in India. Also, by informing them how people prepare themselves in other countries, for example in Japan, the authors presumably intend to transfer knowledge about possibilities to (re-)act. So, it is clear that, without loosing the essentials of Geography as a subject of study, DE has been suitably *"plugged in"* in relevant portions of the content, even though the "knowledge" aspect predominates.

As step 2, apart from the above mentioned NCERT books, CBSE integrated a short course on *Disaster Management* (DM) and brought out supplementary books for the classes 8, 9, 10 and 11 between 2003 and 2010. The initiative probably was triggered off after the Bhuj earthquake, Gujarat (Western India), in which schools were damaged and many children died. The CBSE prepared books *"Together, Towards a Safer India": Parts I, II, III and IV*, read almost like a tailor-made book for developing competencies and skills to cope with various natural disasters as well as human-made ones. These books have numerous illustrations (maps, charts, newspaper reports, cartoons) and follow a quite pupil-centred approach in the contents and in the assessment parts.

The course content is divided among the various classes as indicated below.

• Class 8 focuses on preparedness measures to be taken by students and teachers for various disasters.
• Class 9 focuses on mitigation measures.
• Class 10 focuses on the role of government and other agencies in disaster management, role of science and technology in disaster management and initiating the concept of leadership among the children.
• Class 11 (Sociology) focuses on gender and child rights in disaster management, role of community in disaster management.
• Class 11 (Geography) focuses on the concept of various hazards.

According to the CBSE, the "curriculum on disaster management in the schools intends to cross the boundaries of the curriculum, classroom and schools and make the learning local specific involving families and community at large." The CBSE Chairman expresses, "I hope this book will help all students of Geography, who are the future citizens, to have a better understanding of the subject [natural hazards and disaster] so that they are well prepared to combat it. Being senior students of the school I would appreciate if all of you (including teachers) as responsible citizens and as volunteers take up the initiative of preparing the school disaster management plan and also educate the younger students of the school on various safety measures that need to be taken up for a better living" (*Natural Hazards and Disaster Management* 2006, Foreword).

5. Seasonality Calendar for Disasters   142800_171

While analyzing the past experiences pertaining to various natural hazards, communities develop the seasonality calendar based on the occurrence of the disaster.

	Hazards	Jan	Feb	Mar	April	May	June	July	Aug.	Sept.	Oct	Nov	Dec
1	Flood							+	+	+			
2	Cyclone				+	+					+	+	
3	Drought								+	+			
4	Forest fire				+	+							
	+	Month of Occurrence

Fig. 11.3: Disaster Probability Calendar
(Source: Together Towards a Safer India Part III. A Textbook on Disaster Management for Class X. 2005, 60)

Step 3: The process to sensitise the pupils about disaster and its management is being carried out in various modes and in different phases. Some of them are:

• discussion on geography of disasters (to teach the spatial attributes)
• reading stories about disasters and people's experiences
• reading newspaper articles on recent events of disaster and to have class discussion on them
• preparing a "disaster calendar" (in a vast country like India, different regions experience different kinds of calamities. The preparation of a disaster calendar gives the pupils awareness about the kind of disasters they might expect and should be prepared for) (see Fig. 11.3).
• mapping the vulnerable zones
• to develop disaster vocabularies and arranging quiz contest/programmes
• to arrange group activities like, performing skits or preparing posters, which help to broadcast the information about hazards, inculcate team spirit and tolerance.

The primary goal of learning about the natural calamities as a geographical process remains at the centre and it is evaluated by essential knowledge based questions/activities. The exercises are part of review questions in the textbooks which tried to inculcate mapping skills and spatial understanding about the disaster events.

Focussing on sensitizing pupils on the theme of disasters, hazards and their mitigation, education needs to be transacted through co-curricular activities to add joy and fun to the process learning, i.e., pupils are encouraged to draw and paint, take part in debates and essay competitions on the theme on disaster & its management (see Fig. 11.4).

Fig. 11.4: Posters drawn by school children (Source: Together Towards a Safer India, Part I, An Introduction to Disaster Management for class VIII 2004, back cover)

As Step 4, the schools have developed Disaster Management Teams (DMTs) and Class Disaster Management Teams (CDMTs) with the aim to delegate various tasks among the pupils (see Fig. 11.5). Formation of these teams infuses a feeling of responsibility among the pupils (cf. WENTZEL, K.R. 1991). That is important. The DMTs at times go to the community and give the communities information relevant to them. For example, pupils from a fishermen community learn about storms and cyclones and related do's and don'ts or alert information from schools. They could help their parents and siblings with their knowledge. In case of a family of first generation learners (very important in the Indian situation with a literacy rate as low as 64.84 %, 2001 Census), the pupil becomes a DM resource persons.

Fig. 11.5: School Disaster Management Committee: the Tasks (Source: after Together Towards a safer India, Part I, An Introduction to Disaster Management for class VIII 2004)

Step 5, training the teachers, is a very important step to reach to the goals of disaster preparedness and management. Without this aspect, the work of developing competencies among the pupils can not be achieved. Teachers have to be trained and motivated to transfer their knowledge and competencies further to the pupils not only by class room teaching, but also by organising various activities, which bring the pupils in a more

active role. To ensure curriculum transaction, the National Council for Educational Research and Training (NCERT) is developing a resource book for training teachers on the subject of disaster management.

Additionally, the Central Board of Secondary Education (CBSE) has taken up extensive training programmes for the teachers in a phased manner across the country. Initially, two master trainings consisting of principals and senior teachers across the country were organized. Then the master trainers were used to conduct further trainings to teachers. The board has conducted more than 26 such trainings covering 2000 teachers throughout the country. In each of the trainings, focus has been laid on the causes, preparedness and mitigation measures for various hazards. The trained teachers will be the potential resource persons for the schools in their area to train the children as well as to take the message to the community and the society at large.

States	No. of Teachers trained (2008)
Delhi	500, including school principals
West Bengal	>100
Maharashtra	165
Gujarat	700
Himachal Pradesh	47

Tab. 11.3: Teachers Training on Disaster Education in India (Source: after Disaster Education in India – A Status Report 2008, compiled by the Author)

As Step 6, the efforts of DE and DM has gone beyond the borders of formal education. It is felt that educating the *non-formal sector* (people who join evening schools or who are in different services), which is a substantial part of the Indian population, is important. Therefore, disaster management training in India has been included in the defence training of student cadets under various schemes such as NCC (National Cadet Corps), NSS (National Service Scheme), Scouts and Guides, *National Yuva Kendras* (NYKs) [National organisations of Youths], Civil Defence, *Sainik* [Soldiers] Board, etc.

3 Impact of Tsunami on School Education

Lives of thousands of pupils and teachers in India were very strongly affected by the tsunami 2004, which was the maiden encounter, and it has had a strong impact on the school community.[7] When a disaster strikes any region, the first and immediate action are rescue and relief operations, followed by measures to prevent health hazards or epidemics, as they are like offshoots of disasters. Similarly, in tsunami-affected areas of India, rescue and relief operations started immediately in succession with mid-term measures of rehabilitation.

In the immediate phase after the tsunami, the main focus had to be on the health and welfare, even in the context of education; apart from the additional problems that have resulted from the dispersal or possible

173

decimation of the teaching force or the destruction of the physical infrastructure of schools.

In the affected areas of Andhra Pradesh, Tamil Nadu, Kerala, Pondicherry and the Andaman & Nicobar Islands, rescue and relief operations were followed by rehabilitation and reconstruction.[8] During this period, epidemic broke out in many areas. Therefore, health and welfare provisions were the immediate needs. The situation was extremely traumatic, with a huge mass of people suffering from dislocation and various levels of stress. During that period, the reconstruction of education took a back seat. But within a short time the education departments of all the affected states tried to do necessary arrangements to reopen the schools. It was felt urgent to bring the children back to school as early as possible, as many of them have lost one or both parent(s), lost their homes and were suffering from stress and trauma. In order to reopen the schools, repair work of the damaged school buildings or a construction of makeshift schools was necessary (see Fig. 11.6).

After the tsunami incidence, the processes of integrating disaster education in the curriculum has accelerated. The various efforts in this exercise, as identified by the Government of India, could be summarised as

Preparedness: Education, community awareness, mock-drill, warning system, aids

Relief: Emergency operation-centres, community kitchen, caring seniors and physically-challenged, saving pets

Recovery: Care for health and hygiene, providing psychological & emotional supports

Planning, **P**revention, **M**itigation: Mapping risk zones and vulnerability, disaster proof buildings, community education on disasters and awareness.

It can be hoped that PRRP if properly followed, will transform Indians into an aware and competent population and will guide them towards a safer India despite all threats from various disasters.

Fig. 11.6: Make-shift school in Tamil Nadu and victims (Source: Photos by the author, January 2005)

Notes

1 For administrative requirements, various subjects were brought under the *union*, *concurrent/joint* and *state* lists. Education was brought under the *concurrent* list as it is a subject of common concern to both the state and the central governments.

2 "Children are especially vulnerable to the threats posed by natural hazards. At the same time, they can be powerful agents of change, provided they are well armed with knowledge about how to prepare in advance, how to act on warnings and how to reduce at home and in their communities. It is essential, therefore, to make disaster-risk education a component of national school curricula, and to ensure that children understand how natural hazards interact with the environment" (Mr Kofi Annan's message on the *International Day for Disaster Reduction*, *cited after* Disaster Education in India – A Status Report 2008, 4).

3 See the series *Lands and Peoples*, parts I to III (1996) and *India: General Geography* 1996.

4 In India, four categories of questions/exercises are recognised: re-call, knowledge, analytical and skill-oriented.

5 Curriculum that is partly revised or developed to address emerging issues or important challenges, which are integrated (in different subjects) within the curriculum keeping in mind the changing needs of the society.

6 "It is increasingly recognized that education must be a principal part of any humanitarian response. Conflict and disaster-affected communities themselves prioritize provision of education for their children, often even before more immediate material needs. Education can save and sustain lives, offering physical, cognitive and psychosocial protection when delivered in safe, neutral spaces. Education restores routine and gives people hope for the future; it can also serve as a channel both for meeting other basic humanitarian needs and communicating vital messages that promote safety and well-being. As the UN lead agency for Education, UNESCO plays an active role in promoting education in emergencies and reconstruction" (UNESCO: Post-Conflict and Post-Disaster Responses. Education in Emergencies).

7 Cf. Khan Banerjee, B. 2005. As one reaction, environmental education was made a compulsory topic for all stages in all subjects (see NCERT: Environmental Education in School). Cf. Arnhold at al. 1998 as general reference on education for reconstruction.

175

12

Michael Hemmer

Kompetenzorientiert unterrichten – Der Beitrag des Netzwerks „Fachliche Unterrichtsentwicklung Erdkunde" in Nordrhein-Westfalen

1 Implementierung des Kompetenzparadigmas – Problemstellung

Die Forderung nach einem kompetenzorientierten Unterricht ist im Kontext eines generellen Paradigmenwechsels in der Bildungspolitik der Bundesrepublik Deutschland zu sehen, der sich in drei eng miteinander verknüpften Akzentverschiebungen manifestiert: Neben einer (1.) stärkeren *Output*-Orientierung und der Forderung, (2.) sämtliche unterrichtlichen Prozesse vom Ziel her zu denken, zielt ein kompetenzorientierter Unterricht (3.) auf den Kernbereich eines Faches und ermöglicht somit im konkreten Fall eine auf die grundlegenden Dimensionen geographischen Denkens und Handelns verdichtete Standortbestimmung und Entschlackung der i. T. inhaltlich überfüllten und vielfach additiv angelegten Lehrpläne. Für den einzelnen Lehrer bedeutet dies, dass er sich – ebenso wie die Mitglieder einer Lehrplankommission, Schulbuchautoren und Fachdidaktiker – u. a. folgenden Fragen stellen muss: Was ist der Kern geographischer Bildung? Über welche Kenntnisse, Fähigkeiten und Einstellungen muss eine geographisch gebildete Person verfügen? Welche Kompetenzen soll ein Schüler zu einem bestimmten Zeitpunkt, z. B. am Ende der Sekundarstufe I, aufweisen? Wie lassen sich diese im Geographieunterricht sukzessiv aufbauen und fördern? An welchen Inhalten und Beispielen können die einzelnen Kompetenzen bestmöglich erworben werden? Welche Methoden fördern die individuelle Problemlösekompetenz? Wie viel Kompetenzdiagnostik verträgt der Geographieunterricht? Welche Instrumente können dem Schüler zur individuellen Kompetenzdiagnostik angeboten werden?

Obgleich der angestrebte Paradigmenwechsel seit mehr als zehn Jahren Thema der Bildungspolitik ist und es kaum eine Publikation gibt, in der nicht mindestens einmal das Stichwort *Kompetenz* fällt, hat sich im Unterrichtsalltag – und dies kann selbstverständlich nur eine persönliche Einschätzung des Autors aufgrund von singulären Unterrichtsbesuchen und Gesprächen mit Lehrerinnen und Lehrern sein – bislang nur wenig verändert. Die Gründe hierfür sind vielschichtig und reichen von der objektiv fassbaren Komplexität und Langwierigkeit des Implementierungsprozesses (vgl. Abb. 12.1) bis hin zu irrationalen Ressentiments.

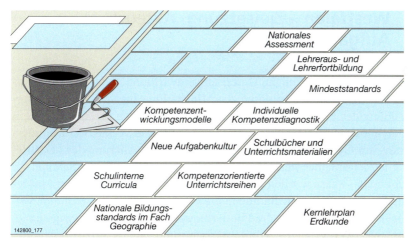

Abb. 12.1: Bausteine auf dem Weg zu einem kompetenzorientierten Geographieunterricht (Entwurf: M. Hemmer, 2010)

Die Erfahrungen der letzten Jahre haben gezeigt, dass die Umsetzung eines kompetenzorientierten Lehrens und Lernens nur dann gelingen kann, wenn sich sämtliche im Bildungsbereich tätigen Akteure, wie z. B. Fachlehrer, Fachleiter, Fachdidaktiker und Schulbuchautoren, mit dem auf Kompetenzerwerb und Kompetenzförderung zielenden Leitbild identifizieren und bereit sind, ihren Beitrag zu dessen Implementierung zu leisten – anknüpfend an die nationalen und länderspezifischen Orientierungsrahmen, wie Bildungsstandards (z. B. DGfG 2010) und Kernlehrpläne, über die Erarbeitung schulinterner Curricula, die Entwicklung kompetenzorientierter Unterrichtsreihen und Aufgaben, Lehr- und Lernmaterialien und von Instrumenten zur individuellen Kompetenzdiagnostik bis hin zu der von Seiten der Fachdidaktik zu leistenden Entwicklung theoretisch fundierter und empirisch belastbarer Kompetenzmodelle, die Auskunft darüber geben, welche Dimensionen und Niveaustufen eine Kompetenz aufweist und in welchen Kontexten respektive bei welchen Altersstufen und unter welchen Einflüssen sich einzelne Kompetenzen beim Schüler entwickeln.

Möglicherweise ist in der Vergangenheit versäumt worden, alle beteiligten Gruppen von Anfang an hinreichend als Partner in den Implementierungsprozess zu involvieren. Genau an dieser Stelle setzt die Netzwerkinitiative des nordrhein-westfälischen Ministeriums für Schule und Weiterbildung an.

2 Die Netzwerkinitiative in Nordrhein-Westfalen – Zielsetzung, Akteure, Aufgabentableau

Das Netzwerk „Fachliche Unterrichtsentwicklung in der Sekundarstufe I" wurde 2008 auf Initiative des Ministeriums für Schule und Weiterbildung des Landes Nordrhein-Westfalen ins Leben gerufen und dient der Implementierung der Kernlehrpläne für den verkürzten Bildungsgang am Gymnasium sowie einer generellen Etablierung des beschriebenen Paradigmenwechsels in Ausbildungsseminaren und Schulen. In der ersten Phase wurden die Fächer Deutsch, Englisch, Latein, Mathematik, Chemie und Erdkunde in die Netzwerkarbeit eingebunden, wobei das Fach Erdkunde die Pilotierungsphase übernahm. Kerngedanke des Netzwerkes ist es, schulpraktische und fachdidaktische Kompetenzen zusammenzubringen, um Umsetzungsmöglichkeiten der Kernlehrpläne für den verkürzten Bildungsgang am Gymnasium in Form von schulinternen Curricula und kompetenzorientierten Unterrichtsmodulen zu erarbeiten und zu erproben sowie diese abschließend anderen Schulen zur Verfügung zu stellen (vgl. MSW 2008, 3).

Jedes Netzwerk umfasst Vertreterinnen und Vertreter aus dem Bereich der Schulen, der Fachaufsicht, der Ausbildungsseminare (vertreten durch Fachleiter und Referendare) sowie der Universitäten (repräsentiert durch einen Fachdidaktiker); im konkreten Fall arbeiteten im Netzwerk *Erdkunde* unter Leitung des Fachdezernenten anfänglich zwölf Geographielehrer aus drei verschiedenen Gymnasien, drei Fachleiter sowie stellvertretend für die Wissenschaft der Verfasser des Beitrags über einen Zeitraum von 18 Monaten zusammen.

Um die Kompetenzen der einzelnen Projektpartner bestmöglich zu nutzen, wurden die jeweiligen Aufgaben in einem Aufgabentableau festgelegt (vgl. Tab. 12.1), so z. B. für die begleitende, beratende und unterstützende Funktion der Fachdidaktik, dass der jeweilige Vertreter die einzelnen Netzwerkgruppen u. a. zu Beginn über den aktuellen Stand der fachdidaktischen Diskussion informiert, regelmäßig die Entwürfe der Fachkonferenzen sichtet und den Schulen Hilfestellungen zur Selbst- und Fremdevaluation anbietet.

Netzwerk Fachliche Unterrichtentwicklung für die SI in verkürzten Bildungsgang an Gymnasium Aufgabentableau						
Phase		Fachkonferenzen	Ausbildungs-seminar	Fachdidaktik	Schulaufsicht	Ministerium für Schule und Weiterbildung
Auftakt-veranstaltung (September 2008)	Input	Orientierungs- und Situationsbestimmung zum Stand der schulischen Arbeit/Konkretisierung des Arbeitsprozesses und Arbeitsplanung	Einleitung zur Etablierung des Paradigmenwechsels in der praxisbezogenen Lehrerausbildung	Aktueller fachdidaktischer Eingangsimpuls	Einführung zur Kompetenzorientierung der neuen Lehrplangeneration	Information über Aufbau und Ziele des Netzwerkes
Erarbeitung und Erprobung (Arbeitssitzungen)	Modularisierung	Umsetzung des Kernlehrplans in ein schulinternes Curriculum Erarbeitung und Erprobung exemplarischer Unterrichtseinheiten	Erarbeitung und Erprobung von kompetenzorientierten Unterrichtssequenzen in den Ausbildungsseminaren (z. B. in Form von Hausarbeiten im Rahmen des Staatsexamens)	Optionale Unterstützungsangebote der Fachkonferenzen (Entwicklung von fachbezogenen Kompetenzmodellen) Personelle Unterstützung und Hilfestellung durch Materialien	Koordination und Umsetzung der Planungsvorgaben	Finanzierung von Workshops Hilfestellung durch Materialien
Zwischen-Check (Januar 2009)		**Vorlage eines Grundkonzepts und einzelner Module**				
Evaluation (Arbeits-sitzungen)*	Praxis-Check*	Reflexion der Praxisbeispiele Weiterentwicklung der Unterichtssequenzen Aufnahme des fachdidaktischen und schulischen Feedback	Bewertung und Refelxion der Arbeitsergebnisse der Lehramtsanwärter/innen	Begutachtung der Zwischen- und Endprokte nach fachdidaktischen Qualitätsstandards	Begutachtung der Zwischen- und Endprodukte nach schulfachlichen Standards und Vorgaben des Kernlehrplans	
Abschluss-veranstaltung (Oktober 2009)	**Output**	**Präsentation beispielhafter Ergebnisse der Fächer**				
Implementation	Auswertung des Nachwerkes auf andere Schulen	Multiplikation und Moderation	Multiplikation und Moderation	Fachdidaktischer Grundsatztext zum kompetenzorientierten Unterricht (Fachkompetenzmodell)	Koordinierung von Fortbildungsangeboten Aufbau einer Feedback-Struktur	Publikation modellhafter Curricula und Unterrichtseinheiten
*Diese Phasen sind keine Elemente einer linearen zeitlichen Abfolge, sondern als fortlaufender Prozess zu verstehen.						

Tab. 12.1: Aufgabentableau des Netzwerks Fachliche Unterrichtsentwicklung (Quelle: Ministerium für Schule und Weiterbildung des Landes NRW, 2008)

3 Einblick in die Netzwerkarbeit der Fachgruppe Erdkunde

Nach einer intensiven theoriegeleiteten Auseinandersetzung mit dem Leitbild eines kompetenzorientierten Geographieunterrichts und dessen Umsetzung im Unterrichtsalltag sowie den Fragen, Schwierigkeiten und Wünschen der Schulen, Ausbildungsseminare und Universitäten entschied sich die Netzwerkgruppe *Erdkunde* drei Module zu entwickeln, die den Kolleginnen und Kollegen vor Ort konkrete Hilfestellungen für die tägliche Arbeit bieten, darüber hinaus aber auch gewinnbringend in der Ersten und Zweiten Phase der Lehrerbildung eingesetzt werden können. Neben einem Orientierungsrahmen für ein schulinternes Curriculum wird anhand zweier erprobter Unterrichtssequenzen exemplarisch aufgezeigt, wie ein vom Ziel her gedachter und auf den Kern fokussierter kompetenzorientierter Geographieunterricht aussehen kann. Die Beispiele hierfür stammen aus den Bereichen Räumliche Orientierungskompetenz und Systemisches Denken und repräsentieren somit zugleich zwei wichtige Alleinstellungsmerkmale des Unterrichtsfaches Geographie.

Der nachfolgende Überblick über die drei Module ist bewusst knapp gehalten, da sämtliche Überlegungen zu den einzelnen Modulen, die Konzepte und Unterrichtsequenzen sowie die konkreten Materialien für den Unterricht im Internet unter
www.standardsicherung.schulministerium.nrw.de/cms/netzwerk-fachliche-unterrichtsentwicklung/erdkunde
abrufbar sind.

Modul 1
Das Ganze im Blick haben
Beispiel für ein kompetenzorientiertes schulinternes Curriculum Erdkunde
Konzeption: Elisabeth de Lange, Dietmar Hüster, Renate Rosenkranz und Meike Schütte

Der Kernlehrplan für das Fach Erdkunde an Gymnasien in Nordrhein-Westfalen (vgl. MSW 2007) weist für die Sekundarstufe I insgesamt 52 Kompetenzen aus den Bereichen Sach-, Methoden-, Urteils- und Handlungskompetenz sowie acht obligatorische Inhaltsfelder aus. Die in der Netzwerkgruppe erarbeitete Matrix mit flexiblen, der jeweiligen Schulsituation anzupassenden Gestaltungsmöglichkeiten zeigt auf, wie (1.) ein schulinternes Curriculum generell aussehen könnte und (2.) in welcher Weise die im Kernlehrplan aufgeführten Kompetenzen in Verbindung mit den vorgegebenen Inhaltsfeldern schwerpunktmäßig in den Jahrgangsstufen 5/6 und 7-9 vermittelt werden können. In Abgrenzung zu den klassischen Stoffverteilungsplänen steht hier nicht mehr der Inhalt, sondern die angestrebte Kompetenz an erster Stelle. Erst an zweiter Stelle ist zu diskutieren, an welchen konkreten Inhalten und Anwendungsbeispielen die einzelnen Kenntnisse und Fähigkeiten idealerweise eingeführt und vertieft werden können. Für die Lehrkraft vor Ort lautet die Frage nicht mehr „Welches Thema muss ich durchnehmen?" sondern „Welche Kenntnisse, Fähigkeiten und Haltungen will ich fördern?".

Das im Internet abrufbare Dokument versteht sich als ein Orientierungsrahmen, da letztendlich jede Fachkonferenz ein eigenes schulinternes Curriculum entwickeln muss. Wohl wissend, dass die Erstellung eines solchen Curriculums sehr viel Zeit in Anspruch nimmt und eine große Offenheit der Kollegen untereinander erfordert, kann aus eigener Erfahrung bestätigt werden, dass sich die intensive Auseinandersetzung mit den Zielen und Inhalten geographischer Bildung und deren Vermittlung nicht nur positiv auf den Zusammenhalt der Fachkonferenz auswirkt, sondern darüber hinaus auch auf die Gestaltung von Lernprozessen und das Schulprofil im Allgemeinen.

Modul 2
Vom Ziel her denken
Förderung der räumlichen Orientierungskompetenz durch Orientierungsraster
Konzeption: Dr. Josef Eßer und Asgard Franz

Ausgehend von der im Kernlehrplan verankerten Forderung, dass Schülerinnen und Schüler am Ende der Sekundarstufe I auf allen Maßstabsebenen über räumliche Orientierungsraster verfügen, wird in Modul 2 anhand zweier Unterrichtssequenzen für die Jahrgangsstufen 5/6 bzw. 7-9 aufgezeigt, wie Schülerinnen und Schüler sukzessiv räumliche Orientierungsraster und Ordnungssysteme erwerben und ausbauen können. Exemplarisch wird dies in der Jahrgangsstufe 5/6 an den Tourismusdestinationen in Deutschland und Europa sowie in der Jahrgangsstufe 7-9 an Räumen unterschiedlicher wirtschaftlicher Entwicklung, wie z. B. den Aktiv- und Passivräumen in Spanien oder der Triadisierung des Welthandels, illustriert. Die schrittweise Ausweitung und Verdichtung der einfachen Orientierungsraster hin zu komplexen Ordnungssystemen ist dabei keine Frage des Maßstabs, sondern eine Frage der Komplexität. Im Sinne der geforderten Konzentration auf den Kern geographischer Bildung sollen die Schülerinnen und

Schüler hierbei nicht nur additiv ein Orientierungsraster nach dem anderen kennenlernen, sondern letztendlich zu der Erkenntnis gelangen, dass Geographen einen Raum stets ordnend beobachten, Strukturen erfassen und versuchen, Gesetzmäßigkeiten (und deren Ursachen) zu erkennen.

Modul 3
Konzentration auf den Kern
Förderung des Systemischen Denkens durch Denkwerkzeuge
Konzeption: Claudia Elsner, Nina Erdmann, Renate Humpert und Susanne Jeschek

Die im Mittelpunkt geographischer Bildung stehende Fähigkeit, natur- und humangeographische Subsysteme miteinander in Beziehung zu setzen, wird in Modul 3 anhand eines Unterrichtsbausteins aus dem Inhaltsfeld „Arbeit und Versorgung in Wirtschaftsräumen unterschiedlicher Ausstattung" illustriert. Dabei wird ausgehend von dem im Kernlehrplan geforderten Standard, dass Schülerinnen und Schüler am Ende der Jahrgangsstufe 5/6 Zusammenhänge zwischen den naturgeographischen Gegebenheiten, einzelnen Produktionsfaktoren und der landwirtschaftlichen Nutzung aufzeigen können, im Unterricht anhand ausgewählter landwirtschaftlicher Erzeugnisse (z. B. Zuckerrüben in der Börde, Grünlandwirtschaft im Allgäu, Tomaten aus den Niederlanden) sukzessiv ein *Denk-Werkzeug* erarbeitet, das fragengeleitet grundlegende Zusammenhänge zwischen einzelnen Geofaktoren aufzeigt, im Sinne eines kumulativen Wissensaufbaus in der Jahrgangsstufe 7–9 und der Sekundarstufe II um weitere Faktoren ergänzt werden kann und zudem problemlos auf andere Themenfelder der Geographie (wie z. B. die Rodung des Bergwaldes) übertragbar ist. Um die angestrebte Fähigkeit, systemisch denken zu können, zu prüfen, bietet Modul 3 einen abschließenden Kompetenzcheck für die Hand des Schülers.

4 Rück- und Ausblick

Die Netzwerkarbeit wurde von allen Beteiligten – und diese Aussage trifft gleichermaßen für die übrigen Fächer zu – als sehr anregend, gewinnbringend und innovativ empfunden. Die anfänglichen Schwierigkeiten einzelner Teilnehmer, die theoretischen Grundlagen in die unterrichtspraktische Arbeit umzusetzen, haben gezeigt, dass sich der angestrebte Paradigmenwechsel noch lange nicht in den Köpfen aller Lehrer vollzogen hat und Kernlehrpläne, Publikationen und Schulbücher allein nicht zum gewünschten Erfolg führen. Die Erfahrungen der

Netzwerkarbeit haben mir persönlich sehr deutlich vor Augen geführt, dass ein intensiver Dialog mit den Lehrpersonen vor Ort über die Potentiale und Grenzen eines auf Kompetenzförderung und Kompetenzdiagnostik zielenden Unterrichts, ein gemeinsames projektbezogenes Erarbeiten von schulpraktisch handhabbaren Materialien sowie rhythmisierte Angebote für die erfolgreiche Implementierung eines kompetenzorientierten Unterrichts unabdingbare Voraussetzung sind.

Zurzeit erfolgt in Nordrhein-Westfalen eine Ausweitung der Netzwerkarbeit auf die Sekundarstufe II sowie zeitgleich die Entwicklung eines sehr umfassenden, auf den Erfahrungen der Netzwerkarbeit basierenden Lehrerfortbildungskonzeptes, bei dem erneut das Fach Geographie die Pilotierungsphase übernimmt. Grundsätzlich bleibt anzumerken, dass nur in einem offenen diskursiven Prozess, der alle Protagonisten und Gruppen im Bildungsgeschehen (einschließlich ihrer Bedenken) ernst nimmt und zu integrieren weiß, die beabsichtigte Weiterentwicklung und Qualitätssicherung von Schule und Unterricht gelingen kann.

Christiane Meyer

13

Professionelle Kompetenz von Geographielehr- kräften – Ansätze für empirische Forschung

„Das wichtigste Curriculum des Lehrers ist seine Person."
(HARTMUT VON HENTIG)

1 Einleitung

Zur Person des Lehrers gibt es viele Vorstellungen, die vom konservativen Lehrer Lämpel in Max und Moritz bis zum unkonventionellen, engagierten Englischlehrer im „Club der toten Dichter" reichen. Der erste „Lehrertyp" würde seine Rolle wohl eher als Beruf des (Be-)Lehrens verstehen, wohingegen der zweite diese eher als Berufung des (Aus-)Bildens bzw. Entfaltens sehen würde. Im zweiten Fall wäre die Lehrkraft mehr ein Vermittler zwischen der Sache und den Schülern, der zuweilen auch die Rolle eines Mediators einnehmen müsste. Er würde sich dann beispielsweise in der Mitte eines viergeteilten Kreises platzieren, der sich aus den Viertelkreisen „Fördern", „Fordern", „Konfrontieren" und „Schützen" zusammensetzt. Dieses bedarf einiges an diagnostischen Kenntnissen, die aber nicht ausschließlich rational erfasst werden können. Intuition und Einfühlungsvermögen (Empathie) sind dabei genauso gefordert wie Vertrauen in das Arbeiten-können und Lernen-wollen der Schützlinge, um das Beste in den Schülern zum Vorschein zu bringen.

1.1 Zur Bedeutung der Lehrperson für das Unterrichts- klima und die Kommunikation

Bildung kann sich nur dort entfalten, wo ein vertrauensvolles Klima herrscht, das durch einen achtungsvollen Umgang und Wertschätzung bzw. Würdigung der Fähigkeiten und Leistungen anderer geprägt ist. „In einem Klima von Angst und Verzagtheit, von Misstrauen und Minderwertigkeitsgefühlen ereignet sich keine Bildung" (WINKEL, R. 2005, 53). Dieses Klima muss durch Erziehung mit Ein-Sicht (im Sinne von

Innen-Sicht und Selbsterkenntnis einer Person und in gewisser Weise im Sinne des Einnehmens *einer* gemeinsamen Sicht verschiedener Personen) verbunden mit wechselseitiger Akzeptanz und gegenseitigem Respekt geschaffen werden. Die Person des Lehrers bzw. seine Persönlichkeit, sein Auftreten und Charisma haben somit diesbezüglich einen wesentlichen Einfluss. Der Leitsatz von Hermann Hesse „Treue zu sich selbst und Güte gegenüber anderen" ist m. E. die wesentliche Grundlage für ein Gelingen von einem Unterricht, der ein solches Klima schafft.

Da Bildung „ein dialogischer, ein kommunikativer Prozess" ist (ebd.), ist es sinnvoll, dass die Lehrperson Grundlagen der Kommunikationstheorie kennt. Zur Aufdeckung von Kommunikationsproblemen ist für eine Metakommunikation das Kommunikationsquadrat von Schulz von Thun (s. Abb. 13.1a) geeignet, das ich als Orientierung auch mit der humanistischen Werte-Aura (s. Abb. 13.1b) für hilfreich halte.

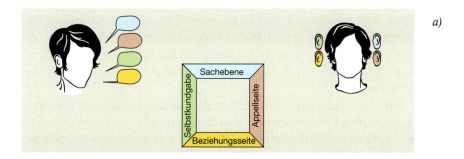

a)

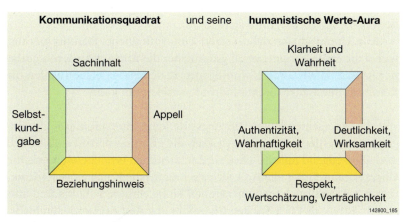

b)

Abb. 13.1: Kommunikationsquadrat (nach SCHULZ VON THUN 2007, 48)
a) Kommunikationsquadrat
b) Kommunikationsquadrat und humanistische Werte-Aura

185

Die humanistische Werte-Aura bringt Verpflichtungsaspekte einer Lehr-kraft in Bezug auf die Kommunikation zum Ausdruck, deren Balancie-rung mit pädagogischem Takt verbunden ist. „Takt ist eine professio-nelle Kompetenz, die mit hermeneutischer Fallarbeit vorbereitet, aber letztlich nur im Rahmen praktischer Erfahrung kultiviert werden kann" (BAUMERT, J. & M. KUNTER 2006, 474 mit Bezug auf Neuweg 2005).

1.2 Zur Bedeutung der Person in Bezug auf die Führungsrolle

Unterricht kann mit unterschiedlichen Metaphern beschrieben wer-den: Der Ablauf kann als Inszenierung gesehen werden, in Anlehnung an ein Theaterstück oder ein Schauspiel; die Lehrkraft hat die Regie bzw. kennt den theoretischen Ablauf des Drehbuchs, spielt aber selbst auch mit und muss zwischendurch immer wieder aufgrund des Mitwir-kens der anderen Akteure improvisieren. Die Metapher „Orchester", in der die Lehrkraft Dirigent ist, bringt mehr zum Ausdruck, dass Un-terricht eine gemeinsame Gestaltung ist und die Sache nur dann zum Erklingen gebracht werden kann, wenn alle adäquat mitwirken. Ein Stück ist harmonisch, wenn die Töne angemessen gespielt, d. h. die Rollen eingehalten werden. In diesen beiden Fällen hat die Lehrkraft die direkte Führung bzw. Leitung und würde mehr im Sinne eines For-derns agieren.

In der „Choreographie" tanzen die Schüler selbst, aber die Anre-gungen zum Tanzen kommen von der Lehrkraft. In diesem Fall wäre die Lehrkraft als Tanzlehrer eher in der Rolle als Moderator/Berater, der aber dennoch kritisch auf die richtigen Schritte achtet! Das ist dann eine indirekte Führung. Hier könnte das Fördern gegenüber dem For-dern mehr im Vordergrund stehen.

Alle Unterrichtsmodelle setzen eine gründliche Planung voraus, wobei die dritte Variante noch gründlicher die Konstruktion von geeig-neten Materialien fordert, wohingegen in den ersten beiden Fällen die Lehrkraft durch ihre direkte Führung ausgleichen kann.

Auf die unterschiedlichen Führungsstile kann und soll hier nicht ein-gegangen werden. Wesentlich ist, dass die Führungsperson authentisch und überzeugend auftritt. Dies wird letztendlich erreicht, wenn sie die Überzeugungsmittel, die Aristoteles schon für die Kunst einer Rede he-rausgestellt hat, auch im übertragenen Sinne verinnerlicht hat und aus-strahlt: Ethos, das sich auf den Charakter, die Autorität und Glaubwür-digkeit bezieht, Pathos, durch das die Mitmenschen erreicht werden und Logos, das die zu vermittelnde Sache schlüssig und verständlich vermittelt.

Diese Vorbemerkungen sollten deutlich machen, dass ein Lehrer mit seiner gesamten Person gefordert ist und nicht nur als Fachvermittler. Zudem hat er mit seinem Auftreten und durch seine Art der Führung Einfluss auf das Klima im Unterrichtsgeschehen sowie auf die Kommunikationsprozesse. Damit sind die generellen Rahmenbedingungen angesprochen, die mit Professionalität in Bezug auf die Person verbunden sind. Im Folgenden werden Ansätze vorgestellt, die die nötigen Kompetenzen genauer klassifizieren.

2 Kompetenzen von Geographielehrkräften

„Es gibt keinen Beruf, zu dem man weniger ‚geboren' sein könnte, als den des Erziehers."
(EDUARD SPRANGER 1958 in HERMANN, U. 2002, 20)

2.1 Vorstellungen zu den Lehrerkompetenzen

Wohl jede Lehrkraft trägt bewusst oder unbewusst eine Idealvorstellung von einem guten Lehrer in ihrem Fach mit sich herum, die als persönliche Orientierung dient. An erster Stelle steht vermutlich der Sach- bzw. Fachinhalt, der vermittelt werden soll. Dies ist ohne fachdidaktische Kompetenzen nicht zu leisten. Ebenso sind auch pädagogische Kompetenzen gefordert. So wird ein Lehrer auch als „Experte" (BROMME, R. 1992) bezeichnet. Hierbei muss berücksichtigt werden, dass es einiger Erfahrung und Routine bedarf, bis dieser „Status" erreicht ist. Das ist aber nur eine Schwelle zwischen „Novizen" und Experten, die überschritten wird und die jeder in Abgleich mit seinem Selbstbild und mit Fremdbildern für sich selbst festlegt. Auch Experten lernen nie aus, d. h. die vollständige Professionskompetenz als eine „Idee von vollkommenem Expertentum" kann letztendlich nie erreicht werden.[1]

Wenn geographische Bildung und Kompetenzen in der Schule vermittelt werden sollen, so ist es unabdingbar, dass die Lehrkraft für die Sekundarstufe I die in den Bildungsstandards (DGfG 2010) propagierten Kompetenzen und Standards selbst beherrscht und darüber hinaus auch theoretisches Grundlagenwissen – sowohl im Hinblick auf Fachtheorien auf der Objektebene als auch im Hinblick auf Erkenntnis- und Wissenschaftstheorie auf der Metaebene. Dies betrifft die Kompetenzbereiche, die eher fachbezogen ausgerichtet sind: Fachwissen, räumliche Orientierung und Erkenntnisgewinnung/Methoden. Das heißt mit anderen Worten, dass ein Lehrer „geographisch denken und wissenschaftlich arbeiten" (BORSDORF, A. 2007) kann.

Fachübergreifend sind die Bereiche Kommunikation, Beurteilung/ Bewertung und Handlung, die ebenfalls auf einer theoretischen Basis stehen sollten. Es erfordert vom Lehrer also auch Grundlagenkenntnisse aus der Psychologie – keinesfalls nur bezogen auf die Pädagogische Psychologie[2] – Philosophie und Soziologie.

„Lehrer/innen müssen vieles können" (KLIPPERT, H. 2004, 119). Folgende „Schlüsselkompetenzen" hat H. Klippert zusammengestellt: Sachkompetenz, diagnostische Kompetenz, didaktische Kompetenz i. e. S., Methodenkompetenz, Instruktionskompetenz, Moderationskompetenz, Beratungskompetenz, emotionale Kompetenz, Klassenführungskompetenz und Kooperationskompetenz (ebd., 119f.).

Diese Kompetenzen sind erforderlich, um den Dimensionen der Lernkompetenz gerecht zu werden, die H. Klippert in Sach- und Methodenkompetenz, soziale Kompetenz und Selbstkompetenz unterteilt (vgl. ebd., 89). Hier sind Parallelen zu den Kompetenzbereichen der DGfG zu vermerken, wobei die Selbstkompetenz einen Teil der für den Geographieunterricht propagierten Handlungskompetenz ausmacht (vgl. DGfG 2010; MEYER, C. 2007, 39).

Bilanzierend ergibt sich ein mit den Kompetenzen verbundenes weit reichendes Feld an Ansprüchen an Lehrer.[3] So ist es denn auch nicht verwunderlich, dass ein Sammelband mit verschiedenen Aufsätzen von Lee S. Shulman (2004), der u. a. über zehn Jahre der Präsident der Carnegie Foundation for the Advancement of Teaching in Stanford (Kalifornien) war, mit „The Wisdom of Practice" betitelt ist.

Mir gefällt Lee S. Shulmans „Table of Learning" (siehe Abb. 13.2) gut, da er die Stufe „Commitment and Identity" berücksichtigt, die mit Handlungskompetenz und Selbstkompetenz verbunden ist (SHULMAN, L. S. 2002; MEYER, C. 2007, 40f.). Die einzelnen Stufen werden m. E. auch bei der Unterrichtsplanung von Lehrkräften angegangen, jedoch in anderer Reihenfolge (s. Abb. 13.2; auf unterschiedliche Abfolgen hat Shulman in seinem Beitrag auch hingewiesen).

„To become a professional, one must learn not only to think in certain ways but also to perform particular skills, and to practice or act in ways consistent with the norms, values, and conventions of the profession. Thus, to learn to be a lawyer, one needs to *think* like a lawyer, *perform* like a lawyer, and *act* like a lawyer.

Acting is more than knowing something or performing well; it seems to involve the development of a set of values, commitments, or internalized dispositions. It reminds me of what theological educators talk about as *formation* – the development of an identity that integrates one's capacities and dispositions to create a more generalized orientation to practice" (SHULMAN. L. S. 2002).

2.2 Wissensbereiche von Lehrkräften

Mit dem Namen „Shulman" ist das Konzept „Pedagogical Content Knowledge" (kurz: PCK) verbunden. Dieses hat er erstmals 1986 in einem Aufsatz „Those who understand" vorgestellt. Er unterscheidet darin *subject matter content knowledge, pedagogical content knowledge* und *curricular knowledge* (SHULMAN, L. S. 1986 in SHULMAN, L. S. 2004, 201ff.).

Content knowledge: „The teacher needs not only to understand *that* something is so; the teacher must further understand why is it so, on what grounds its warrant can be asserted, and under what circumstances our belief in its justification can be weakened and even denied. Moreover, we expect the teacher to understand, *why* a given topic is particularly central to a discipline whereas another may be somewhat peripheral" (ebd., 202).

Pedagogical content knowledge: „[...] for the most regularly taught topics in one's subject area, the most useful forms of re-

a)

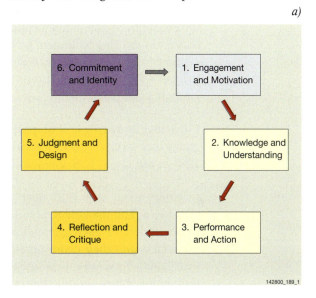

b)

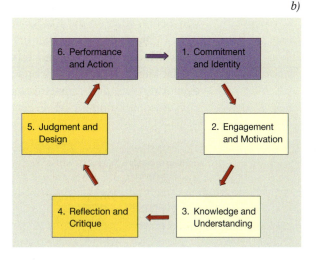

Abb. 13.2: Shulmans „Table of Learning"
a) Shulmans „Table of Learning" als Kreislauf (nach Shulman, L. S. 2002; Entwurf: C. Meyer)
b) Eine permutierte Version von Shulman's Taxonomie im Hinblick auf die Stufen der Unterrichtsplanung

189

presentation of those ideas, the most powerful analogies, illustrations, examples, explanations, and demonstrations – in a word, the ways of representing and formulating the subject that make it comprehensible to others. [...] Pedagogical content knowledge also includes an understanding of what makes the learning of specific topics easy or difficult: the conceptions and preconceptions that students of different ages and backgrounds bring with them [...]. If those preconceptions are misconceptions[4], which they so often are, the teachers need knowledge of the strategies most likely to be fruitful in reorganizing the understanding of learners [...]" (ebd., 203).

Curricular knowledge: „with particular grasp of the materials and programs that serve as „tools for the trade" for teachers" (SHULMAN, L. S. 1987 in SHULMAN, L. S. 2004, 227).

In einem Essay von 1987 über „Knowledge and Teaching" differenziert Lee S. Shulman die Kategorien des Wissens von Lehrkräften noch weiter, indem er auch „general pedagogical knowledge", „knowledge of learners and their characteristics", „knowledge of educational contexts" und „knowledge of educational ends, purposes, and values, and their philosophical and historical grounds" ergänzt (ebd.).

Abb. 13.3: Wissenskategorien von Lehrkräften (nach BROMME, R. 1992; Entwurf: C. Meyer)

R. Bromme (1992) hat seine „Landkarte"[5] des professionellen Wissens von Lehrkräften an die Kategorien von Lee S. Shulman angelehnt (s. Abb. 13.3), ergänzt diese aber um eine Philosophie vom Schulfach, die vor allem die Bedeutung der Inhalte für andere Wissensbereiche und für die Lebenswelt beinhaltet und Einfluss auf die Praxis hat, da sie in dem Auftreten, den Einstellungen und Überzeugungen der Lehrkraft zum Ausdruck kommt. M. E. „schwebt" diese Grundhaltung über den anderen Wissenskategorien, die Bromme herausstellt, und ist ein Ausdruck für die Werthaltungen gegenüber dem Fach.

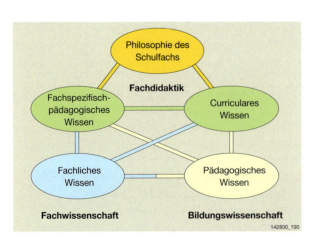

Selbst, wenn ein Lehrer alle Wissensbereiche beherrscht, und auf einen breiten „Schatz" an Erfahrungen zurückblicken kann, so heißt das noch lange nicht, dass sein geplanter Unterricht so „funktioniert", wie er es sich vorstellt. J. Baumert & M. Kunter (2006) haben die Forschung zur professionellen Kompetenz zusammengetragen und gedeutet. Sie führen bezüglich der Erfolgsunsicherheiten von Lehrkräften das „Opportunitäts-Nutzungsmodell mit doppelter Kontingenz" (ebd., 476f.) (d. h. ein Angebots-Nutzungs-Modell mit doppelter Ungewissheit) an:

Erstens muss die Lehrkraft mit der Ungewissheit leben, dass sie nicht abschätzen kann, ob ihre geplante Inszenierung des Unterrichts überhaupt von den Schüler aufgenommen werden kann, da sie nicht in ihre Köpfe blicken und ihren Entwicklungsstand vollständig erfassen kann. Dies betrifft die Differenz zwischen Lerngelegenheit und tatsächlichem Lernen, das in den Köpfen der Schüler stattfinden soll, d. h. ihre Konstruktionen zu den thematisierten Sachverhalten.

Die zweite Ungewissheit bezieht sich auf den konkreten Unterrichtsprozess. Die Lehrkraft weiß nicht, wie ihre im Vorhinein geplante Inszenierung tatsächlich ablaufen wird, da sie eine Kooperation und soziale Ko-Konstruktion unter Beteiligung von Lehrkraft und Schüler ist. Es geht hierbei also um den Ablauf der Inszenierung, der anders als in einem Theaterstück eben nicht feststeht. Das bedeutet: „Professionelles Handeln ist – trotz aller Referenz auf systematische Wissensstände – nicht technisch-instrumentell konzeptualisierbar" (ebd., 476), und somit ist „Lehrerhandeln *nicht standardisierbar* und *prinzipieller Erfolgsunsicherheit* ausgesetzt" (ebd., 478).

Die „Landkarte" von R. Bromme ist ein impliziter Teil der umfangreichen „Didaktischen Landkarte", die H. Meyer (2004) seinem Buch „Was ist guter Unterricht?" beigelegt hat. Sie stellt eine mögliche theoretische Strukturierung auch der Wissens- bzw. Erfahrungsbereiche von Lehrkräften aus einem allgemeindidaktischen Blickwinkel dar und ermöglicht eine alternative Einordnung und Konkretisierung der Komponenten des Modells, das im Folgenden vorgestellt wird.

2.3 Ein heuristisches Rahmenmodell zur professionellen Handlungskompetenz

J. Baumert & M. Kunter (2006) haben ein Modell professioneller Handlungskompetenz entworfen, in dem die für den Lehrerberuf spezifizierten Wissenskomponenten differenziert werden (ebd., 482). Die Abb. 13.6 ist eine leicht veränderte Darstellung dieses Modells, in der das Organisationswissen und das Beratungswissen nicht aufgenommen wurden.[6]

Zu den Wissensbereichen des Professionswissens und zu den übergeordneten Feldern der professionellen Handlungskompetenz wird die Forschungslage skizziert, so dass der Aufsatz von J. Baumert & M. Kunter (2006) einen ersten Überblick ermöglicht, der insbesondere für die Fachdidaktiken bzw. für die Lehrerausbildung an Hochschulen, Studienseminaren und Schulen hilfreich ist.

Fachdidaktisches Wissen

In Bezug auf das fachdidaktische Wissen werden in Anlehnung an COACTIV[7] (Professionswissen von Lehrkräften in Mathematik) drei Dimensionen unterschieden (ebd., 495):

1. Wissen über das didaktische und diagnostische Potenzial von Aufgaben,
2. Wissen über Schülervorstellungen (Fehlkonzeptionen, typische Fehler, Strategien) und Diagnostik von Schülerwissen und Verständnisprozessen,
3. Wissen über multiple Repräsentations- und Erklärungsmöglichkeiten.

Abb. 13.4: Modell professioneller Handlungskompetenz mit Professionswissen von Lehrkräften (in Anlehnung an BAUMERT, J. & M. KUNTER 2006, 482; *Farbgebung und Ergänzungen: C. Meyer)*

Fachdidaktische Beweglichkeit entsteht auf der Grundlage von Fachwissen. Dabei scheint Fachwissen eine notwendige, aber nicht hinreichende Bedingung für qualitätsvollen Unterricht zu sein (vgl. ebd., 496).

Trotz der schon geleisteten Schritte in diese Richtung ist zu konstatieren, dass diesbezüglich in der Geographiedidaktik noch Forschung vonnöten ist, die somit den Anspruch erfüllt, einen konstruktiven Beitrag zur Verbesserung der Qualität von Geographieunterricht in der Schule und zugleich von Geographiedidaktik in der Hochschullehre zu leisten.

Werthaltungen und Überzeugungen

Das im Modell präsentierte übergeordnete Feld ermöglicht eine Reflexion über die mehr oder weniger bewusste, übergeordnete Orientierung der eigenen professionellen Kompetenz. In der Expertiseforschung ist, begünstigt durch das zunehmende Interesse an personalen Bedingungen des Lehrens, eine Rückbesinnung auf unterrichtsrelevante Merkmale der Lehrperson festzustellen. Als Kern der Professionalisierung werden u. a. Selbstreflexion und epistemologische Überzeugungen angesehen, die den *teacher as reflective practitioner* (nach SCHÖN 1983) charakterisieren (vgl. HELMKE, A. 2009, 113f.).

Die Werthaltungen und Überzeugungen werden differenziert im Hinblick auf die Berufsethik und in Bezug auf präskriptive Richtungsweiser für Unterrichtsplanung und Unterrichtshandeln. Hieraus ergeben sich drei Kategorien von Werthaltungen und Überzeugungen (vgl. BAUMER, J. & M. KUNTER 2006, 497ff.), zu denen die Forschungslage jedoch insgesamt noch sehr unbefriedigend ist:

1. Wertbindungen *(value commitments)*: Mit Bezug auf eine Theorie der Berufsmoral von Lehrkräften von Oser (1998) stehen drei Verpflichtungsaspekte im Zentrum, die selbst wiederum mehrdimensional sind: Fürsorge, Gerechtigkeit und Wahrhaftigkeit.
2. Epistemologische Überzeugungen *(epistemological beliefs, world views)*: Es wird angenommen, dass die Vorstellungen darüber, wie Wissen generell oder in speziellen Domänen erworben wird, „die Art der Begegnung mit der erkennbaren Welt vorstrukturieren" (ebd., 498) und dass dadurch Denken und Schlussfolgern, Informationserarbeitung, Lernen und Motivation beeinflusst werden. Kurz: mentale Prozesse höherer Ordnung steuern die kognitiven Vorgänge.
3. Subjektive Theorien über Lehren und Lernen und Unterrichtsziele auf Basis von Zielsystemen für Curriculum und Unterricht: Die subjektiven Theorien und die Zielvorstellungen von Lehrkräften und die damit verbundenen Erwartungen an die Schüler beeinflussen die Wahrnehmung und Deutung von Unterrichtssituationen und letztlich auch das professionelle Handeln. „Zielpräferenzen scheinen auch auf überindividueller Ebene in der Kultur von Fächern und Lehrerbildungstraditionen institutionalisiert zu sein" (ebd., 501).

Motivationale Orientierungen und Selbstregulation
Motivationale Orientierungen und Selbstregulation betreffen die psychische Funktionsfähigkeit bzw. Regulationsfähigkeit handelnder Personen. Ihnen werden drei Kategorien zugeordnet (ebd., 502ff.):

1. Kontrollüberzeugungen und Selbstwirksamkeitserwartungen: Das Konzept der Kontrollüberzeugungen (nach ROTTERS 1966) wurde in den 1970er Jahren durch die Konzeption der Selbstwirksamkeit (nach BANDURA 1977, 1997) abgelöst. „Selbstwirksamkeitserwartungen regulieren die Zielsetzungen des Handelns und ihr Anspruchsniveau, Anstrengung und Persistenz sowie Abschirmung gegen konkurrierende Intentionen und die Verarbeitung von Erfolg und Misserfolg" (ebd., 502). Selbstwirksamkeitsüberzeugungen korrelieren mit dem Enthusiasmus von Lehrkräften sowie mit der Wertschätzung des Unterrichtens als Kern ihrer beruflichen Tätigkeit.

193

2. Intrinsische motivationale Orientierung (Lehrerenthusiasmus): Es wird angenommen, dass sichtbares Lehrerengagement Modellwirkung für das Verhalten der Schüler hat. Anhand einer Zufallsstichprobe (von Mathematiklehrkräften) konnte gezeigt werden, dass der Enthusiasmus für das Unterrichten selbst in positivem Zusammenhang mit der Qualität der Klassenführung, der von den Schülern erlebten konstruktiven Unterstützung und der kognitiven Herausforderung im Unterricht steht.
3. Selbstregulation (Engagement und Distanzierungsfähigkeit): Diese betrifft den Umgang mit den eigenen persönlichen Ressourcen und die subjektiv erlebte Belastung. Ein adaptiver Selbstregulationsstil ist (nach Hallsten 1993) durch *„balanced commitment"* gekennzeichnet, d. h. hohes Berufsengagement und Distanzierungsfähigkeit sind miteinander verbunden. Beanspruchungsmuster im Lehrerberuf werden (nach Schaarschmidt/Fischer 1999) anhand dreier Primärfaktoren psychischer Regulation ermittelt: Arbeitsengagement *(commitment)*, Widerstandsfähigkeit *(resilience)* und berufsbegleitende Emotionen *(experience of success and social support)*. Es konnten vier Regulationstypen identifiziert werden, die sich im Umgang mit Engagement und Distanzierung systematisch unterscheiden (vgl. Abb. 13.7).

Abb. 13.5: Verschiedene Verhaltenstypen von Lehrkräften
(Quelle: THÖMMES, A. 2006, 20)

Die Typen können wie folgt charakterisiert werden (vgl. THÖMMES, A. 2006, 20; basierend auf den Ergebnissen von SCHAARSCHMIDT, U. et al. 2000):
Typ 1: Der Gesunde investiert zwar viel Zeit und Engagement in seine Arbeit, schafft es aber auch, genügend Distanz dazu zu halten und mit dem Leben zufrieden zu sein (etwa jeder sechste Lehrer entspricht diesem Typ).
Typ 2: Der Sich-Schonende ist kaum bereit, sich im Beruf viel anzustrengen. Mit dem geringsten beruflichen Ehrgeiz führt er ein ruhiges und zufriedenes Dasein (etwa 18 Prozent gehören in diese Kategorie).
Typ 3: Der Frustrierte ist ein Power-Typ, der bis an die Grenzen seiner Leistung geht und selten abschalten kann. Trotz Verausgabung ist er eher unzufrieden, weil sein Einsatz nicht genügend anerkannt wird (etwa jeder dritte Lehrer ist dieser Gruppe zuzuordnen).

Typ 4: Der Ausgebrannte fuhr zu lange auf Hochtouren und ist nun Opfer des Burnout-Syndroms. Es fällt ihm immer schwerer, Belastungen und Enttäuschungen auszuhalten und sein Arbeitsengagement nimmt ab (etwa ein Drittel der Lehrer zählt dazu).

3 Professionelle Kompetenz von Geographie- lehrkräften – ein empirischer Einblick

"My teaching philosophy is, to make geography relevant and appropriate, and that's how I've tried to teach all my lessons. Try to be positive, try to be open-minded about things, try to encourage the students to look around them. That's been my general philosophy of teaching. And using geography is that vehicle." (Interview mit Mr. B.-H., Lehrer an einer Internationalen Schule)

Im Rahmen einer geographiedidaktischen Lehrveranstaltung im Wintersemester 2009/10 an der Leibniz Universität Hannover haben Studierende im Master Lehramt für Gymnasien beschlossen, sich die theoretischen Grundlagen zur professionellen Kompetenz von Lehrkräften vor allem auf Basis des Aufsatzes von J. Baumert & M. Kunter (2006) zu erschließen und darauf basierend eine qualitative Studie in Form von Lehrerinterviews durchzuführen.

Im Folgenden werden das empirische Vorgehen kurz umrissen und ausgewählte Ergebnisse skizziert, um die obigen Ausführungen mit konkreten Beispielen zum Geographieunterricht zu verdeutlichen. Ziel war es, subjektive Theorien[8] von Geographielehrkräften zu explizieren.

Basierend auf den theoretischen Darstellungen von J. Baumert & M. Kunter (2006) wurden Hypothesen aufgestellt und ein Leitfragen für ein Interview entwickelt. Eine Hypothese könnte z. B. lauten: „Wenn Lehrkräfte ein fundiertes Fachwissen haben, dann zeigen sie fachdidaktische Beweglichkeit." Da die Hypothesen aufgrund der Kürze der Zeit noch nicht ausreichend durchdrungen und ohnehin anhand des qualitativen Vorgehens weder belegt noch widerlegt werden konnten, gehe ich im Folgenden nur auf die Fragerichtungen[9] ein, die von den Studierenden des Seminars entwickelt wurden. Die Fragerichtungen wurden in Anlehnung an das heuristische Modell von J. Baumert & M. Kunter (s. Abb. 13.3) unterteilt in das Professionswissen, das Urteilen und Handeln determiniert, und die Philosophie vom Fach sowie die Berufsmoral, die nach den obigen Darstellungen ebenfalls handlungsleitend sind.

Fragerichtungen zum fachdidaktischen Wissen, zum Fachwissen und zum pädagogischen Wissen:

- Fachdidaktische Überlegungen und Erfahrungen zu Lieblingsthemen bzw. ungeliebten Themen:
  zentrale Sachverhalte und Denkstrategien, methodisches Vorgehen, Schülerfragen und Schülervorstellungen, Schwierigkeiten der Schüler, geschlechtsspezifische Orientierungen bei Themen, Einfluss der Lehrkraft auf Schüler

- Unterrichtsplanung und -geschehen:
  Lebensweltbezug, Bevorzugung von Unterrichtsformen, Bedeutung Instruktion – Konstruktion, Ursachen für Verständnisprobleme, Umgang mit unerwarteten Stundenverläufen

Fragerichtungen zu motivationalen Orientierungen, Überzeugungen/ Werthaltungen und selbstregulativen Fähigkeiten:

- Professionswissen und Selbstregulation:
  Stellenwert von Fachwissen und fachdidaktischem Wissen; Wichtigkeit von Fachkompetenz, pädagogischer Kompetenz und fachdidaktischer Kompetenz; Zeitmanagement Unterrichtsvor- und -nachbereitung; Verhältnis Beruf und Privatleben

- Metareflexion Philosophie des Faches und Berufsmoral:
  Besonderheiten des Faches im Vergleich zu anderen Fächern; persönliche Philosophie vom Fach; Berufsmoral im Lehrerberuf – fach- bzw. domänenspezifisch?

Es wurde beschlossen, dass vor allem Lehrkräfte befragt werden sollten, die schon langjährige Berufserfahrung aufweisen (mindestens 10 Jahre) und von denen vom Hörensagen bekannt ist, dass sie einen guten Ruf haben. Das Motiv für diese Auswahl lag auch darin begründet, dass die Studierenden von positiven Vorbildern lernen wollten.

Zwei Studierende haben ihre Geographielehrkräfte aus der eigenen Schulzeit befragt, da sie diesen aus ihrer unmittelbaren Erfahrung eine hohe professionelle Kompetenz bescheinigen konnten. Die anderen haben über zufällige Kontakte oder über Praktika an Schulen engagierte Lehrkräfte kennen gelernt, die professionell wirkten. Es wurden insgesamt acht Lehrkräfte von unterschiedlichen Schulformen und mit unterschiedlichen Fächerkombinationen befragt, deren Berufserfahrungen zwischen 8 und 42 Jahren lagen. Zwei Lehrkräfte waren schon pensioniert.

Im Anschluss an die Interviews wurden die Grundgedanken der subjektiven Theorien sowie die Reichweiten anhand des Gesagten expliziert bzw. rekonstruiert.[10] Die Ergebnisse können und sollen im Rahmen dieses Beitrags nicht detailliert analysiert werden. Es werden lediglich die Grundgedanken der subjektiven Theorien präsentiert – konkretisiert und bereichert bzw. erweitert durch ausgewählte Zitate, damit in diesem Beitrag auch „Stimmen aus der Praxis" zu vernehmen sind. Durch diese Stimmen werden mögliche Orientierungsschwerpunkte beim Unterrichten von Geographie jedoch nur angedeutet, den subjektiven Theorien kann dadurch nicht Genüge geleistet werden.

4 Fazit

„Es hilft nichts: Manchmal muß man sich ‚mit den Dingen herumschlagen' und gewinnt dabei – wenn man kein Hazardeur oder Tölpel ist – ‚wahre Klugheit', nämlich: reflektierte Urteilskraft und selbstkritische Praxis."
(ULRICH HERMANN 2002, 53)

Wenn ein Interview mit Lehrkräften geführt wird und subjektive Theorien zum Vorschein kommen, so ist damit auch ein Impuls zur Selbstreflexion gegeben.[11] Selbstreflexionen sind zur Verbesserung des eigenen Unterrichts notwendig. Sie können in verschiedenen Richtungen angewendet werden: in der hochschuldidaktischen Weiterbildung, in der Lehrerbildung und im Bereich des schulischen Unterrichts (vgl. WAHL, D. 2006, 48). Sie sind eine notwendige Voraussetzung, um vom trägen Wissen zum kompetenten Handeln zu gelangen. Mit dem geeigneten Anknüpfen an diese kann letztlich das Ziel erreicht werden, das D. Wahl (2006) für den Titel seines anregenden Buchs gewählt hat, Lernumgebungen erfolgreich zu gestalten. Das ist sicher der Wunsch jeder Lehrkraft, der verbunden ist mit dem persönlichen Motiv, sich für den Lehrberuf zu entscheiden. Als Metapher hat einer meiner Studenten im Bachelor-Studiengang ein mögliches Motiv im Wintersemester 2009/10 wie folgt beschrieben: Bildung in der Schule bedeutet Pflanzen zum Wachsen zu bringen und sie kontinuierlich zu versorgen (siehe Abb. 13.8). Am Ende eines gelungenen Bildungsprozesses haben sich die Pflanzen mit einer Blüte entfaltet.

Eine zweite Idee hat die Pflanze konkretisiert: Schüler sollen so gestärkt werden, dass sie einen Baobab bzw. Affenbrotbaum darstellen. Ein Baobab ist in der Lage, viel Wasser in seinem Stamm zu speichern, d. h. er kann Trockenzeiten oder gar Dürrezeiten überstehen. Das könnte so gedeutet werden, dass die Schüler so gestärkt sind in ihrer

Person und Schulfächer	Schulform/Berufsjahre	Grundgedanke der subjektiven Theorie	Ausgewählte Zitate
Herr V. (pensioniert) Geographie Politik	Gymnasium 38 Jahre	Ein guter Erdkundelehrer ist ein guter Fachwissenschaftler, ein guter Didaktiker und ein guter Pädagoge.	„Ich habe meinen Lehrerberuf zunächst einmal über die Fachkompetenz definiert". „Einen gewissen Mut zu entwickeln, die Kompetenzen, die man selber für wichtig hält, bewusst und gezielt zu entwickeln. [...] dabei geht es einfach um das Selbstbewusstsein." „Ich habe mich nie auf das Fach beschränkt" „[...] einfach aus der Überzeugung heraus: sowohl das Verstehen als auch die Realität selbst sind nicht eindimensional." „Möglichst viel raus gehen. Ich habe immer Exkursionen gemacht." „Unterricht soll eine Folge von Ermutigungen und Lob sein."
Frau R. Erdkunde Englisch	Gymnasium 36 Jahre	Erdkunde ist ein anschauliches, greifbares, lebenslanges Fach mit Aktualitätsbezug, in dem vor allem selbstständig gearbeitet werden sollte.	„Ich finde, der Lebensweltbezug ist unheimlich eng und wichtig und gut." „[...] was macht Erdkunde aus? Ja, Lebensnähe, die Erde als Ganzes.", „Gerade in Erdkunde muss man immer aktuell sein. Es ist deutlich anstrengender als Englisch zum Beispiel." „Aber in Erdkunde finde ich eigentlich so, dass der Lehrer immer zurück tritt. Das finde ich ganz wichtig." „Ja, mit je mehr Begeisterung man da vorne steht, mit umso mehr Begeisterung machen die dann da auch mit. Man muss Entertainer da vorne. [...] Man muss schauspielern."
Herr G. Biologie Erdkunde	Gymnasium 29 Jahre	Geographie ist nicht nur ein Fach; sie ist das, was uns täglich umgibt und unser Leben bestimmt.	„Die Motivation, Erdkunde zu unterrichten, ist, dass ich mich ständig weiter fortbilde [...]." „Ein guter Erdkundelehrer sollte vernetzte Probleme aufzeigen, sollte Elemente verschiedener Faktoren des Geosystems miteinander verknüpfen [...] sollte eben den aktuellen Problemzusammenhang in einem Raum darstellen." „Man darf ruhig auch seine persönliche Meinung im Unterricht vertreten. [...] Aber immer in dem Bewusstsein, nicht zu indoktrinieren, nicht missionarisch tätig zu sein [...]."
Frau S. (pensioniert) Geographie Deutsch Kunst	Grundschule Hauptschule Orientierungs-Stufe 42 Jahre	Durch Systematik und guten Überblick mit anschaulichen Medien und teamorientierten Methoden Verantwortungsbewusstsein für die Erde wecken.	„Ja, ich möchte gerne, dass die Schüler exemplarisch ein Gebiet sich selber erschließen und eben dann auch die Übertragungsmöglichkeiten oder Vergleichsmöglichkeiten zu anderen Gebieten der Erde sich erarbeiten können." „Ja, ich denke schon, dass man natürlich das Verantwortungsbewusstsein der Schüler für ihre Erde und für ihre Umwelt [...] ganz besonders eben auch in diesem Fach ihnen bewusst machen kann."
Herr R. Erdkunde Englisch	Gymnasium 34 Jahre	Das Fach Erdkunde trägt mit seinem hohen Praxisbezug dazu bei, dass Schüler etwas für das Leben lernen und Struktur in ihrem Denken erlangen.	„Ich versuche, mein Fach ernst zu nehmen. Ich versuche, den Unterricht ernst zu nehmen und was eigentlich das Wichtigste ist: Ich versuche, die Schüler ernst zu nehmen. Ich muss, ich möchte jedem Schüler zeigen, ja, dass ich ihn mag, unabhängig von der Leistung, die er bringt." „In Erdkunde lernen die Schüler etwas für das Leben [...]. Es gibt hunderte von praktischen Ansatzpunkten [...]. Auch gibt es so viele konkrete Anknüpfungspunkte auch aus der persönlichen Erlebniswelt der Schüler heraus, dass ich schon meine, dass das etwas Besonderes ist für dieses Fach. [...] Es gibt hunderterlei Anknüpfungspunkte zu Nachbarwissenschaften, die aus meiner Sicht das Fach so interessant machen."

	Grundgedanke der subjektiven Theorie	Zitate
Herr S. Biologie Erdkunde Hauptschule Kooperative Gesamtschule 8 Jahre	Im Geographieunterricht sollte ein Schema vermittelt werden, mit dem man sich überall auf der Welt orientieren kann.	„Also Erdkunde ist so eigentlich alles. Fast zu jedem Problem hab ich einen Zugang. Und das heißt, damit hab ich auch zu jedem Menschen eigentlich einen Zugang." „[…] dass man so einen Methodenkoffer hat, an dem man sich bedient, weil Erdkunde so universell ist." „Genau diese Fragen. […] Ich kann ein festes Schema machen, damit kann ich auf der ganzen Welt klarkommen. Nicht mit den Ergebnissen, aber immer die Fragen, die ich stelle. […] mit Fragestellungen umzugehen, das ist ein Vorteil von Erdkunde, weil das andere Fächer in der Schule nicht so bieten können. […]Ich muss bestimmte Fragen stellen, einen Fragenkatalog haben, das sind 30 Fragen ungefähr, damit komm ich überall zurecht." „Das heißt, die Antworten sind nicht wichtig, die Fragen sind viel wichtiger, dass die sich trauen, Fragen zu stellen. Wie geht das? Was ist das? Ich versteh das nicht. Diese Fragehaltung wecken, also Lernen am besten durch eigene Neugier."
Herr S. Mathematik Geographie Gymnasium 31 Jahre	Geographie bedeutet selbstverantwortliche, lebenslange Fortbildung für modernen, innovativen Erdkundeunterricht	„Also der Lehrer organisiert eigentlich nur, kommt mit einem stummen Impuls rein, ein tolles Bild, eine tolle Szene oder so was. Der Schüler sagt selber, was das Stundenthema ist, und ich habe dann rein zufällig Material dabei, mit dem der Schüler arbeiten kann." „Also ich bin jemand, der ständig Leuten in die Augen guckt. […] Und dann sieht man ziemlich genau, ob jemand inhaltlich dabei ist oder nicht. Der muss sich gar nicht melden oder reden […]. Augen verraten viel, ob da etwas ankommt oder nicht." „Erdkunde könnte eines der schönsten Fächer sein. Hat aber den Nachteil, dass man sehr viel vorbereiten müsste. Allein, wenn ich Stunden richtig ausführlich mit GIS vorbereite, dann kann ich nichts anderes vorbereiten […]. Das ist richtig viel Arbeit"
Herr B.-H. Geographie Geschichte International School 17 Jahre	Geography is all around us. We live it, breath it and destroy it and therefore we need to convey especially the practical skills, focus on learning by doing and let students make their own experiences.	"I think, discussing about geography skills, we can analyse, we can see the wider picture, I suppose we are able to make decisions, and see the bigger picture, and also be team-player, because I think most of the geographers I met are team-player, I've been able to work with teams effectively, so I think a good geographer is fit for many roles in life, in those methods, as well as learning to see what's around you and how it effects things, and look after it, obviously. It's important I think for the students, and sadly I think, it's falling out of fashion."

Tab. 13.1: Interviewteilnehmer und Grundgedanken der subjektiven Theorien im Überblick

199

142800 200

Abb. 13.6: Mögliches „Motiv" für die Berufswahl „Lehrer"
(Quelle: THÖMMES, A. 2006, 86)

Persönlichkeit, dass sie auch mal schulische Niederschläge überstehen können, ohne dass ihr Selbstkonzept bzw. ihr Selbstwertgefühl oder Selbstvertrauen leidet. Sie sind standhaft und stark, so dass sie nicht durch Stürme umgehauen werden.[12] Dies gilt gleichermaßen für angehende und praktizierende Lehrkräfte, die sich für den Weg zum Experten entschieden haben.

D. Wahl (2006) hebt für die konstruktive Weiterentwicklung der gesamten Persönlichkeitsstruktur des handelnden Subjekts in Lernumgebungen – und damit auch für die Weiterentwicklung der professionellen Handlungskompetenz von Lehrkräften – folgende Fähigkeiten hervor[13]: Reflexivitätsfähigkeit, Autonomiefähigkeit, Kommunikationsfähigkeit und Handlungsfähigkeit (vgl. ebd., 38f.). Diese sind m. E. – um an das eingangs präsentierte Zitat von H. v. Hentig anzuknüpfen – das persönliche Curriculum des Lehrers.

„The courage to teach" (PALMER, P. J. 2007) basiert aber vor allem auf Selbsterkenntnis, d. h. mit der Erkundung der eigenen, inneren Landschaft beim Unterrichten (die folgenden Zitate ebd., 2, 10f., 34):

"We teach who we are. [...] Good teaching cannot be reduced to technique; good teaching comes from the identity and integrity of the teacher. [„„] Good teachers join self and subject and students in the fabric of life.[…] Authority is granted to people who are perceived as *authoring* their own words, their own actions, their own lives, rather than playing a scripted role at great remove from their own hearts."

Ich danke Sina Ecklundt, Anna Lena Harnau, Jens Holland, Anika Laubitz-Bertram, Miriam Rey, Maire Stubbe, Nena Schwencke, Henrike von Handorf für die Bereitstellung der Interviewtranskripte sowie für die Auswertung der Interviews.

Anmerkungen

[1] Dreyfus und Dreyfus (1986, in Baumer, J. & M. Kunter 2006, 506) unterscheiden fünf Entwicklungsstufen mit den Kompetenzgraden: „novice, advanced beginner, competent performer, proficiency, expertise" (ebd.).

[2] Es lohnt sich auch, einen Blick in Lehrbücher „Psychologie für Führungskräfte" zu werfen. Es gibt einige Überschneidungen mit den Kompetenzen, die für Manager und Lehrkräfte gefordert werden.

[3] Dies wird basierend auf Forschungsergebnissen z. B. aus pädagogischer Sicht von H. Meyer (2004) und aus psychologischer Sicht von A. Helmke (2009) genauer beleuchtet.

[4] Schüler(fehl)vorstellungen werden in der geographiedidaktischen Forschung vermehrt in Anlehnung an das Modell der Didaktischen Rekonstruktion nach U. R. Kattman et al. (1997) seit der Jahrtausendwende untersucht. Eine aktuelle Publikation von Forschungsergebnissen findet sich in S. Reinfried (2010), Möglichkeiten der unterrichtlichen Umsetzung in Reinfried (2008).

[5] R. Bromme spricht von „some kind of cartography" (2001, 15463) bzw. von einer Art Topologie des Lehrerwissens (1992).

[6] Bei J. Baumert & M. Kunter steht im Zentrum der übergeordneten großen Ellipse „Motivationale Orientierungen". Ich habe diese kleine Ellipse mit „Überzeugungen und Werthaltungen" getauscht, da diese m. E. von zentraler Bedeutung sind.

[7] Informationen zu COACTIV unter www.mpib-berlin.mpg.de/coactiv/index.html (Stand: 24.08.2010).

[8] Es wurde die Definition nach Groeben, N. et al. (1988) zugrunde gelegt (vgl. auch Meyer, C. 2003, 110ff.).

[9] Die konkreten Fragestellungen werden auf Anfrage gerne mitgeteilt (meyer@didageo. uni-hannover.de).

[10] Die Auswertung erfolgte in Anlehnung an Meyer (2003, 130 ff.).

[11] Zahlreiche Reflexionsaufgaben (auch zur Selbstreflexion) finden sich z. B. in A. Helmke (2009).

[12] Es gibt sicher noch weitere Interpretationen. Ich präsentiere diese Metapher, da diese wie auch Symbole manche Grundgedanken oder dergleichen treffender zum Ausdruck bringen als es direkte Beschreibungen vermögen.

[13] Diese basieren auf den Menschenbildannahmen des epistemologischen Subjektmodells im

Literaturverzeichnis

Zur Einführung

DGfG – Deutsche Gesellschaft für Geographie (Hrsg.): Bildungsstandards im Fach Geographie für den Mittleren Schulabschluss. Mit Aufgabenbeispielen. 6., durchgesehene Aufl., Selbstverlag der DGfG, Bonn 2010.

Herrmann, U.: Fördern „Bildungsstandards" die allgemeine Schulbildung? (2004), www.gew-bw.de/Additor/Binary2742/Herrmann-_Bildungsstandards_und_Schulbildung.pdf (24.11.2010).

Kössler, H.: Bildung und Identität. In: Kössler, H. (Hrsg.): Identität. Fünf Vorträge. (=Erlanger Forschungen, Reihe B; Bd. 20), Erlangen 1989. S. 51–65.

Limbach, J.: Bildung und kulturelle Differenz. In: Schlüter, A. & Strohschneider, P. (Hrsg.): Bildung? Bildung! 26 Thesen zur Bildung als Herausforderung im 21. Jahrhundert. (=Bundeszentrale für politische Bildung, Schriftenreihe Band 790). Berlin Verlag GmbH, Bonn 2009, 84–92.

Schlüter, A.: Vorwort. In: Schlüter, A. & Strohschneider, P. (Hrsg.): Bildung? Bildung! 26 Thesen zur Bildung als Herausforderung im 21. Jahrhundert. (=Bundeszentrale für politische Bildung, Schriftenreihe Band 790). Berlin Verlag GmbH, Bonn 2009, 9–10.

Shulman, L.S.: Those Who Understand: Knowledge Growth in Teaching (1986). In: Shulman, L. S.: The Wisdom of Practice. Essays on Teaching, Learning, and Learning to Teach. Jossey-Bass, San Francisco 2004, 189–215.

Stöber, G.: Schulbuchzulassung in Deutschland: Grundlagen, Verfahrensweisen und Diskussionen. (=Eckert.Beiträge 2010/3), www.edumeres.net/fileadmin/publikationen/beitraege/2010/Stoeber_Schulbuchzulassung.pdf (Stand: 29.11.2010).

1. Geographische Bildung – Reflexionen zu ihren Grundlagen

Blotevogel, H. H.: Geschichte der Geographie: Antike; Mittelalter; Frühe Neuzeit; Das 19. Jahrhundert; Das 20. Jahrhundert. (2001), www.uni-due.de/geographie/vvz_duisburg/ss2001d.htm (Stand: 11.08.10).

Brogiato, H.-P.: Geschichte der deutschen Geographie im 19. und 20. Jahrhundert – ein Abriss. – In: Schenk, W. & K. Schliephake (Hrsg.): Allgemeine Anthropogeographie. Klett-Perthes Verlag, Gotha 2005, 41–81.

Byron, J.: Jonathan Byron's Bildungsnavigator für unordentliche Leser. Thiele, München/Wien 2007.

DGfG – Deutsche Gesellschaft für Geographie (Hrsg.): Bildungsstandards im Fach Geographie für den Mittleren Schulabschluss. Mit Aufgabenbeispielen. 6. Aufl. Selbstverlag DGfG, Bonn 2010.

Gebhardt, H., P. Reuber, & G. Wolkersdorfer (Hrsg.): Kulturgeographie. Aktuelle Ansätze und Entwicklungen. Spektrum Akademischer Verlag, Heidelberg 2003.

Gebhardt, H., R. Glaser, U. Radtke & P. Reuber (Hrsg.): Geographie: Physische Geographie und Humangeographie. Spektrum Akademischer Verlag, Heidelberg 2007.

Humboldt, A.von: KOSMOS. Entwurf einer physischen Weltbeschreibung. (Gesamtwerk: Erster Band 1845; Zweiter Band 1847, Dritter Band 1850; Vierter Band 1858; Fünfter Band 1862). Eichborn, Frankfurt am Main 2004.

Hettner, A.: Die Geographie, ihre Geschichte, ihr Wesen und ihre Methoden. Ferdinand Hirt, Breslau 1927.

Kemper, F.-J.: Sozialgeographie. – In: Schenk, W. & K. Schliephake (Hrsg.): Allgemeine Anthropogeographie. Klett-Perthes Verlag, Gotha 2005, 145–211.

Knobloch, E.: Naturgenuss und Weltgemälde. Gedanken zu Humboldts Kosmos. – In: HiN V(9) (2004), www.uni-potsdam.de/u/romanistik/humboldt/hin/hin9/knobloch.htm (Stand: 18.10.10).

Kunzmann, P., F.-P. Burkard & F. Wiedmann: dtv-Atlas zur Philosophie. 14., durchgesehene und korrigierte Aufl., dtv, München 2009.

Lenk, H.: Erkenntnistheoretischer Konstruktivismus als Schemainterpretation. – In: Geographie und Schule, 168 (2007), 4–11.

Meyer, C.: Forschen und Denken in globalen Zusammenhängen. Die Wiederentdeckung des Universalgelehrten Alexander von Humboldt. – In: Praxis Geographie, 37(12) (2007), 46–51.

Ortmeyer, B.: Mythos und Pathos statt Logos und Ethos: Zu den Publikationen führender Erziehungswissenschaftler in der NS-Zeit: Eduard Spranger, Herman Nohl, Erich Weniger und Peter Petersen. Beltz, Weinheim und Basel 2009.

Pieper, A.: Einführung in die Ethik. 6., überarbeitete und aktualisierte Aufl., A. Francke Verlag, Tübingen/Basel 2007.

Ritter, C.: Einleitung zu dem Versuche einer allgemeinen vergleichenden Geographie (1818).– In: Ritter, C.: Einleitung zur allgemeinen vergleichenden Geographie und Abhandlungen zur Begründung einer mehr wissenschaftlichen Behandlung der Erdkunde. Verlag Georg Reimer, Berlin 1852, 2–62.

Ritter, C.: Allgemeine Erdkunde. Vorlesungen an der Universität zu Berlin. Herausgegeben von H. U. Daniel. Verlag Georg Reimer, Berlin 1862.

Rinschede, G.: Geographiedidaktik. 3., völlig neu bearbeitete und erweiterte Aufl., Ferdinand Schöningh, Paderborn 2007.

Schreiber, J.-R. & S. Schuler: Wege Globalen Lernens unter dem Leitbild einer nachhaltigen Entwicklung. – In: Praxis Geographie, 35(4) (2005), 4–10.

Schultz, H.-D.: Die ‚Ordnung der Dinge' in der deutschen Geographie des 19. Jahrhunderts (mit Ausblick ins 20. Jh.). – In: Die Erde, 131(3) (2000), 221–240.

Schultz, H.-D.: Brauchen Geographielehrer Disziplingeschichte? – In: geographische revue, 6(2) (2004), 43-57, http://opus. kobv.de/ubp/volltexte/2009/3095/pdf/ gr2_04_Ess03.pdf (Stand: 11.08.10).

Spranger, E.: Der Bildungswert der Heimatkunde. Reclam, Stuttgart 1949.

Wardenga, U.: Geographie als Chorologie. Zur Genese und Struktur von Alfred Hettners Konstrukt der Geographie. (= Erdkundliches Wissen, 100), Franz Steiner Verlag, Stuttgart 1995.

Wardenga, U.: Räume der Geographie – zu Raumbegriffen im Geographieunterricht. (2002), http://homepage.univie.ac.at/ Christian.Sitte/FD/artikel/ute_wardenga_ raeume.htm (Stand: 11.08.10).

Werlen, B.: Sozialgeographie. Eine Einführung. UTB, Stuttgart 2004.

Winkel, R.: Am Anfang war die Hure. Theorie und Praxis der Bildung. Schneider Verlag Hohengehren, Baltmannsweiler 2005.

2. Systemkompetenz im Geographieunterricht – Die Entwicklung eines Kompetenzmodells

Alavi, S. M.: On the adequacy of verbal protocols in examining an underlying construct of a test.– In: Studies in Educational Evaluation, 31 (2005), 1–26.

Assaraf, O. & N. Orion: Development of system thinking skills in the context of earth system education. – In: Journal of Research in Science Teaching, 42(5) (2005), 518-560.

Becker, E. & T. Jahn (Hrsg.): Soziale Ökologie. Campus, Frankfurt am Main 2006.

BMBF – Bundesministerium für Bildung und Forschung (Hrsg.): Qualität entwickeln – Standards sichern – mit Differenzen umgehen. (=Bildungsforschung 17), Bonn/Berlin 2008.

Bollmann-Zuberbühler, B.: Lernwirksamkeitsstudie zum systemischen Denken an der Sekundarstufe I. – In: Frischknecht-Tobler, U., U. Nagel & H. Seybold (Hrsg.): Systemdenken. Wie Kinder und Jugendliche komplexe Systeme verstehen lernen. Pestalozzianum, Zürich 2008, 99–118.

Bollmann-Zuberbühler B. & P. Kunz: Ist systemisches Denken lehr- und lernbar? – In: Frischknecht-Tobler, U., U. Nagel & H. Seybold (Hrsg.): Systemdenken. Wie Kinder und Jugendliche komplexe Systeme verstehen lernen. Pestalozzianum, Zürich 2008, 33–52.

Cohen, A. D.: Exploring strategies in test-taking. Fine-tuning verbal reports from respondents. – In: Ekbatani, G. & H. Pierson, (Hrsg.): Learner-directed assessment in ESL. Lawrence Erlbaum Associates. Mahwah 2000, 127–150.

DGfG – Deutsche Gesellschaft für Geographie (Hrsg.): Bildungsstandards im Fach Geographie für den Mittleren Schulabschluss. Mit Aufgabenbeispielen. 6. Aufl. Selbstverlag DGfG, Bonn 2010.

Doyle, J. K.: The cognitive psychology of systems thinking. – In: System Dynamics Review, 13(3) (1997), 253–265.

Egner, H.: Gesellschaft, Mensch, Umwelt – beobachtet: Ein Beitrag zur Theorie der Geographie. (=Erdkundliches Wissen 145), Steiner, Stuttgart 2008.

Egner, H., B. Ratter, & R. Dikau (Hrsg.): Umwelt als System – System als Umwelt? Oekom, München 2008.

Espejo, R.: What is systemic thinking? – In: System Dynamics Review, 10(2-3) (1994), 199–212.

Fischer-Kowalski, M. & H. Weisz: Society as hybrid between material and symbolic realms. Towards a theoretical framework of society-nature interaction. – In: Advances in Human Ecology, 8 (1999), 215–251.

Fischer-Kowalski, M. & K. H. Erb: Epistemologische und konzeptuelle Grundlagen der Sozialen Ökologie. – In: Mitteilungen der Österreichischen Geographischen Gesellschaft, 148 (2006), 33–56.

Flath, M. & G. Fuchs (Hrsg.): In Systemen denken lernen – Fachdidaktische Aspekte für den Geographieunterricht. Drittes Gothaer Forum zum Geographieunterricht 1995. (=Geographische Bausteine, Neue Reihe 47), Klett-Perthes, Gotha 1996.

Fraedrich, W. (Hrsg.): Landschaftsökologie. Bayerischer Schulbuch-Verlag (=bsv Oberstufen-Geographie), München 1997.

Frey, A., J. Hartig, & A. Rupp: Booklet design in large-scale assessments of student achievement: theory and practice. – In: Educational Measurement: Issues and Practice, 28(3) (2009), 39–53.

Frischknecht-Tobler, U., P. Kunz & U. Nagel: Systemdenken – Begriffe, Konzepte und Definitionen. – In: Frischknecht-Tobler, U., U. Nagel & H. Seybold (Hrsg.): Systemdenken. Wie Kinder und Jugendliche komplexe Systeme verstehen lernen. Pestalozzianum, Zürich 2008a, 11–31.

Frischknecht-Tobler, U., U. Nagel & H. Seybold (Hrsg.): Systemdenken. Wie Kinder und Jugendliche komplexe Systeme verstehen lernen. Pestalozzianum, Zürich 2008b.

Funke, J.: Problemlösendes Denken. Kohlhammer, Stuttgart 2003.

Hartig, J. & E. Klieme: Kompetenz und Kompetenzdiagnostik. – In: Schweizer, K. (Hrsg.): Leistung und Leistungsdiagnostik, Springer, Berlin 2006, 127–143.

Hartig, J. & J. Höhler: Multidimensional IRT models for the assessment of competences. – In: Studies in Educational Evaluation, 35 (2009), 57–63.

Heckhausen, H.: Motivation und Handeln. Springer, Berlin 1989.

Hemmer, I., M. Hemmer, G. Obermaier & R. Uphues: Räumliche Orientierung. Eine empirische Untersuchung zur Relevanz des Kompetenzbereichs aus der Perspektive der Gesellschaft und der Experten. – In: Geographie und ihre Didaktik, 36(1) (2008), 17–32.

Hmelo-Silver, C. E. & M. G. Pfeffer: Comparing expert and novice understanding of a complex system from the perspective of structures, behaviors, and functions. – In: Cognitive Science, 28 (2004), 127–138.

Jacobson, M. J.: Problem solving, cognition, and complex systems: Differences between experts and novices. – In: Complexity, 6(3) (2001), 41–49.

Kaminske, V.: Vernetztes Denken im Unterricht – Der geosystemare Ansatz in einer Klasse 11. – In: Geographie und Schule, 18(102) (1996), 36–43.

Klaus, D.: Umweltkomplexität und Systemtheorie. – In: M. Flath & G. Fuchs (Hrsg.): In Systemen denken lernen – Fachdidaktische Aspekte für den Geographieunterricht. Drittes Gothaer Forum zum Geographieunterricht 1995. (=Geographische Bausteine, Neue Reihe 47), Klett-Perthes, Gotha 1996, 14–39.

Klaus, D.: Systemtheoretische Grundlagen räumlicher Komplexität. – In: Geographie und Schule, 20(116) (1998), 2–17.

Klieme, E. & U. Maichle: Modellbildung und Simulation im Unterricht der Sekundarstufe I. Institut für Test- und Begabungsforschung, Bonn 1994.

Klieme, E. & D. Leutner: Kompetenzmodelle zur Erfassung individueller Lernergebnisse und zur Bilanzierung von Bildungsprozessen. Überarbeitete Fassung des Antrags an die DFG auf Einrichtung eines Schwerpunktprogramms. Frankfurt am Main 2006, http://kompetenzmodelle.dipf.de/de (Stand: 18.10.2010).

Köck, H.: Der Komplexitätsgrad als curriculares Stufungsprinzip. – In: Geographie und ihre Didaktik, 12(3) (1984), 114–133.

Köck, H.: Systemdenken – geographiedidaktische Qualifikation und unterrichtliches Prinzip. – In: Geographie und Schule, 7(33) (1985), 15–19.

Köck, H.: Aufgabe und Aufbau des Geographieunterrichts. – In: Geographie und Schule, 11(57) (1989), 11–25.

Köck, H.: Raumbezogene Schlüsselqualifikationen – der fachimmanente Beitrag des Geographieunterrichts zum Lebensalltag des Einzelnen und Funktionieren der Gesellschaft. – In: Geographie und Schule, 15(84) (1993), 14–22.

Köck, H.: Der systemtheoretische Ansatz im Geographieunterricht. – In: Convey, A. & H. Nolzen (Hrsg.): Geographie und Erziehung: Münchner Studien zur Didaktik der Geographie 10, Münchener Universitätsschriften, München 1997, 137–146.

Köck, H.: Zur Relativität räumlicher Komplexität und der Frage deren curricularen Konsequenzen. – In: Geographie und Schule, 20(116) (1998), 18–24.

Köck, H.: Systemische Welt – Systemische Geographie. Notwendigkeit und Möglichkeit eines angemessenen Weltzugriffs. – In: Köck, H. (Hrsg.): Geographieunterricht und Gesellschaft. Vorträge des gleichnamigen Symposiums vom 12.–15. Okt. 1998 in Landau. HGD, Nürnberg 1999, 163–181.

Köck, H.: Typen und Kategorien der Raummanifestation. – In: Köck, H. & A. Rempfler: Erkenntnisleitende Ansätze – Schlüssel zur Profilierung des Geographieunterrichts. Aulis, Köln 2004a, 19–91.

Köck, H.: Synergetische, fraktale und hierarchische Raumbeziehungen. – In: Köck, H. & A. Rempfler: Erkenntnisleitende Ansätze – Schlüssel zur Profilierung des Geographieunterrichts. Aulis, Köln 2004b, 48–69.

Köck, H. & A. Rempfler: Erkenntnisleitende Ansätze – Schlüssel zur Profilierung des Geographieunterrichts. Aulis, Köln 2004.

Köck, H. & D. Stonjek: ABC der Geographiedidaktik. Aulis, Köln 2005.

Law, L.: Die Überwindung der Kluft zwischen Wissen und Handeln aus situativer Sicht. – In: H. Mandl & J. Gerstenmaier (Hrsg.): Die Kluft zwischen Wissen und Handeln. Empirische und theoretische Lösungsansätze. Hogrefe, Göttingen 2000, 253–287.

Lecher, T.: Die Umweltkrise im Alltagsdenken. Beltz, Weinheim 1997.

Leser, H.: Landschaftsökologie. 3. Aufl. Ulmer, Stuttgart 1991.

Leser, H.: Raum, Geographie und Landschaftsökologie: Zur aktuellen Diskussion um Transdisziplinarität. – In: Geiger, M. & A. Hüttermann (Hrsg.): Raum und Erkenntnis. Aulis, Köln 2007, 7–26.

Liehr S., E. Becker & F. Keil: Systemdynamiken. – In: Becker, E. & T. Jahn (Hrsg.): Soziale Ökologie. Campus, Frankfurt am Main 2006, 267–283.

Long, D. L. & T. Bourg: Thinking-aloud: Telling a story about a story. – In: Discourse Processes, 21 (1996), 329–339.

Neef, E.: Die theoretischen Grundlagen der Landschaftslehre. VEB Hermann Haack, Gotha 1967.

Ossimitz, G.: Entwicklung systemischen Denkens. (=Klagenfurter Beiträge zur Didaktik der Mathematik 1), Profil, München/Wien 2000.

PISA-Konsortium: PISA 2003. Untersuchungen zur Kompetenzentwicklung im Verlauf eines Schuljahres. Münster 2003, http://pisa.ipn.uni-kiel.de/PISA_2003_Kompetenzentwicklung_Zusfsg.pdf (Stand: 10.08.2010).

Prüfer, P. & M. Rexroth: Zwei-Phasen-Pretesting. – In.: ZUMA-Arbeitsbericht, 8 (2000), 1–21.

Reckase, M. D.: Multidimensional Item Response Theory. Springer, New York, Berlin 2009.

Rempfler, A.: Das Geoökosystem und seine schuldidaktische Aufarbeitung. (=Physiogeographica: Basler Beiträge zur Physiogeographie 26), Wepf, Basel 1998.

Rempfler, A.: Wasser- und Klimahaushalt im städtischen Raum. Ein Ansatz zur Vermittlung von Systemdenken. – In: Geographie heute, 20(172) (1999), 36–40.

Rempfler, A.: Systemdenken im Geographieunterricht – Beispiel „Bodenerosion". – In: Regio Basiliensis, 41(2) (2000), 127–142.

Rempfler, A.: Der systemanalytische Ansatz in der Stadtökologie: Grundlage für die Vermittlung strategischen Wissens. – In: Mayr, A., M. Meurer & J. Vogt (Hrsg.): Stadt und Region. Tagungsbericht und wissenschaftliche Abhandlungen, 53. Deutscher Geographentag Leipzig 2001. DGfG, Leipzig 2002, 601–608.

Rempfler, A.: Systemkompetenz: Forschungsstand und Forschungsfragen. – In: Geographie und ihre Didaktik, 37(2) (2009), 58–79.

Rempfler, A. & R. Uphues: Sozialökologisches Systemverständnis: Grundlage für die Modellierung von geographischer Systemkompetenz. – In: Geographie und ihre Didaktik, 38(4) (2010), 227–239.

Rempfler, A. & R. Uphues: Systemkompetenz und ihre Förderung im Geographieunterricht. – In: Geographie und Schule, 33(189) (2010), 22 – 33,

Renner, B. & R. Schwarzer: Gesundheit: Selbstschädigendes Handeln trotz Wissen. – In: Mandl, H. & J. Gerstenmaier (Hrsg.): Die Kluft zwischen Wissen und Handeln. Empirische und theoretische Lösungsansätze. Hogrefe, Göttingen 2000, 25–50.

Riedl, R.: Biologie der Erkenntnis: Die stammesgeschichtlichen Grundlagen der Vernunft. 2. Aufl., Blackwell, Berlin, Hamburg 1980.

Rieß, W. & C. Mischo: Entwicklung und erste Validierung eines Fragebogens zur Erfassung des systemischen Denkens in nachhaltigkeitsrelevanten Kontexten. – In: Ormann, I. & G. de Haan. (Hrsg.): Kompetenzen der Bildung für nachhaltige Entwicklung. VS Verlag für Sozialwissenschaften, Wiesbaden 2008a, 215–232.

Rieß, W. & C. Mischo: Wirkungen variierten Unterrichts auf systemisches Denken. – In: Frischknecht-Tobler, U., U. Nagel & H. Seybold (Hrsg.): Systemdenken. Wie Kinder und Jugendliche komplexe Systeme verstehen lernen. Pestalozzianum, Zürich 2008b, 138–147.

Rost, J., A. Lauströer & N. Raack: Kompetenzmodelle einer Bildung für Nachhaltigkeit. – In: Praxis der Naturwissenschaften – Chemie, 8(52) (2003), 10–15.

Schecker, H., E. Klieme, H. Niedderer, J. Gerdes & J. Ebach: Physiklernen mit Modellbildungssystemen. Zwischenbericht zum DFG-Projekt. Bremen/Bonn 1997.

Schnotz, W., J. Baumert, H. Horz & N. McElvany: Das Projekt „Bild-Text-Integration", 2008a, www.bite.uni-landau.de (Stand: 25.06.2008).

Schnotz, W., H. Horz, M. Ullrich, J. Baumert, N. McElvany, A. Hachfeld, S. Schroeder & T. Richter: Entwicklung eines Kompetenzmodells zum integrativen Bild-Text-Verstehen. Vortrag auf der 71. Tagung der Arbeitsgruppe für empirische pädagogische Forschung (AEPF), Kiel 2008b.

Sommer, C.: Untersuchung der Systemkompetenz von Grundschülern im Bereich Biologie. Universität Kiel, Kiel 2005, http://eldiss.uni-kiel.de/macau/servlets/MCRFileNodeServlet/dissertation_derivate_00001652/d1652.pdf (Stand: 06.05.2010).

Sterman, J. D.: Business dynamics. Systems thinking and modeling for a complex world. McGraw-Hill, Boston u. a. 2000.

Sweeney, L. B. & J. D. Sterman: Bathtub dynamics: Initial results of a systems thinking inventory. – In: System Dynamics Review, 16(4) (2000), 249–286.

Talanquer, V.: On cognitive: Constraints and learning progressions. The case of „structure of matter". – In: International Journal of Science Education, 31(15) (2009), 2123–2136.

Walpuski, M., N. Kampa, A. Kauertz & N. Wellnitz: Evaluation der Bildungsstandards in den Naturwissenschaften. – In: MNU, 61(6) (2008), 323–326.

Wardenga, U. & P. Weichhart: Sozialökologische Interaktionsmodelle und Systemtheorien – Ansätze einer theoretischen Begründung integrativer Projekte in der Geographie? – In: Mitteilungen der Österreichischen Geographischen Gesellschaft, 148 (2006), 9–31.

Weinert, F. E.: Vergleichende Leistungsmessung in Schulen – eine umstrittene Selbstverständlichkeit. – In: Weinert, F. E. (Hrsg.): Leistungsmessungen in Schulen. Beltz, Weinheim, Basel 2001a, 17–31.

Weinert, F. E.: Concept of Competence: A Conceptual Clarification. – In: Rychen, D. & L. H. Salganik (Eds.): Defining and selecting key competencies, Hogrefe, Seattle 2001b, 45–65.

Wilensky, U. & M. Resnick: Thinking in levels: A dynamic systems approach to making sense of the world. – In: Journal of Science Education and Technology, 8(1) (1999), 3–19.

3. Geographische Kompetenzen fördern

Ben-Zvi Assaraf, O. & N. Orion: Development of System Thinking Skills in the Context of Earth System Education. – In: Journal of Research in Science Teaching, 42(5) (2005), 518–560.

Booth Sweeny, L. & J. D. Sterman: Bathtub Dynamics: Initial Results of a Systems Thinking Inventory. – In: System Dynamics Review, 16 (4) (2000), 249–286.

DGfG – Deutsche Gesellschaft für Geographie (Hrsg.): Bildungsstandards im Fach Geographie für den Mittleren Schulabschluss. Mit Aufgabenbeispielen. 6. Aufl. Selbstverlag DGfG, Bonn 2010.

Funke, J.: Dynamic Systems as Tools for Analysing Human Judgement. – In: Thinking and Reasoning. 7 (2001), 69–89.

Gersmehl, P. J., & C. A. Gersmehl: Wanted: A Concise List of Neurologically Defensible and Assessable Spatial Thinking Skills. – In: Research in Geographic Education, 8 (2006), 5–38.

Gersmehl, P. J., & C. A. Gersmehl: Spatial Thinking by Young Children: Neurologic Evidence for Early Development and "Educability". – In: Journal of Geography, 106 (2007), 181–191.

Greiff, S.: Individualdiagnostik der komplexen Problemlösefähigkeit. Waxmann, Münster [angenommen]

Greiff, S. & J. Funke, J.: Measuring Complex Problem Solving: The MicroDYN approach. 2008, www.psychologie.uni-heidelberg.de/ae/allg/mitarb/sg/artikel_reykjavik.pdf (Stand 12.08.2010).

Greiff, S. & J. Funke: MircoDYN: Ein psychometrisch orientierter Ansatz zur Erfassung dynamischer Problemlösefähigkeit. – In: Zeitschrift für Pädagogische Psychologie. [eingereicht]

Hammann, M., T. T. H. Phan, M. Ehmer & T. Grimm: Assessing Pupils' Skills in Experimentation. – In: Journal of Biological Education, 41(1) (2008), 66–72.

Köck, H.: Raumbezogene Schlüsselqualifikationen– der fachimmanente Beitrag des Geographieunterrichts zum Lebensalltag des Einzelnen und Funktionieren der Gesellschaft. – In: Geographie und Schule, 15(8) (1993), 14–22.

Nestle, F. & N. Nestle: On the way to open standards for education. – In: ZDM, 37(5) (2005), 408–411.

Orion, N. & T. Basis, 2008. Characterization of High School Students' System Thinking Skills in the Context of Earth Systems. NARST Annual conference, Baltimore, USA.

Ossimitz, G.: Das Projekt „Entwicklung vernetzten Denkens". Erweiterter Endbericht (1996), wwww.uni-klu.ac.at/gossimit/pap/ossimitz1996c.PDF (Stand: 01.10.2010)

Sommer, C.: Untersuchung der Systemkompetenz von Grundschülern im Bereich Biologie. Christian-Albrechts-Universität, Kiel 2005.

Stracke, I.: Einsatz computerbasierter Concept Maps zur Wissensdiagnose in der Chemie. Empirische Untersuchungen am Beispiel des Chemischen Gleichgewichts. Waxmann, Münster 2004.

Viehrig, K., D. Volz, & A. Siegmund: A question of objective: implementing GIS-use in secondary schools. – In: Demirci, A., M. Karakuyu, M. A. McAdams, S. Incekara & A. Karaburun (Eds.): 5th International Conference on Geographic Information Systems – Proceedings. Fatih University Department of Geography, Istanbul 2008. 425–432.

4. Geographisches Schulbuch und Kompetenzerwerb

Albert, M., K. Hurrelmann, G. Quenzel & TNS Infratest Sozialforschung: Jugend 2010. (=Shell-Jugendstudie, 16), Fischer-Taschenbuch, Frankfurt am Main 2010.

Atschko, G.: Zur Auswahl von Schulbüchern in GW – ein Raster. Kurzbericht über ein Projekt der Tatsachenforschung. – In: GW – Unterricht, 110 (2007), 25–29.

Bamberger, R. (Hrsg.): Zusammenstellung der internationalen Forschungsergebnisse zur Schulbuchbeurteilung bzw. Schulbuchgestaltung für Autoren, Verleger und Lehrer. Institut für Schulbuchforschung und Lernförderung, Wien 1994.

Bamberger, R. et al.: Zur Gestaltung und Verwendung von Schulbüchern. Mit besonderer Berücksichtigung der elektronischen Medien und der neuen Lernkultur. Institut für Schulbuchforschung und Lernförderung, Wien 1998.

Bente, M.: Das Schulbuch von morgen. – In: Praxis Geographie, 28 (4) (1998), 38–39.

Birkenhauer, J.: Verbundmedien. – In: Birkenhauer, J. (Hrsg.): Didaktik der Geographie – Medien: Systematik und Praxis. Oldenbourg, München 1997, 211–232

Brodengeier, E.: Neue Aufgabenkultur. Klett Symposium, Essen 2007, www.klett.de/sixcms/media.php/229/klett_symposium_aufgabenkultur.pdf (Stand: 05.03.2010)

Brucker, A.: Die didaktische Funktion des Schulbuches. Konzeptionsvorschlag für ein Arbeits- und Lernbuch. – In: Geographische Rundschau, 35 (1983), 645–646.

Brucker, A.: Das geographische Schulbuch. – In: Praxis Geographie, 15 (4) (1985), 38–39.

Bullinger, R., U. Hieber & T. Lenz,: Das Geographiebuch – ein (un)verzichtbares Medium (!)? – In: Geographie heute, 26 (231/232) (2005), 67–71.

DGfG – Deutsche Gesellschaft für Geographie (Hrsg.): Bildungsstandards im Fach Geographie für den Mittleren Schulabschluss. Mit Auf-gabenbeispielen. 6. Aufl. Selbstverlag DGfG, Bonn 2010.

Flath, M. & E. Rudyk (Mod.): Unsere Erde, Gymnasium und Realschule 5/6 Niedersachsen. Cornelsen, Berlin 2009.

Fritzsche, K. P. (Hrsg.): Schulbücher auf dem Prüfstand. Perspektiven der Schulbuchforschung und Schulbuchbeurteilung in Europa. (=Studien zur internationalen Schulbuchforschung, 75), Diesterweg, Frankfurt a. M. 1992.

Geibert, H.: Didaktischer Ort und methodische Umsetzung – Drei Beispiele für die Arbeit mit dem Schulbuch. – In: Geographie heute, 11 (83) (1990), 11–15.

Geographie heute: Kompetenzen, Standards, Aufgaben, 28 (255/256) (2007).

Hacker, K. (Hrsg.): Das Schulbuch. Funktion und Verwendung im Unterricht. Klinkhardt, Bad Heilbronn 1980.

Hurrelmann, K., M. Albert & TNS Infratest Sozialforschung (Hrsg.): Jugend 2002: zwischen pragmatischem Idealismus und robustem Materialismus. (=Shell-Jugendstudie, 14), FischerTaschenbuch, Frankfurt am Main 2002.

Hurrelmann, K., M. Albert & TNS Infratest Sozialforschung (Hrsg.): Jugend 2006: eine pragmatische Generation unter Druck. (=Shell-Jugendstudie, 15), Fischer-Taschenbuch, Frankfurt am Main 2006.

Kirchberg, G.: Das Arbeitsbuch. Zu Konzeption und Einsatz des lernprozeßorientierten Schulbuchs im Geographieunterricht. – In: Praxis Geographie, 10 (10) (1980), 78–84.

Kirchberg, G.: Veränderte Jugendliche – unveränderter Geographieunterricht? – In: Praxis Geographie, 28 (4) (1998), 8–13.

Mathes, E. (Hrsg.): Didaktische Innovationen im Schulbuch. Klinkhardt, Bad Heilbrunn 2003.

Sitte, C.: Das GW-Schulbuch. – In: Sitte, W. & H. Wohlschlägl (Hrsg.): Beiträge zur Didaktik des „Geographie und Wirtschaftskunde" – Unterrichts. (=Materialien zur Didaktik der Geographie und Wirtschaftskunde, 16), Inst. für Geographie der Univ., Wien 2001, 447–472, www.univie.ac.at/geographie/fachdidaktik/ Handbuch_MGW_16_2001/ Seite 447–472.pdf (Stand 01.09.2010).

Stein, G.: Schulbücher und Lehrerbildung und pädagogischer Praxis. – In: Roth, L. (Hrsg.): Pädagogik, Handbuch für Studium und Praxis. Oldenbourg, München 1991, 752–759.

Steinringer, J. (Hrsg.): Arbeit und Wirtschaft im Schulbuch. Schulbuchanalyse Geographie und Wirtschaftskunde 5. bis 8. Schulstufe. (=Forschungsbericht 79), Institut für Bildungsforschung der Wirtschaft, Wien 1991.

Thöneböhn, F.: Das Geographiebuch. Bedeutung, Gestaltung und Verwendung. – In: Geographie heute, 11 (83) (1990), 4–10.

Thöneböhn, F.: Das Erdkundebuch. Neue Untersuchungen zur Bedeutung und Ver-wendung im Unterricht. – In: Karlsruher Pädagogische Bei-träge 26. Pädagogische Hochschule, Eigenverlag, Karlsruhe 1992, 26–38.

Volkmann, H.: Das Schülerbuch. – In: Brucker, A. (Hrsg.): Medien im Geogra-phieunterricht. Schöningh, Düsseldorf 1986, 372–385.

Weinbrenner, U.: Erziehung zur europä-ischen Solidarität durch geographische Schulbücher der Sekundarstufe 1. Eine quantitative und qualitative Inhaltsanaly-se. (=Geographische Forschungen, 30), Hochschulverband für Geographie und ihre Didaktik, Nürnberg 1998.

Wagner, P.: Handbuch des naturwissen-schaftlichen und mathematischen Un-terrichts. Methodik des erdkundlichen Unterrichts. Bd. 6, Teil 2, Quelle & Meyer, Leipzig 1926.

Wiater, W.: Schulbuchforschung in Europa. Klinkhardt, Bad Heilbronn 2003.

Wieczorek, U. (Hrsg.): Zur Beurteilung von Schulbüchern. (=Augsburger Beiträge zur Didaktik der Geographie, 10), Lehrstuhl für Didaktik der Geographie der Universi-tät Augsburg, Augsburg 1995.

5. Zwischen Wissen, Urteilen und Handeln

Diercke Geographie für Thüringen Klasse 7 Gymnasium. – Protze, N. & M. Colditz, (Mod.).– Westermann, Braunschweig 2001

Diercke Geographie für Thüringen Klasse 8 Gymnasium. – Protze, N. & M. Colditz, (Mod.). – Westermann, Braunschweig 2002

Diercke Geographie für Thüringen Klasse 9 Gymnasium. – Protze, N. & M. Colditz (Mod.). – Westermann, Braunschweig 2003

Diercke Geographie für Thüringen Klasse 10 Gymnasium. – Protze, N. & M. Colditz (Mod.). – Westermann, Braunschweig 2001

Diercke Geographie. – Latz, W. (Hrsg.). – Westermann, Braunschweig 2007

Fundamente. Geographie Oberstufe. – Kreus, A. & N. von der Ruhren (Hrsg.). – Klett, Stuttgart: 2008

Geographie. Band 2. 7. und 8. Schuljahr. Mit der Erde und ihren Gesetzen leben. – Buck, L. et al. (Hrsg.). – Klett, Stuttgart 1972

Geographie. Band 3. 9. und 10. Schuljahr. Die Umwelt gestalten. – Buck, L. et al. (Hrsg.).– Klett, Stuttgart 1974

Geographie 5 Ausgabe Sachsen. – Buder, M. et al. (Hrsg.). – Cornelsen, Volk und Wissen, Berlin 2004

Geographie 6 Ausgabe Sachsen. – Buder, M. et al. (Hrsg.). – Cornelsen, Volk und Wissen, Berlin 2005

Geographie 7 Ausgabe Sachsen. – Buder, M. et al. (Hrsg.). – Cornelsen, Volk und Wissen Berlin 2004

Geographie 8 Ausgabe Sachsen. – Buder, M. et al. (Hrsg.). – Cornelsen, Volk und Wissen, Berlin: 2005

Geographie 9 Ausgabe Sachsen. – Buder, M. et al. (Hrsg.). – Cornelsen, Volk und Wissen, Berlin 2006

Geographie 10 Ausgabe Sachsen. – Buder, M. et al. (Hrsg.). – Cornelsen, Volk und Wissen, Berlin 2006

Heimat und Welt für Thüringen. Klasse 7 Regelschule. – Protze, N. & M. Colditz (Mod.).– Westermann, Braunschweig: 2000

Heimat und Welt. Geographie für Bran-denburg Klasse 7 und 8. – Baumann, M. et al. – Westermann, Braunschweig 2008

Heimat und Welt. Klasse 9 für Berlin. – Berger, M. et al. – Westermann, Braunschweig 2001

Mensch und Raum Erdkunde 5/6 Realschule Nordrhein-Westfalen. – Falk, D. et al. – Cornelsen, Berlin 2003

Mensch und Raum Erdkunde 7/8 Realschule Nordrhein-Westfalen. – Aepkers, M. et al.– Cornelsen, Berlin 2004

Mensch und Raum Erdkunde 9/10 Real-schule Nordrhein-Westfalen. Aepkers, M. et al. Cornelsen, Berlin 2005

Mensch und Raum Geographie 7/8 Aus-gabe Berlin. – Ernst, Chr. (Hrsg.). – Cornelsen Berlin 2009

Mensch und Raum Geographie 10 Berlin. – Gross, D. et al. (Hrsg.). – Cornelsen, Berlin 1991

Mensch und Raum Geographie Oberstufe. – Flath, M. & E. Kulke (Hrsg.). – Cornelsen, Berlin 2007

209

Seydlitz Geographie 3 Baden Württemberg.– Amtsfeld, P. et al. – Schroedel, Braunschweig: 2006

Seydlitz Geographie 4 Baden Württemberg.– Amtsfeld, P. et al. – Schroedel, Braunschweig 2007

Seydlitz Geographie 5/6 Baden Württemberg.– Amtsfeld, P. et al. – Schroedel, Braunschweig 2008

Seydlitz Geographie 5/6 Baden Württemberg, Lösungen. – Amtsfeld, P. et al.– Schroedel, Braunschweig 2009

Seydlitz Geographie 2. Gymnasium Thüringen. – Bricks, W. et al. – Schroedel, Braunschweig 2005

Seydlitz 6. Das Weltbild der Gegenwart. – Degn, Chr. et al. (Hg.). – 5. Aufl., Hirt-Oldenbourg-Schroedel 1965

Terra Erdkunde 1 Gymnasium Nordrhein-Westfalen. – Brodengeier, E. et al. – Klett, Stuttgart-Leipzig 2008

Terra Erdkunde 2 Gymnasium Nordrhein-Westfalen. – Brodengeier, E. et al. – Klett, Stuttgart-Leipzig 2008

Terra Erdkunde 9 Gymnasium Nordrhein-Westfalen. – Brodengeier, E. et al.– Klett-Perthes, Gotha-Stuttgart 2005

Terra Geographie 7/8 Berlin. – Steffen, W. (Hrsg.).– Klett, Stuttgart-Leipzig 2006

Terra Geographie 7/8 für Rheinland-Pfalz. – Schulze, A. et al.– Klett, Stuttgart 1981

Terra Geographie 9/10 für Rheinland-Pfalz.– Schulze, A. (Hrsg.). – Klett, Stuttgart 1984

Terra Erdkunde. Sekundarstufe II Räume und Strukturen. – Kreus, A. & N. von der Ruhren (Hrsg.). – Klett, Stuttgart-Leipzig 2006

Unsere Erde 5. – Brucker, A. (Hrsg.). – 2. Aufl., Oldenbourgh, München 2003

Unsere Erde 6. – Brucker, A. (Hrsg.). – Oldenbourgh, München 2001

Unsere Erde 7. – Brucker, A. (Hrsg.). – Oldenbourgh, München 2002

Unsere Erde 8. – Brucker, A. (Hrsg.). – Oldenbourgh, München 2003

Unsere Erde 9. – Brucker, A. (Hrsg.). – Oldenbourgh, München 2004

Welt und Umwelt. Geographie für die Sekundarstufe I. 8. Schuljahr. – Hausmann, W. (Hrsg.). – Westermann, Oldenbourg, Braunschweig 1973

Welt und Umwelt. Geographie für die Sekundarstufe I. Auswahlband 9. und 10. Schuljahr.– Hausmann, W. (Hg.). – Westermann, Oldenbourg, Braunschweig 1974

Fachliteratur

Bullinger, R., U. Hieber & T. Lenz: Das Geographiebuch – ein (un)verzichtbares Medium (!)? – In: Geographie heute, 26 (231/232) (2005), 67–71.

Colditz, M., I. Hemmer, M. Hemmer, K.W. Hoffmann & G. Riegel: Bildungsstandards konkret. Aufgabenkultur und Aufgabenbeispiele. – In: Geographie heute, 28 (255/256) (2007), 14–18.

DGfG – Deutsche Gesellschaft für Geographie (Hrsg.): Bildungsstandards im Fach Geographie für den Mittleren Schulabschluss. Mit Auf-gabenbeispielen. 6. Aufl. Selbstverlag DGfG, Bonn 2010.

Hemmer, I. & M. Hemmer: Nationale Bildungs-standards im Fach Geographie. Genese, Standortbestimmung und Ausblick. – In: Geographie heute, 28 (255/256) (2007), 2–9.

Hoffmann, K. W.: Mit den nationalen Bildungsstandards Geographieunterricht planen und auswerten. – In: Geographie und ihre Didaktik, 37 (3) (2009), 105–118.

Stöber, G.: Flächennutzungskonflikte zwischen Ökologie und Ökonomie im Spiegel neuerer deutscher Erdkunde-Schulbücher. – In: Stöber, G. (Hrsg.): Raumplanung, Umweltmanagement und Landnutzungskonflikte in Deutschland und Polen. v&r unipress, Göttingen [in Vorb.]

6. Das „geographische Bild" und der „geographische Blick"

Boehm, G.: Jenseits der Sprache? Anmerkungen zur Logik der Bilder. – In: Maar, C. & H. Burda (Hrsg.): Iconic Turn – Die neue Macht der Bilder. DuMont, Köln 2005, 28–43.

Brucker, A.: Klassische Medien kreativ nutzen. – In: Haubrich, H. (Hrsg.): Geographie unterrichten lernen. Die neue Didaktik der Geographie konkret. Oldenbourg, München [u.a.], 2006, 173–206.

DGfG – Deutsche Gesellschaft für Geographie (Hrsg.): Bildungsstandards im Fach Geographie für den Mittleren Schulabschluss. Mit Auf-gabenbeispielen. 6. Aufl. Selbstverlag DGfG, Bonn 2010.

Driver, F.: On Geography as a Visual Discipline.– In: Antipode, 35 (2) (2003), 227–231.

Fankhauser, R.: Bild und Wissen: Wie Schülerinnen und Schüler naturwissenschaftliche Bilder rezipieren. – In: Forum Qualitative Sozialforschung / Forum Qualitative Research, 10 (1) (2009), Art. 2, http://nbn-resolving.de/urn:nbn:de:0114-fqs090129.

Fellmann, F.: Von den Bildern der Wirklichkeit zur Wirklichkeit der Bilder. – In: Sachs-Hombach, K. & K. Rehkämper (Hrsg.): Bild Bildwahrnehmung – Bildverarbeitung. Interdisziplinäre Beiträge zur Bildwissenschaft. Deutscher Universitäts-Verlag, Wiesbaden 1998, 187–196.

Hartig, J. & E. Klieme: Möglichkeiten und Voraussetzungen technologiebasierter Kompetenzdiagnostik. Eine Expertise im Auftrag des Bundesministeriums für Bildung und Forschung. BMBF, Bonn [u. a.] 2007.

Haubrich, H.: Bilder interpretieren. – In: Geographie heute, 16 (127) (1995), 50–52.

Haubrich, H. (Hrsg.): Geographie unterrichten lernen. Die neue Didaktik der Geographie konkret. Oldenbourg, München [u. a.], 2006.

Hettner, A.: Die Geographie. Ihre Geschichte, ihr Wesen und ihre Methoden. Ferdinand Hirt, Breslau 1927.

Hieber, U. & T. Lenz.: Bilder lesen lernen. Neue Impulse für den Aufbau einer geographischen Basiskompetenz. – In: Geographie heute, 28 (253) (2007), 2–11.

Huber, H. D. (Hrsg.): Bild – Medien – Wissen. Visuelle Kompetenz im Medienzeitalter. Kopaed, München 2002.

Jahnke, H.: Der digitale Blick. Geographische Entdeckungen auf dem Schulgelände machen. – In: Geographie heute, 29 (263) (2008), 44–47.

Köck, H.: Von der Unmöglichkeit eines objektiven räumlichen Weltbildes. – In: Geographie und Schule, 28 (164) (2006), 20–28.

Köck, H. & D. Stonjek: ABC der Geographiedidaktik. Aulis-Verl. Deubner, Köln 2005.

Korsch, H.: Methodik des erdkundlichen Unterrichts für Lehrerbildungs-Anstalten. List & v. Bressensdorf, Leipzig 1913.

Lukinbeal, C. & J. Craine: Geographic Media Literacy: An Introduction. – In: Geojournal, 74 (2009), 175–182.

Mathiak, K. & R. Weber: Bilderwelten aus der Sicht der Hirnforschung. – In: Theunert, H. (Hrsg.): Bilderwelten im Kopf. Kopaed, München 2006, 53–68.

Miggelbrink, J.: Verortung im Bild. Überlegungen zu 'visuellen Geographien,. – In: Döring, J. & T. Thielmann (Hrsg.): Mediengeographie. Theorie – Analyse – Diskussion. Transcript , Bielefeld 2009, 179–202.

Mikos, L.: Ästhetische Erfahrung und visuelle Kompetenz: Zur Erweiterung der diskursiven Medienkompetenz um präsentative Elemente. (2000) www.medienpaed.com (Stand 10.10.2010).

Paul, G.: Das Jahrhundert der Bilder. Bd. 2: 1949 bis heute. Bundeszentrale für Politische Bildung, Bonn 2008.

Paul, G.: Das Jahrhundert der Bilder. Bd. 1: 1900 bis 1949. Bundeszentrale für Politische Bildung, Bonn 2009.

Reuschenbach, M.: Von der Auswahl zur Präsentation. Zehn Bausteine für die selbstständige Bildanalyse. – In: Geographie heute, 28 (253) (2007), 40.

Rinschede, G.: Geographiedidaktik. Schöningh, Paderborn [u. a.] 2003.

Rose, G.: On the Need to Ask How, Exactly, Is Geography "Visual"? – In: Antipode, 35 (2) (2003), 212–221.

Rose, G.: Visual Methodologies. An Introduction to the Interpretation of Visual Materials. Sage Publ., London [u. a.] 2008.

Sachs-Hombach, K.: Begriff und Funktion bildhafter Darstellungen. – In: Huber, H.D., B. Lockemann & M. Scheibel (Hrsg.): Bild, Medien, Wissen. Visuelle Kompetenz im Medienzeitalter. Kopaed, München 2002, 9–46.

Sachs-Hombach, K. (Hrsg.): Bildtheorien. Anthropologische und kulturelle Grundlagen des Visualistic Turn. Suhrkamp, Frankfurt a.M. 2009.

Schlottmann, A. & J. Miggelbrink: Visuelle Geographien – ein Editorial. – In: Social Geography, 4 (1) (2009), 13–24.

Singer, W.: Das Bild in uns. Vom Bild zur Wahrnehmung. – In: Sachs-Hombach, K. (Hrsg.): Bild-theorien. Anthropologische und kulturelle Grundlagen des Visualistic Turn. Suhrkamp, Frankfurt a.M. 2004, 104–126.

Stonjek, D.: Bilder. – In: Birkenhauer, J. (Hrsg.): Didaktik der Geographie – Medien: Systematik und Praxis. Oldenbourg: München 1997, 73–93.

Theunert, H.: Bilderwelten im Kopf. Interdisziplinäre Zugänge. Kopaed, München 2006.

Thornes, J. E.: The Visual Turn and Geography (Response to Rose 2003 Intervention). – In: Antipode, 36 (5) (2004), 787–794.

Treumann, K. P., et al.: Medienkompetenz im digitalen Zeitalter. Wie die neuen Medien das Leben und Lernen Erwachsener verändern. Leske + Budrich, Opladen 2002.

Tuan, Yi-Fu: Sight and Pictures. – In: Geographical Review, 69 (4) (1979), 413–422.

Wittgenstein, L.: Tractatus logico-philosophicus. Logisch-philosophische Abhandlung. Suhrkamp, Frankfurt a.M. 1963 (1918).

7. (Keine) Experimente wagen?

Bäuml, M.-A.: Das Experiment im Sachunterricht der Grundschule. Umweltorientiertes, wissenschaftsorientiertes, schülerorientiertes Lernen durch Experimentieren. Prögel, Ansbach 1979.

Bayrhuber, H., S. Bögeholz, D. Elster, C. Hößle, M. Lücken, J. Mayer, C. Nerdel, B. Neuhaus, H. Prechtl & A. Sandmann: Biologie im Kontext– Ein Programm zur Kompetenzförderung durch Kontextorientierung im Biologieunterricht und zur Unterstützung der Lehrerprofessionalisierung.– In: MNU – Der mathematische und naturwissenschaftliche Unterricht, 60(5) (2007), 282–286.

Bernholt, S., M. Walpuski, E. Sumfleth & I. Parchmann: Kompetenzentwicklung im Chemieunterricht. Unterricht Chemie, 20(111/112) (2009), 78–85.

Braun, T. & U. Backhaus: Entwicklung eines Laboratoriums für offene Experimente. (2008), 1–3, www.uni-due.de/fb8/fbphysik/Experiment/Sept08/ExperimentBackhaus.pdf (Stand: 20.09.2010).

DGfG – Deutsche Gesellschaft für Geographie (Hrsg.): Bildungsstandards im Fach Geographie für den Mittleren Schulabschluss. Mit Auf-gabenbeispielen. 6. Aufl. Selbstverlag DGfG, Bonn 2010.

Frischknecht-Tobler, U. & P. Labudde: Beobachten und Experimentieren. – In: Labudde, P. (Hrsg.): Fachdidaktik Naturwissenschaft. 1.–9. Schuljahr. UTB, Stuttgart 2010, 133–148.

Gott, R. & S. Duggan: Understanding Scientific Evidence – Why It Matters and How It Can Be Taught. – In: Ratcliffe, M.(Ed.): ASE – Guide to Secondary Science Education. [o.A.], Hatfield 1998, 92–99.

Hammann, M., T. T. H. Phan, M. Ehmer & H. Bayrhuber: Fehlerfrei Experimentieren. – In: MNU – Der mathematische und naturwissenschaftliche Unterricht, 59(5) (2006), 292–299.

Hammann, M., M. Ganser & M. Haupt: Experimentieren können. Kompetenzentwicklung und ihre Nutzung im Unterricht. – In: Geographie heute, 28(255/256) (2007), 88–91.

Hemmer, I. & M. Hemmer: Nationale Bildungsstandards im Fach Geographie. Genese, Standortbestimmung, Ausblick. – In: Geographie heute, 28(207/208) (2007), 2–9.

Hemmer, I., M. Hemmer, H. Bayrhuber, P. Häusslar, S. Hlawatsch, L. Hoffmann & M. Raffelsiefer: Interesse von Schülerinnen und Schülern an geowissenschaftlichen Themen. – In: Geographie und ihre Didaktik, 33(2) (2005), 57–72.

Jong, T. de & W.R. van Joolingen: Scientific Discovery Learning with Computer Simulations of Conceptual Domains. – In: Review of Educational Research, 68(2) (1998), 179–201.

Kasbohn, P.: Schülerversuche in der Sekundarstufe I. – In: Rodi, D. (Hrsg.): Biologie und curriculare Forschung. Aulis, Köln 1975, 116–121.

Kerres, M.: Multimediale und telemediale Lernumgebungen: Konzeption und Entwicklung. 2. Aufl., Oldenbourg, München 2001.

Klahr, D.: Exploring Science. The Cognition and Development of Discovery Processes. MIT, Cambridge Mass., London 2000.

Klahr, D. & K. Dunbar: Dual Space Search During Scientific Reasoning. – In: Cognitive Science, (12) (1988), 1–48.

Klieme, E., K. Maag-Merki & J. Hartig: Kompetenzbegriff und Bedeutung von Kompetenzen für das Bildungswesen. – In: Hartig, J. & E. Klieme (Hrsg.): Möglichkeiten und Voraussetzungen technologiebasierter Kompetenzdiagnostik. [o.A.], Bonn, Berlin 2007, 5–15.

Lechner, H.: Schülerinteresse und Physikunterricht in der Sekundarstufe I. – In: Physik in der Schule, 30(3) (1992), 94–97.

Lethmate, J.: „Geomethoden". Kritische Anmerkungen zum fachdidaktischen Verständnis geographischer Arbeitsweisen. – In: Geo-Öko, 26(3–4) (2005), 251–282.

Lethmate, J.: Experimentelle Lehrformen und Scientific Literacy. – In: Praxis Geographie, 36(11) (2006), 4–11.

Mair, J.: Experimente in Geographieschulbüchern der Sekundarstufe I – eine kritische Bestandsaufnahme. Bochum 2010 (unveröffentlichte Masterarbeit, Geographisches Institut der Ruhr-Universität Bochum).

Mayer, J.: Erkenntnisgewinnung als wissenschaftliches Problemlösen. – In: Krüger, D. & H. Vogt. Handbuch der Theorien in der biologiedidaktischen Forschung. Springer, Berlin 2007, 177–186.

Mayer, J., C. Grube & A. Möller: Kompetenz-modell naturwissenschaftlicher Erkenntnisgewinnung. – In: HarmS, U. & A. Sandmann (Hrsg.): Lehr- und Lernforschung in der Biologiedidaktik. Band 3. Ausbildung und Professionalisierung von Lehrkräften. Forschungsband zur Internationalen Tagung der Arbeitsgruppe Biologiedidaktik im VBiO – Verband Biologie, Biowissenschaften & Biomedizin, Essen 2007. Studienverlag, Innsbruck 2009, 63–79.

MUNLV – Ministerium für Umwelt und Naturschutz, Landwirtschaft und Verbraucherschutz des Landes Nordrhein-Westfalen (Hrsg.): Bodenschutz in der Landwirtschaft. Die Vorgaben des Bodenschutzrechts. [o.A.], Düsseldorf 2007.

Otto, K.-H.: Experimentieren im Geographieunterricht. – In: Geographie heute, 24(208) (2003), 2–7.

Otto, K.-H.: Experimentieren als Arbeitsweise im Geographieunterricht. – In: Geographie und Schule, 31(180) (2009), 4–15.

Otto, K.-H., L. Mönter, S. Hof & J. Wirth: Das geographische Experiment im Fokus empirischer Lehr-/Lernforschung. – In: Geographie und ihre Didaktik / Journal of Geography Education, 38(3) (2010), 133–145.

Peschel, M.: Der Begriff der Offenheit beim Offenen Experimentieren. (2008), 1–3, www.markus-peschel.de/Material/Peschel_Offenheit_als_Begriff.pdf (Stand: 20.09.2010).

Prenzel, M. & I. Parchmann: Kompetenz entwickeln. Vom naturwissenschaftlichen Arbeiten zum naturwissenschaftlichen Denken. – In: Unterricht Chemie, 14(76/77) (2003), 15–17.

Reinhold, P.: Offenes Experimentieren: Ein neuer Ansatz für den Physikunterricht? – In: Fischer, H. E. (Hrsg.): Zur Diskussion gestellt: Handlungsorientierter Physikunterricht der Sekundarstufe II. Vorschläge, Fragen, didaktische Begründungen. Dümmler, Bonn 1997, 104–125.

StMUGV – Bayerisches Staatsministerium für Umwelt, Gesundheit und Verbraucherschutz (Hrsg.): Lernort Boden. [o.A.], München 2006.

Vogt, H., A. Upmeier zu Belzen, T. Schröer & I. Hoek: Unterrichtliche Aspekte im Fach Biologie, durch die Unterricht aus Schülersicht als interessant erachtet wird. – In: ZfDN – Zeitschrift für Didaktik der Naturwissenschaft, 5(3) (1999), 75–85.

Walpuski, M., N. Kampa, A. Kauertz & N. Wellnitz: Evaluation der Bildungsstandards in den Naturwissenschaften. – In: MNU – Der mathematische und naturwissenschaftliche Unterricht, 61(6) (2008), 323–326.

213

8. Argumentieren im Geographieunterricht

Andrews, R.: The Importance of Argument in Education. Institute of Education, London 2009.

Aufschnaiter, C. von, S. Erduran, J. Osborne, & S. Simon: Arguing to Learn and Learning to Argue: Case Studies of How Students' Argumentation Relates to Their Scientific Knowledge. – In: Journal of Research in Science Teaching, 45(1) (2008), 101–131.

Bayer, K.: Argument und Argumentation. Logische Grundlagen der Argumentationsanalyse. Opladen, Wiesbaden 1999.

Budke, A.: „Billigflaggen" – ein internationales Problem. – In: Praxis Geographie, 36(9) (2006), 24–27.

Budke, A. & M. Wienecke: Wasserkonflikte an Euphrat und Tigris. – In: Praxis Geographie, 38(3) (2008), 37–43.

Budke, A., U. Schiefele, & A. Uhlenwinkel: Entwicklung eines Argumentationskompetenzmodells für den Geographieunterricht. – In: Geographie und ihre Didaktik/Journal of Geography Education, 38(3) (2010a), 180–190.

Budke, A., U. Schiefele, & A. Uhlenwinkel: „I Think It's Stupid" Is No Argument – Some Insights on How Students Argue in Writing. – In: Teaching Geography, 35(3) (2010b), 66–69.

Butt, G.: Extending Writing Skills. GA, Sheffield 2001

Clark, D. B. & V. Sampson: Assessing Dialogic Argumentation in Online Environments to Relate Structure, Grounds, and Conceptual Quality.– In: Journal of Research in Science Teaching, 45(3) (2008), 293–321.

DGfG – Deutsche Gesellschaft für Geographie (Hrsg.): Bildungsstandards im Fach Geographie für den Mittleren Schulabschluss. Mit Auf-gabenbeispielen. 6. Aufl. Selbstverlag DGfG, Bonn 2010.

Dove, J.: Immaculate Misconceptions. Geographical Association, Sheffield 1999.

Erduran, S., S. Simon & J. Osborne: TAPping into Argumentation: Developments in the Application for Toulmin´s Argument Pattern for Studying Science Discource. – In: Science Education, 88(6) (2004), 915–933.

Europarat: Gemeinsamer europäischer Referenzrahmen für Sprachen: Lernen, lehren, beurteilen. Goethe Institut, Berlin, 2001, www.goethe.de/z/50/commeuro/deindex.htm (Stand: 31.3.2009).

Hansmann, O.: Operative Pädagogik und rhetorische Argumentation unter dem Gesichtspunkt des Angemessenen. – In: Dörpinghaus, A. & K. Helmer (Hrsg.): Beiträge zur Theorie der Argumentation in der Pädagogik. Königshausen & Neumann, Würzburg 1999, 135–152.

Jiménez-Aleixandre, M., A. Bugallo Rodrígez, & R. Duschl: "Doing the Lesson" or "Doing Science": Argument in High School Genetics. – In: Science Education, 84 (2000), 757–792.

Kienpointner, M.: Argumentationsanalyse. Institut für Sprachwissenschaften der Universität, Innsbruck, 1983.

Kopperschmidt, J.: Grundfragen einer allgemeinen Argumentationstheorie unter besonderer Berücksichtigung formaler Argumentations-muster. – In: Wohlrapp, H. (Hrsg.): Wege der Argumentationsforschung. Frommann-Holzboog, Stuttgart 1995, 50–73.

Kopperschmidt, J.: Argumentationstheorie. Zur Einführung. Junius, Hamburg 2000.

Lambert, D.: Geography in Education. Lost in the Post? Institute of Education, London 2009.

Lawson, A.E.: The Nature and Development of Hypothetic-predictive Argumentation with Implications for Science Teaching. – In: International Journal of Science Education, 25 (2003), 1387–1408.

Lueken, G.: Paradigmen einer Philosophie des Argumentierens. – In: Lueken, G. (Hrsg.): Formen der Argumentation. Leipziger Universitäts Verlag, Leipzig 2000, 13–51.

Marsden, B.: On Taking the Geography Out of Geographical Education. – In: Geography, 82 (3) (1997), 241–252.

Serwene, P.: Behauptungen begründen, Argumente verteidigen, in Wortgefechten bestehen. Entwicklung eines Modells für Diskussionen im bilingualen Geographieunterricht zur Förderung der argumentativen Kompetenz. (unveröffentlichte Masterarbeit) Potsdam, 2009.

Taylor, L.: Key Concepts and Medium Term Planning. – In: Teaching Geography, 33(2) (2008), 50–54.

Thoma, B.: Das chinesische Familienspiel. Sieger: Die Ein-Kind-Familie? – In: Geographie heute, 24(211/212) (2003), 25–29.

Toulmin, S.: Der Gebrauch von Argumenten. Beltz, Weinheim 1996.

Toulmin, S.: The Uses of Argument. Updated Edition, Cambridge University Press, Cambridge [u. a.], 2003.

Uhlenwinkel, A.: Argumentationen verstehen und strukturieren. Die Diskussion um Ressourcen und Konflikte in Angola. – In: Praxis Geographie, 35(9) (2005), 36–39.

Uhlenwinkel, A.: Argumentieren lernen: Sind die Schulen Schuld an der wirtschaftlichen Flaute?– In: Uhlenwinkel, A. (Hrsg.): Erdkunde unterrichten: Mit Methode lernen. [Lose Blattsammlung] WEKA media, Kissing 2006.

Uhlenwinkel, A.: Lucky Charms, 2010, forthcoming, www.atlasofeuropeanvalues.eu (Stand: 22.11.2010).

Vankan, L., G. Rohwer & S. Schulen,: Denken lernen mit Geographie. Westermann, Braunschweig 2007.

Walton, D.: Fundamentals of Critical Argumentation. Cambridge University Press, Cambridge [u. a.] 2006.

Winkler, I.: Argumentierendes Schreiben im Deutschunterricht im Spiegel von Aufgaben für Lern- und Leistungssituationen.– In: Grundler, E. & R. Vogt (Hrsg.): Argumentieren in Schule und Hochschule. Interdisziplinäre Studien. Stauffenburg Verlag Narr, Tübingen 2006, 157–166.

Wohlrapp, H.: Einleitung. Bemerkungen zu Geschichte und Gegenwart der Argumentationstheorie, zum Anliegen der Hamburger Gruppe und dem Sinn des vorliegenden Bandes. – In: Wohlrapp, H. (Hrsg.): Wege der Argumentationsforschung. Frommann-Holzboog, Stuttgart 1995, 9–49.

Wohlrapp, H.: Was heißt und zu welchem Ende sollte Argumentationsforschung betrieben werden? – In: Grundler, E. & R. Vogt (Hrsg.): Argumentieren in Schule und Hochschule. Interdisziplinäre Studien. Stauffenburg Verlag Brigitte Narr, Tübingen 2006, 29–40.

Schulbücher

À Descoberta 8o ano. – Matos, M. J. & R. Castelão. – Santillana, Carnaxide 2007

De Geo Basisboek. – ten Brinke, W. B., Chr. de Jong & J. H. A. Padmos. – Thieme-Meulenhoff, Utrecht 2007

Geografie Klassen 7/8 Brandenburg. – Buder, M., E. Kulke, D. Richter und G. Weinert (Hrsg.).– Cornelsen, Berlin, 2002 (5. Druck, 2007/06)

Géographie 2e. – Joyeux, A. (Hrsg.). – Hachette, Paris 2006

Think Through Geography 3. – Hillary, M., J. Mickleburgh, & J. Stanfield. – Pearson, Harlow 2002

9. Was zeichnet ein gelungenes ethisches Urteil aus?

Birkenhauer, J.: Ethische Orientierung – Werteorientierung. – In: Geographie und Schule, 22(124) (2000), 10–15.

Bögeholz, S., C. Hössle, J. Langlet, E. Sander & K. Schlüter: Bewerten – Urteilen – Entscheiden im biologischen Kontext: Modelle in der Biologiedidaktik. – In: Zeitschrift für Didaktik der Naturwissenschaften, 10 (2004), 89–115.

Bögeholz, S. & J. Barkmann: Rational choice and beyond: Handlungsorientierende Kompetenzen für den Umgang mit faktischer und ethischer Komplexität. – In: Klee, R., A. Sandmann & H. Vogt (Hrsg.): Lehr- und Lernforschung in der Biologiedidaktik, Studienverlag, Innsbruck 2005, 211–224.

Chinn, C. A. & W.F. Brewer: The Role of Anomalous Data in Knowledge Acquisition: A Theoretical Framework and Implications for Science Instruction. – In: Review of Educational Research 63(1) (2003), 1–49.

DGfG – Deutsche Gesellschaft für Geographie (Hrsg.): Bildungsstandards im Fach Geographie für den Mittleren Schulabschluss. Mit Auf-gabenbeispielen. 6. Aufl. Selbstverlag DGfG, Bonn 2010.

Dietrich, J.: Was ist ethische Kompetenz? Ein philosophischer Versuch einer Systematisierung und Konkretion. – In: Ammicht-Quinn, R., Badura-Lotter, G., Knödler-Pasch, M., Mildenberger, G. & B. Rampp (Hrsg.): Wertloses Wissen? Fachunterricht als ethische Reflexion. Klinkhardt, Bad Heilbrunn 2007, 30–51.

Gebhard, U., E. Martens & R. Mielke: „Ist Tugend lehrbar?" Zum Zusammenspiel von Intuition und Reflexion beim moralischen Urteilen. – In: Rohbeck, J. (Hrsg.): Ethisch-philosophische Basiskompetenz. Thelem, Dresden 2004, 131–164.

Gruschka, A.: Wie misst und wie stimuliert man moralische Urteilskraft? Von den Konflikten auf dem Weg zu guten und schlechten Menschen.– In: Pädagogische Korrespondenz, (18) (1996), 49–71.

Hemel, U.: Wert und Werte. Ethik für Manager – Ein Leitfaden für die Praxis. 2. überarbeitete und erweiterte Auflage. Hanser, München 2007.

Höfinghoff, M.: Flucht nach Europa – Eine qualitative Studie zum ethischen Urteilen von SchülerInnen in einem bevölkerungsgeographischen Kontext. (Masterarbeit). Leibniz Universität Hannover 2010, www.didageo.uni-hannover.de/fileadmin/institut/pdf/Masterarbeit_V3.pdf (Stand: 04.08.2010).

Keefer, M.: Moral Reasoning and Case-based Approaches to Ethical Instruction in Science. – In: Zeidler, D. L. (Hrsg.): The Role of Moral Reasoning on Socioscientific Issues and Discourse in Science Education. Kluwer Academic Publishers, Dordrecht 2003, 241–259.

Krebs, A.: Naturethik im Überblick. – In: Krebs, A. (Hrsg.): Naturethik. Grundtexte der gegenwärtigen tier- und ökoethischen Diskussion. Suhrkamp, Frankfurt am Main 1997, 337–379.

Kuttler, M.: Grundpositionen der Umweltethik– Lesetexte für einen fächerübergreifenden Unterricht. – In: Praxis Geographie 24(12) (1994), 37–39.

Ladenthin, V.: Werteerziehung im Geographieunterricht. – In: Praxis Geographie 40(5) (2010), 4–6.

Meyer, C., D. Felzmann, D. & K. Hoffmann: Ethische Urteilskompetenz. Wesentlicher Bestandteil eines zukunftsfähigen Geographieunterrichts. – In: Praxis Geographie 40(5) (2010), 7–9.

Mittelsten Scheid, N.: Niveaus von Bewertungskompetenz. Eine empirische Studie im Rahmen des Projekts „Biologie im Kontext". Der andere Verlag, Tönning 2008.

Pieper, A.: Einführung in die Ethik. 6., überarbeitete und aktualisierte Aufl., A. Francke Verlag, Tübingen/Basel, 2007.

Reitschert, K.: Ethisches Bewerten im Biologieunterricht. Eine qualitative Untersuchung zur Strukturierung und Ausdifferenzierung von Bewertungskompetenz in bioethischen Sachverhalten bei Schülern der Sekundarstufe I. Verlag Dr. Kova_, Hamburg 2009.

Schultz, H.-D.: Mit oder gegen die Natur? Die Natur ist, was sie ist, und sonst gar nichts. – In: Zeitschrift für den Erdkundeunterricht, 49(7–8) (1997), 296–302.

Simmons, M. L. & D.L. Zeidler: Beliefs in the Nature of Science and Responses to Socioscientific Issues. – In: Zeidler, D. L. (Hrsg.): The Role of Moral Reasoning on Socioscientific Issues and Discourse in Science Education. Dordrecht, Kluwer Academic Publishers 2003, 81–94.

Toulmin, S. , Rieke, R. & A. Janik: An introduction to reasoning. 2. Aufl. Macmillan, New York 1984.

Tröger, S.: Werte-„Vermittlung" im Zeichen globaler Vergesellschaftung. – In: Geographie heute 21(200) (2002), 34–37.

Vankan, L., Rohwer, G. & S. Schuler: Diercke Methoden – Denken lernen mit Geographie. Westermann, Braunschweig 2007.

Wilhelmi, V.: Die Entwicklung werteorientierter Urteilskompetenz im Geographieunterricht.– In: Praxis Geographie, 37(7–8) (2007), 30–33.

Wood, P., B. Hymer & D. Michel: Dilemma-based Learning in the Humanities. Integrating social, emotional and thinking skills. Chris Kington Publishing, London 2007.

Zeidler, D. L.: The Central Role of Fallacious Thinking in Science Education. – In: Science Education 81(4) (1997), 483–496.

10. Gestaltung kompetenzorientierten Geographieunterrichts

Aebli, H.: Zwölf Grundformen des Lehrens. 13. Aufl., Klett-Cotta, Stuttgart 2006.

Aebli, H.: Denken: Das Ordnen des Tuns. Bd. I: Kognitive Aspekte der Handlungstheorie. 3. Aufl., Klett-Cotta, Stuttgart 2001; Bd. II: Denkprozesse. 2. Aufl., Klett-Cotta, Stuttgart, 1994.

Aebli, H.: Grundlagen des Lehrens. Klett-Cotta, Stuttgart 1987.

Angermeier, W.F., P. Bednorz & M. Schuster: Lernpsychologie. Reinhardt, München 1984.

Baumert, J., R. Lehmann, M. Lehrke, B. Schmitz, M. Clausen, I. Hosenfeld, O. Köller & J. Neubrand: TIMMS – Mathematisch – naturwissenschaftlicher Unterricht im internationalen Vergleich. Deskriptive Befunde. Leske & Budrich, Leverkusen 1997.

Baumert, J., P. Stanat & A. Demmrich: PISA 2000: Untersuchungsgegenstand, theoretische Grundlagen und Durchführung der Studie. – In: Deutsches PISA-Konsortium (Hrsg.): PISA 2000. Basiskompetenzen von Schülerinnen und Schülern im internationalen Vergleich. Leske & Budrich, Opladen 2001.

Boekaerts, M.: Self-regulated Learning: Where We are Today. – In: International Journal of Educational Research, 31 (1999), 445–457.

Collins, A., J.S. Brown & S.E. Newman: Cognitive Apprenticeship: Teaching the Craft of Reading, Writing and Mathematics. – In: Resnick, L.B. (Hrsg.): Knowing, Learning and Instruction. Essays in honour of Robert Glaser. Erlbaum, Hillsdale 1989, 453–494.

Connell, M.W., K. Sheridan & H. Gardner: On Abilities and Domains. – In: Sternberg, R. J. & E.L. Grigorenko (Hrsg.): The Psychology of Abilities, Competencies, and Expertise. Cambridge University Press, Cambridge 2003, 126–155.

Cognition and Technology Group at Vanderbilt (CTGV): The Jasper Project. Erlbaum, Mahwah 1997.

Deci, E.L. & R.M. Ryan: Die Selbstbestimmungstheorie der Motivation und ihre Bedeutung für die Pädagogik. – In: Zeitschrift für Pädagogik, 39(2) (1993), 223–238.

Dewey, J.: Der Ausweg aus dem pädagogischen Wirrwarr (1931). – In: Dewey, J. & W.H. Kilpatrick: Der Projekt-Plan. Grundlegung und Praxis. Weimar (1935), 85–101.

DGfG – Deutsche Gesellschaft für Geographie (Hrsg.): Bildungsstandards im Fach Geographie für den Mittleren Schulabschluss. Mit Auf-gabenbeispielen. 6. Aufl. Selbstverlag DGfG, Bonn 2010.

Dole, J.A., G.G. Duffy, L.R. Roehler & P.D. Pearson: Moving From the Old to the New: Research on Reading Comprehension Instruction. – In: Review of Educational Research, 61(2) (1991), 239–264.

Dubs, R.: Konstruktivismus: Einige Überlegungen aus der Sicht der Unterrichtsgestaltung. – In: Zeitschrift für Pädagogik, 41(6) (1995), 889–903.

Fernholz, J. & S. Prediger: „… weil meist nur ich weiß, was ich kann!". – In: Praxis der Mathematik in der Schule, (15: Diagnose – Schülerleistungen verstehen). (2007), 14–18.

Gerstenmaier, J. & H. Mandl: Wissenserwerb aus konstruktivistischer Perspektive. – In: Zeitschrift für Pädagogik, 41(6) (1995), 867–888.

Gudjons, H.: Handlungsorientiert lehren und lernen. Schüleraktivierung, Selbsttätigkeit, Projektarbeit. Klinkhardt, Bad Heilbrunn 2008.

Hacker, W.: Allgemeine Arbeitspsychologie. Verlag Hans Huber, Bern 1998.

Halfpap, K.: Lernen lassen. Ein Wegweiser für pädagogisches Handeln. Winklers Verlag Gebrüder Grimm, Darmstadt 1996.

Hartig, J. & E. Klieme: Kompetenz und Kompetenzdiagnostik. – In: Schweizer, K. (Hrsg.): Leistung und Leistungsdiagnostik. Springer, Berlin 2006, 127–141.

ISB – Institut für Schulqualität und Bildungsforschung: Pädagogisch diagnostizieren im Schulalltag. Bildungsverlag EINS, Troisdorf 2008, (www.isb.bayern.de/isb/download.aspx?DownloadFileID=93bcd2664be03b25ccf2032b1e260eb0) (Stand: 22.11.2010).

Johnson, D.W.: Social Interdependence: Interrelationships Among Theory, Research and Practice.– In: American Psychologist, 58 (11) (2003), 934–945.

Klieme, E., H. Avenarius, W. Blum P. Döbrich, H. Gruber, H. Prenzel, K. Reiss, K. Riquarts, J. Rost, H.-M. Tenorth, & H. J. Vollmer: Zur Entwicklung nationaler Bildungsstandards– Expertise. BMBF, Bonn 2007.

Klieme, E. & J. Hartig: Kompetenzkonzepte in den Sozialwissenschaften und im er-

217

ziehungswissenschaftlichen Diskurs. – In: Zeitschrift für Erziehungswissenschaft, 10(8) (2007), 11–29.

Konrad, K.: Erfolgreich selbstgesteuert lernen. Theoretische Grundlagen, Forschungsergebnisse, Impulse für die Praxis. Klinkhardt, Bad Heilbrunn 2008.

Krapp, A.: Das Konzept der grundlegenden psychologischen Bedürfnisse. Ein Erklärungsansatz für die positiven Effekte von Wohlbefinden und intrinsischer Motivation im Lehr-Lerngeschehen.– In: Zeitschrift für Pädagogik, 51(5) (2005), 626–641.

Lave, J. & E. Wenger: Situated Learning: Legitimate Peripheral Participation. Cambridge University Press, New York 1991.

Mandl, H., H. Gruber & A. Renkl: Das träge Wissen. – In: Psychologie heute, 20(9) (1993), 64–69.

Mandl, H. & F. Fischer (Hrsg.): Wissen sichtbar machen. Wissensmanagement mit Mapping-Techniken. Hogrefe, Göttingen 2000.

Pfahl, U.: Handlungsorientierung als Ausbildungsprinzip. Verlag Dr. Korvac, Hamburg 2000.

Renkl, A.: Träges Wissen: Die unerklärliche Kluft zwischen Wissen und Handeln. (=Forschungsbericht Nr. 41) LMU München (Lehrstuhl für Empirische Pädagogik und Pädagogische Psychologie), München:1994.

Renkl, A.: Lernen durch Lehren. Deutscher Universitätsverlag, Wiesbaden 1997.

Ridgeway, C.: Joining and Functioning in Groups, Self-concept and Emotion Management. – In: Rychen, D.S. & L. Hersh Salganik (Hrsg.): Defining and Selecting Key Competencies. Hogrefe & Huber, Göttingen 2001, 205–211.

Souvignier, E. & A. Gold: Wirksamkeit von Lehrmethoden. – In: Schweizer, K. (Hrsg.): Leistung und Leistungsdiagnostik, Springer, Heidelberg, 2006, 146–166.

Weinert, F.E.: Concept of Competence: A Conceptual Clarification. – In: Rychen, D.S. & L. Hersh Salganik (Hrsg.): Defining and Selecting Key Competencies. Hogrefe & Huber, Göttingen 2001, 45–66.

Weinert, F.E.: Lehren und Lernen für die Zukunft – Ansprüche an das Lernen in der Schule. – In: Pädagogische Nachrichten Rheinland-Pfalz, 2, (2000), 1–16.

Ziener, G.: Bildungsstandards in der Praxis. Kompetenzorientiert unterrichten. Klett-Kallmeyer, Seelze-Velber 2008.

11. Towards Life Skills and Competencies

School Textbooks

Contemporary India. A Social Science textbook for class X. Pande, B.M. et al. 1st ed. NCERT, New Delhi 2003.

Contemporary India. Textbook in Social Sciences for class IX. Sinha, S. et al. 1st ed. NCERT, New Delhi 2002.

Fundamentals of Human Geography. A textbook for class XII (Semester III). Yadav, H & S. Sinha. 1st ed. NCERT, New Delhi 2003.

Fundamentals of Physical Geography. Textbook for class XI (Semester I). Kaul, M.N. & R.K. Ganjoo. 1st ed. NCERT, New Delhi 2002.

India and the World. Social Science textbook for class VI. Khan Banerjee, B. et al. 1st ed. NCERT, New Delhi 2002.

India and the World. Social Science textbook for class VII. Khan Banerjee, B. et al. 1st ed. NCERT, New Delhi 2003.

India and the World. Social Science textbook for class VIII. Sinha, S. et al. 1st ed. NCERT, New Delhi 2004.

India: Economic Geography. A textbook for class X. Parakh, B.S. 6th ed. NCERT, New Delhi 1996.

India: General Geography. A textbook for class XII. Raza, M. & A. Ahmad. 4th ed. NCERT, New Delhi 1996.

India: Physical Environment. Textbook of Geography for class XI (Semester II). Mohammad, N. 1st ed. NCERT, New Delhi 2002.

India: Resources and Development. A textbook in Geography for class XII. Qureshi, M.H. 4th ed. NCERT, New Delhi 1996.

Lands and Peoples. Part I, Geography textbook for class VI. Sinha, S. 9th ed. NCERT, New Delhi 1996.

Lands and peoples. Part II, Geography textbook for class VII. Sinha, S. & Md. A. Hussain. 2nd ed. NCERT, New Delhi 1996.

Lands and Peoples. Part III, Geography textbook for class VIII. Gupta, H.L. & S. Sinha. 7th ed. NCERT, New Delhi 1996.

Natural Hazards and Disaster Management: A Supplementary Textbook in Geography for Class XI on UNIT 11 : Natural Hazards and Disasters. C.B.S.E., Delhi 2006.

Principles of Geography. Part I, A textbook for class XI. Joshi, K.L. et al. 7th ed. NCERT, New Delhi 1996.

Understanding Environment. A textbook in Geography for class IX. Anantapadmanabhan, N. 6th ed. NCERT, New Delhi 1994.

Together Towards a Safer India. Part I, An Introduction to Disaster Management for class VIII. Menon, K. et al. reprint ed., C.B.S.E., Delhi 2004.

Together Towards a Safer India. Part II, (Making a Difference), A textbook on Disaster Management for class IX. Reprint ed. National Disaster Management Division, C.B.S.E., Delhi 2005.

Together Towards a Safer India. Part III, (A Stride Ahead), A textbook on Disaster Management for class X. National Disaster Management Division, C.B.S.E., Delhi 2006.

Other publications

Arnhold, N., J. Bekker, N. Kersh, E.A. McLeish & D. Phillips: Education for Reconstruction: the Regeneration of Educational Capacity Following National Upheaval. Oxford Studies in Comparative Education, Symposium books, Oxford 1998.

CBSE Update. Compendium of CBSE Circulars. C.B.S.E., Delhi 2005, http://cbse.nic.in/Compendium.pdf (accessed 04.11.2010).

Chorley R.J. & P. Haggett (eds): Frontiers in Geographical Teaching. Methuen, London 1965.

Disaster Management in Education and Training of Teachers & Students. – In: NCERT NEWS May 2005 .

Disaster Management to be included in School Curriculum. – In:_ NCERT NEWS April 2005.

Disaster Education in India – A Status Report. UNCRD Project: Reducing Vulnerability of School Children to Earthquakes in Asia-Pacific Region. –Shimla – UNCRD – SEEDS, New Delhi 2008, www.hyogo.uncrd.or.jp/school%20project/awareness/india_disastereducation.pdf (accessed 03.11.2010).

Government of Tamil Nadu – Directorate of School Education, Chennai: New Curriculum and Syllabus with effect from 2003–2004, www.tn.gov.in/schoolsyllabus (accessed 25.05.05).

Environmental Education in School, Stage wise syllabus. NCERT, New Delhi 2005.

Hand holding Children in the moment of Distress: Tsunami relief by NCERT. – In: NCERT NEWS April 2005.

Khan Banerjee, B.: Natural Hazards in Indian School Education and the Tsunami Experience. – In: Internationale Schulbuchforschung, 27(4) (2005), 407–424.

Khan Banerjee, B.: Geography Education in Indian Schools. – In: Internationale Schulbuchforschung 28(3) (2006), 283–292

Nandakumar, T.: Disaster Management Bill in next Assembly session. – In: The Hindu, 12.08.2005, www.hinduonnet.com/thehindu/thscrip/print.pl?file=2005081208960100.htm&date=2005/08/12/&prd=th& (accessed 04.11.2010).

NCFSE – National Curriculum Framework for School Education. NCERT, New Delhi 2000

NCF – National Curriculum Framework 2005. NCERT, New Delhi 2005, www.ncert.nic.in/html/framework2005.htm (accessed 04.11.2010).

NCERT: Environmental Education in School, www.ncert.nic.in/html/environmental_education_in_school.htm (accessed 04.11.2010).

UNESCO: Post-Conflict and Post-Disaster Responses. Education in Emergencies, www.unesco.org/en/pcpd/post-conflict-post-disaster-education/ (accessed 31.08.2010).

UNESCO: Education for all, http://portal.unesco.org/education/en/ev.php-URL_ID=33163&URL_DO=DO_TOPIC&URL_SECTION=201.html (accessed 04.11.2010).

UNESCO: The Six Education for All Goals, http://portal.unesco.org/education/en/ev.php-URL_ID=42579&URL_DO=DO_TOPIC&URL_SECTION=201.html (accessed 4.11.2010).

Wentzel, K. R.: Social Competence at School: Relation Between Social Responsibility and Academic Achievement. – In: Review of Educational Research, 61(1) (1991), 1–24, http://rer.sagepub.com/content/61/1/1.full.pdf (accessed 31.08.2010).

12. Kompetenzorientiert unterrichten

DGfG – Deutsche Gesellschaft für Geographie (Hrsg.): Bildungsstandards im Fach Geographie für den Mittleren Schulabschluss. Mit Auf-gabenbeispielen. 6. Aufl. Selbstverlag DGfG, Bonn 2010.

Hemmer, I. & M. Hemmer: Räumliche Orientierungskompetenz. Struktur, Relevanz und Implementierung eines zentralen Kompetenzbereichs geographischer Bildung. – In: Praxis Geographie, 39 (11) (2009), 4–9.

Hemmer, M.: Der Kompetenzbereich „Erkenntnisgewinnung | Methoden" – Struktur und Implementierung. –
In: Praxis Geographie, 38 (7–8) (2008), 4–9.

Hemmer, M.: Auf dem Weg zu einem kompetenzorientierten Geographieunterricht – der Beitrag des Netzwerks Fachliche Unterrichtsentwicklung Erdkunde. (2010), www.standardsicherung.schulministerium.nrw.de/cms/netzwerk-fachliche-unterrichtsentwicklung/erdkunde (Stand: 17.09.2010).

MSW – Ministerium für Schule und Weiterbildung des Landes NRW (Hrsg.): Kernlehrplan für das Gymnasium – Sekundarstufe I (G8) in Nordrhein-Westfalen. Erdkunde. Düsseldorf 2007.

MSW – Ministerium für Schule und Weiterbildung des Landes NRW (Hrsg.): Netzwerk Fachliche Unterrichtsentwicklung in der Sekundarstufe I. Tischvorlage der Auftaktveranstaltung am 22.09.2008 in Kaiserau. 2008.

13. Professionelle Kompetenz von Geographielehrkräften

Baumert, J. & M. Kunter: Stichwort: Professionelle Kompetenz von Lehrkräften. – In: Zeitschrift für Erziehungswissenschaft, 9(4) (2006), 469–520.

Borsdorf, A.: Geographisch denken und wissenschaftlich arbeiten. 2. Auflage. Spektrum Akademischer Verlag, Berlin/Heidelberg 2007.

Bromme, R.: Der Lehrer als Experte: Zur Psychologie des professionellen Wissens. Huber, Bern 1992.

Bromme, R.: Teacher Expertise. – In: Smelser, N. J., P. B. Baltes & F. E. Weinert (Hrsg.): International Encyclopedia of the Behavioral Sciences: Education. Pergamon, London 2001, 15459–15465.

DGfG – Deutsche Gesellschaft für Geographie (Hrsg.): Bildungsstandards im Fach Geographie für den Mittleren Schulabschluss. Mit Aufgabenbeispielen. 6. Aufl. Selbstverlag DGfG, Bonn 2010.

Groeben, N., D. Wahl, J. Schlee & B. Scheele: Forschungsprogramm Subjektive Theorien. Eine Einführung in die Psychologie des reflexiven Subjekts. Francke Verlag, Tübingen 1988.

Helmke, A.: Unterrichtsqualität und Lehrerprofessionalität. Diagnose, Evaluation und Verbesserung des Unterrichts. Klett/Kallmeyer, Seelze-Velber 2009.

Hermann, U.: Wie lernen Lehrer ihren Beruf? Empirische Befunde und praktische Vorschläge. Beltz Verlag, Weinheim und Basel 2002.

Kattmann, U., R. Duit, H. Gropengießer & M. Komorek: Das Modell der Didaktischen Rekonstruktion – Ein Rahmen für naturwissenschaftsdidaktische Forschung und Entwicklung. – In: Zeitschrift für die Didaktik der Naturwissenschaften, 3(3) (1997), 3–18.

Klippert, H.: Lehrerbildung. Unterrichtsentwicklung und der Aufbau neuer Routinen. Beltz Verlag, Weinheim und Basel 2004.

Meyer, C.: Bedeutung, Wahrnehmung und Bewertung des bilingualen Geographieunterrichts. Studien zum zweisprachigen Erdkundeunterricht (Englisch) in Rheinland-Pfalz. Online-Dissertation

2003, http://ub-dok.uni-trier.de/diss/
diss45/20021118/20021118.pdf (Stand:
25.08.2010).

Meyer, C.: Was heißt geographische Bildung? Reflexionen zu den Bildungsstandards des Geographieunterrichts. – In:
Geographie und Schule, 29(168) (2007),
39–42.

Meyer, H.: Was ist guter Unterricht?
Cornelsen Scriptor, Berlin 2004.

Palmer, P. J.: The Courage to Teach. Exploring the Inner Landscape of a Teacher's
Life. 10. Auflage. Jossey-Bass,
San Francisco 2007.

Reinfried, S. (Hrsg.): Schülervorstellungen.
Themenheft Geographie heute, 29(265),
(2008).

Reinfried, S. (Hrsg.): Schülervorstellungen
und geographisches Lernen. Aktuelle
Conceptual-Change-Forschung und
Stand der theoretischen Diskussion.
Logos Verlag, Berlin 2010.

Schaarschmidt, U., H. Arold & U. Kieschke:
Die Bewältigung psychischer Anforderungen durch Lehrkräfte (Information
über ein Forschungsprojekt an der Universität Potsdam). (2000),
www.psych.uni-potsdam.de/
personality/files/bewpsychischer-anf.pdf
(Stand: 25.08.2010).

Schulz von Thun, F.: Miteinander reden:
Fragen und Antworten. Rowohlt, Reinbek
bei Hamburg 2007.

Shulman, L. S.: Making Differences.
A Table of Learning. (originally published in Change, 34 (6), (2002),
36-44, http://blog.vcu.edu/cte/
TableOfLearning(Shulman).pdf
(Stand 24.08.10).

Shulman, L. S.: The Wisdom of Practice.
Essays on Teaching, Learning, and Learning to Teach. Jossey-Bass, San Francisco
2004.

Thömmes, A.: Das Mutmach-Buch für Lehrerinnen und Lehrer. Ein Begleiter im
Schulalltag. Auer Verlag, Donauwörth
2006.

Wahl, D.: Lernumgebungen erfolgreich gestalten. Vom trägen Wissen zum kompetenten Handeln. 2., erweiterte Auflage.
Klinkhardt, Bad Heilbrunn 2006.

Winkel, R.: Am Anfang war die Hure. Theorie und Praxis der Bildung. Schneider Verlag Hohengehren, Baltmannsweiler 2005.

Zu den Herausgebern und Autoren

Alexandra Budke, Dr.
Professorin für Geographie und ihre Didaktik an der Universität zu Köln
Institut: www.guid.uni-koeln.de
E-Mail: alexandra.budke@uni-koeln.de

Dirk Felzmann
Wissenschaftlicher Mitarbeiter im Fachgebiet Didaktik der
Geographie an der Leibniz Universität Hannover
Institut: www.didageo.uni-hannover.de/didaktik.html
E-Mail: felzmann@didageo.uni-hannover.de

Martina Flath, Dr.
Professorin für Geographie und ihre Didaktik an der Hochschule Vechta
Institut: www.uni-vechta.de/ispa/deutsch-home.home.html
E-Mail: mflath@ispa.uni-vechta.de

Joachim Funke, Dr.
Professor für Allgemeine und Theoretische Psychologie an der
Ruprecht-Karls-Universität Heidelberg
Institut: www.psychologie.uni-heidelberg.de/ae/allg/index.html
E-Mail: joachim.funke@psychologie.uni-heidelberg.de

Samuel Greiff, Dr.
Wissenschaftlicher Mitarbeiter in der Arbeitseinheit Allgemeine und
Theoretische Psychologie an der Ruprecht-Karls-Universität
Heidelberg
Institut: www.psychologie.uni-heidelberg.de/ae/allg/index.html
E-Mail: samuel.greiff@psychologie.uni-heidelberg.de

Michael Hemmer, Dr.
Professor für Didaktik der Geographie an der Westfälischen
Wilhelms-Universität Münster
Institut: www.uni-muenster.de/Geographiedidaktik/institut/
institut_start.html
E-Mail: michael.hemmer@uni-muenster.de

Roderich Henrÿ
Wissenschaftlicher Mitarbeiter am Georg-Eckert-Institut für internatio-
nale Schulbuchforschung, Braunschweig, für das Fachgebiet Geographie
Institut: www.gei.de
E-Mail: henry@gei.de

Sandra Hof
Wissenschaftliche Mitarbeiterin am Institut für Didaktik der
Geographie der Justus-Liebig-Universität Gießen
Institut: www.uni-giessen.de/cms/fbz/fb07/fachgebiete/geographie/
bereiche/lehrstuhl/didaktik/haupt
E-Mail: sandra.hof@geogr.uni-giessen.de

Holger Jahnke, Dr.
Professor für Geographie und ihre Didaktik an der Universität
Flensburg
Institut: www.uni-flensburg.de/geographie/
E-Mail: holger.jahnke@uni-flensburg.de

Basabi Khan Banerjee, Dr.
Gast-Professorin am Zentrum für Entwicklungsländerforschung
(ZELF), Freie Universität Berlin, sowie assoziierte Wissenschaftle-
rin am Georg-Eckert-Institut für internationale Schulbuchforschung,
Braunschweig
Institut: www.geo.fu-berlin.de, www.gei.de
E-Mail: bkhanbanerjee@googlemail.com

Christiane Meyer, Dr.
Professorin für Didaktik der Geographie an der Leibniz Universität
Hannover
Institut: www.didageo.uni-hannover.de/didaktik.html
E-Mail: meyer@didageo.uni-hannover.de

Leif Mönter, Dr.
Wissenschaftlicher Mitarbeiter im Fachgebiet Geographiedidaktik an
der Ruhr-Universität Bochum
Institut: www.geographie.ruhr-uni-bochum.de/ag/didaktik/index.htm
E-Mail: leif.o.moenter@rub.de

Karl-Heinz Otto, Dr.
Professor für Geographiedidaktik an der Ruhr-Universität Bochum
Institut: www.geographie.ruhr-uni-bochum.de/ag/didaktik/index.htm
E-Mail: karl-heinz.otto@ruhr-uni-bochum.de

Armin Rempfler, Dr.
Professor für Geographie und Geographiedidaktik an der
Pädagogischen Hochschule Zentralschweiz Luzern
Institut: www.luzern.phz.ch/home/armin-rempfler
E-Mail: armin.rempfler@phz.ch

Alexander Siegmund, Dr.
Professor für Physische Geographie an der Pädagogischen
Hochschule Heidelberg
Institut: www.ph-heidelberg.de/org/allgemein/geographie.0.html
E-Mail: siegmund@ph-heidelberg.de

Georg Stöber, Dr.
Wissenschaftlicher Mitarbeiter am Georg-Eckert-Institut für
internationale Schulbuchforschung, Braunschweig, für das Fachgebiet
Geographie, Leiter des Arbeitsbereichs „Schulbuch und Konflikt"
Institut: www.gei.de
E-Mail: stoeber@gei.de

Alexander Tillmann, Dr.
Wissenschaftlicher Mitarbeiter bei studiumdigitale
(Zentrale eLearning-Einrichtung der Goethe-Universität Frankfurt) –
Mediendidaktik/Evaluation
& Fachbereich Geowissenschaften / Geographie
Institut: www.studiumdigitale.uni-frankfurt.de
E-Mail: a.tillmann@em.uni-frankfurt.de

Anke Uhlenwinkel, Dr.
Professorin für Geographiedidaktik an der Universität Potsdam
Institut: www.geographie.uni-potsdam.de/content/view/25/35/
lang,german/
E-Mail: uhlenw@uni-potsdam.de

Rainer Uphues, Dr.
Professor für Didaktik der Geographie an der Friedrich-Alexander-
Universität Erlangen-Nürnberg
Institut: www.geographiedidaktik.uni-erlangen.de
E-Mail: rainer.uphues@ewf.uni-erlangen.de

Kathrin Viehrig
Wissenschaftliche Mitarbeiterin im Fachgebiet Geographie der
Pädagogischen Hochschule Heidelberg
Institut: www.ph-heidelberg.de/org/allgemein/geographie.0.html
E-Mail: viehrig@ph-heidelberg.de